Michael Kraus und Mark Münzel (Hrsg.)
Zur Beziehung zwischen Universität und Museum in der Ethnologie

Reihe Curupira Workshop, Band 5
herausgegeben vom Förderverein »Völkerkunde in Marburg« e. V.

Museum und Universität sind beide Stätten der Wissenschaft. Ethnologen, die sowohl über Museums- als auch Universitätserfahrung verfügen, berichten über den schwierigen Spagat zwischen Theorie und Objekt, Ausstellungshalle und Seminar.
Die Beiträge wurden im Rahmen eines Symposiums zum Thema »Zur Beziehung zwischen Universität und Museum in der Ethnologie« vom 16.-18. Juli 1999 an der Philipps-Universität Marburg gehalten und versuchen eine Brücke zu schlagen zwischen den verschiedenen Formen der Diskussion und Darstellung, wie sie in den genannten Institutionen vorherrschend sind.

The museum and the university are both scientific spaces. Anthropologists with experience in both of these spheres describe the difficulty of bridging theory and material object, museum exhibit and seminar room.
This volume's contributions were presented at a symposium on »The Relationship between University and Museum in Anthropology« (July 16-18, 1999) at the Philipps-University Marburg, Germany. They attempt to build a bridge across different forms of discourse and representation prevalent in the two institutions.

MICHAEL KRAUS
UND MARK MÜNZEL (HRSG.)

Zur Beziehung zwischen Universität und Museum in der Ethnologie

Der Förderverein »Völkerkunde in Marburg« e.V. wurde 1993 gegründet. Seine Aufgabe besteht unter anderem in der Herausgabe der ethnologischen Schriftenreihen »Curupira« und »Curupira Workshop«. Auskünfte erhalten Sie unter folgender Adresse:

Förderverein »Völkerkunde in Marburg« e. V.
c/o Fachgebiet Völkerkunde, Kugelgasse 10, 35037 Marburg/Lahn
Tel. 06421/282-2036, Fax: 06421/282-2140,
E-Mail: Curupira@Mailer.Uni-Marburg.DE

© 2000 Curupira/Förderverein »Völkerkunde in Marburg« e. V.
ISBN 3-8185-0317-6
ISSN 1430-9750
Redaktion, Gestaltung, Typographie, Satz: Stéphane Voell
Druck, Lithos, Bindung: Völker & Ritter Druck GmbH, Marburg
Alle Rechte vorbehalten
Printed in Germany

Inhaltsverzeichnis

MARK MÜNZEL/MICHAEL KRAUS
Einleitung 7

Geschichte

MICHAEL KRAUS
Über das Museum an die Universität. Etablierungsprobleme
eines jungen Faches, aufgezeigt anhand der Schriftwechsel von
Theodor Koch-Grünberg 17

Die Renaissance des Objekts

SOL MONTOYA BONILLA
Artefakte, Objekte und das Museum: Inszenierungen 39

MONA B. SUHRBIER
Die Tücke des Objekts 53

ALEXANDRA ROSENBOHM
Ethnologisches Denken als ästhetisches Problem. Die Bedeutung
materieller Kultur als zentrale Schnittstelle von Universitätsethnologie
und Völkerkundemuseum 63

Erfahrungen unter dem Reformdruck

SABINE BEER
Gefährliche Liebschaften? Das Völkerkundemuseum an der
Schnittstelle von Wissenschaft und Öffentlichkeit 81

PETER R. GERBER
Das Völkerkundemuseum – ein ›Schaufenster‹ der Universität? 93

MARK MÜNZEL
Magd und Denker. Zu den kulturellen Unterschieden zwischen
Universität und Museum 105

Feldforschung und Ausstellung

JOSEF F. THIEL
Öffentlichkeitsarbeit und Ausstellungen – und die Forschung? 121

CLAUS DEIMEL
Feldforschung und ethnologische Ausstellung 131

Ausbildung und Öffentlichkeit

BERNHARD STRECK
Das Museum für Völkerkunde als ethnologische Praxis 143

VOLKER HARMS
Ethnologie – Museum – Schule. Wünsche und Realitäten 155

Autorenverzeichnis 171

Mark Münzel/Michael Kraus

Einleitung

Museum und Universität sind beide Stätten der Wissenschaft, jedoch ist die eine mit der Assoziation an menschenleere, hallende Säle, ehrfurchtgebietende Eingangssäulen im gräzisierenden Stil und noch ehrfurchtgebietendere Wächter verbunden, wohl auch an begeisterte Einzelne, die sich in den Anblick von Raritäten versenken, während wir bei der anderen an desinteressierte Massen von jungen Menschen denken, die durch den Mangel an Bauideen der 60er Jahre, vorbei an verblassten Inschriften wie »Streik!« und überfüllten Anschlagtafeln mit den verwehenden Angeboten unzähliger Seminare drängeln. Beim Museum fallen uns Ästhetik und Ergriffenheit ohne Menschen ein, bei Universität Menschen ohne Ästhetik noch Ergriffenheit.

An diese beiden Orte haben Forscher ihre exotischen Sammlungen menschlicher Artefakte und ihre Entdeckungen neuer menschlicher Gesellschaften heimgebracht, um sie zu ordnen und darüber zu berichten. Das war der Anfang des Faches Ethnologie. Das Museum und die Universität sind die beiden zentralen Institutionen, an denen Ethnologie als Wissenschaft in Forschung, Ausstellung und Lehre betrieben und vermittelt wird. Der Ausgangspunkt für die Entstehung des Faches ist dabei eindeutig im Museum zu suchen, das ohne Übertreibung als eigentlicher Geburtsort der deutschen Völkerkunde bezeichnet werden kann. Von hier aus vermochte das Fach im Weiteren auch an den Universitäten Fuß zu fassen.

Dann aber zerstritten und trennten sie sich. Seitdem blicken Museumsethnologen neidisch zu den Theoretikern von der Universität hinauf, die ohne konkrete Arbeit nur fürs Reden bezahlt werden, und blicken Universitätsethnologen verächtlich auf die Praktiker im Museum herab, die mit Dingen umgehen anstatt mit großen Ideen.

Da die historischen Anfänge in einem eigenen Beitrag dieses Bandes skizziert werden, soll an dieser Stelle kein ausführlicher geschichtlicher Rückblick erfolgen. Auf der Hand liegt, dass sich seit Enstehen des Faches vieles geändert hat. Hier ist vor allem die zwar nicht immense, aber doch erfreuliche Zunahme der Einrichtung ethnologischer Professuren zu nennen, wie sie an den Universitäten, wenn auch zu nicht geringen Teilen erst nach dem 2. Weltkrieg, erfolgte. Die wissenschaftshistorischen Gemeinsamkeiten zwischen Universität und Museum, besonders die museale Herkunft der ersten Universitätslehrer, das Sammeln materieller Artefakte durch die ersten wissenschaftlichen Reisenden und die gemeinsamen, eben ethnologischen Interessen in Forschung und Vermittlung, sind mittlerweile einer eher trennenden Arbeitsteilung in Forschung und Lehre einerseits, Sammeln, Konservieren und Ausstellen/Öffentlichkeitsarbeit andererseits gewichen. Die Forschungsleistung der Museen scheint im Vergleich zu den Universitäten gering (s. hierzu z.B. den Beitrag von Thiel in diesem Band), der Museumsbezug der Universitäten vielerorts ganz aufgegeben zu sein.

Gewiss, in den Fällen, in denen Universität und Museum nicht konkurrieren, sondern ineinander verwoben sind, indem das universitäre Institut selbst eine Sammlung besitzt, kann der klare Unterschied zwischen Geist und Materie nicht aufrechterhalten werden. Aber selbst da kann es vorkommen, dass ein Institutsdirektor auf den Sparzwang reagiert, indem er Geld lieber für Bücher oder für Computer verwendet und auf die Stelle in der Sammlung einen fähigen Doktoranden oder Habilitanden setzt, der über Wichtigeres als über ein Museumsthema arbeitet. So manche Völkerkundliche Sammlung, die an ein Universitätsinstitut angeschlossen ist (und die Institutsleitung wird immer darauf achten, dass die Hierarchie gewahrt bleibt, die Sammlung ist dem Institut angeschlossen, nicht umgekehrt) musste lange ein tristes Schattendasein in Dachkammern führen. Nur die Gesetzeslage hinderte wohl manchmal daran, diese missachteten Dachbodenschätze um des kurzfristigen Nutzens der Deckung einer Sperrmonatslücke o.ä. willen zu veräußern.

In den letzten Jahren scheint sich die Lage zu ändern, da die Universität aus sich heraus nicht mehr weiter weiß, rückwärtsgewandte Bewahrung wieder zum Zeitgeist wird, und gleichzeitig innerhalb der internationalen Ethnologie/Anthropologie die Beschäftigung mit Dinglichem wieder aktuell geworden ist.

Es liegt uns an dieser Stelle fern, in den altertümlichen Klagegesang jener Kulturpessimisten einzustimmen, die jeden Wandel bedauern und allein schon deshalb das Früher, ganz so als ob das nie auch irgendwann einmal neu gewesen wäre, als das einzig Wahre und damit Bewahrenswerte ansehen. Die Weiterentwicklung und zunehmende Differenzierung der Ethnologie macht zweifellos auch hier Formen der Spezialisierung und Arbeitsteilung notwendig. Doch scheint uns in einer zunehmenden Distanz bis hin zu einer gegenseitigen Ignorierung der beiden ethnologischen Standbeine »Museum« und »Universität« auch ein Verlust für unsere Wissenschaft - und die in und an ihr Arbeitenden - zu liegen.

Die »Beziehung zwischen Universität und Museum in der Ethnologie« in Geschichte und Gegenwart zu beleuchten, war Anspruch eines Symposiums, das vom 16.-18. Juli 1999 am Fachgebiet Völkerkunde der Philipps-Universität Marburg in Zusammenarbeit mit der AG Museum der Deutschen Gesellschaft für Völkerkunde ausgerichtet wurde.[1]

Einleitung

Der Anlass für diese Idee war ein kleines Jubiläum. Im Juni 1999 feierte die Völkerkundliche Sammlung der Marburger Universität mit einer Sonderausstellung das 20. Jahr ihrer öffentlichen Zugänglichkeit. Seit 1979 besteht diese (für eine Universität relativ große) Sammlung neben ihrer Funktion als Lehr- und Studiensammlung auch als kleines, öffentlich zugängliches Museum. Noch einmal gut 50 Jahre zuvor, im Jahr 1925, war sie entstanden. Obwohl die Völkerkunde in Marburg eine der ältesten ethnologischen Universitätstraditionen weltweit aufweist, war die Abwesenheit einer Sammlung allerdings lange der Grund, warum das Fach an der Philipps-Universität nicht gleich so recht in Schwung kommen sollte.

Am 29. Oktober 1890 hatte sich Karl von den Steinen für das Fach Völkerkunde an die Marburger Universität umhabilitiert. Ein Jahr später wurde ihm hier der Professorentitel verliehen. Marburg war damit nach Berlin die zweite deutsche Universität, an der ein Professor das neue Fach lehrte. Bereits zwei Jahre später verließ von den Steinen Marburg jedoch wieder und kehrte nach Berlin zurück. In den Akten des Hessischen Staatsarchivs findet sich für diesen Schritt folgendes Begründungsschreiben:

> »Dem Königlichen Curatorium der Universität Marburg beehre ich mich hiermit ganz ergebenst meinen Austritt aus dem akademischen Lehrkörper anzuzeigen.
> Ich habe einen Fehler begangen, indem ich mich habilitierte. Wie ich aber allmählich gelernt habe, ist fruchtbare ethnologische Arbeit nicht möglich - wenigstens mir nicht möglich - ohne das Material eines Museums. Nur an einem ethnologischen Institut, glaube ich, könnte der Dozent Erspriessliches leisten; denn ohne Demonstration vermag er bei dem Schüler weder die Grundlage wirklichen Verständnisses zu schaffen noch die Möglichkeit selbständigen Urteils, das Ziel des Unterrichts, zu erreichen.
> Ich muss es deshalb zur Zeit für nützlicher halten, der praktischen Forschung zu dienen als der Lehre.
> Ich empfehle mich mit dem Ausdruck dankbarer und verehrungsvoller Gesinnung
> Karl von den Steinen
> Marburg, 3. März 1892«[2]

Das Fehlen einer völkerkundlichen Sammlung war auch für einen anderen bekannten Ethnologen jener Zeit, Theodor Koch-Grünberg, der Grund, warum er von einer Tätigkeit in Marburg absah. Das Anschauungsmaterial einer Sammlung galt in der Entstehungszeit des Faches als *unentbehrliche* Grundlage für die völkerkundliche Forschung und Ausbildung.

Leonhard Schultze Jena, seit 1913 Lehrstuhlinhaber für Geographie und Heinrich (Ubbelohde-)Doering, der sich am 28. 2. 1925 als zweiter Gelehrter in Marburg für das Fach Völkerkunde habilitierte, ist es zu verdanken, dass in den 20er Jahren des 20. Jahrhunderts mit dem Aufbau einer Lehrsammlung an dieser Universität begonnen wurde. Eine Leihgabe des Berliner Völkerkundemuseums von 378 Ethnographica bildete hierfür den Grundstock. Nach dem Weggang Ubbelohde-Doerings (1930) und der Emeritierung Schultze Jenas (1937) fand diese Entwicklung jedoch, von einem kriegsbedingten einsemestrigen Zwischenspiel durch Martin Heydrich im Wintersemester 1944/45 abgesehen, ein weiteres Mal eine Unterbrechung.

Nach dem Krieg erhielt der Leipziger Geograph und Ethnologe Karl Heinrich Dietzel am Geographischen Institut zwar einen Lehrauftrag für »Geographie und Völkerkunde der Tropen«, womit auch die Betreuung der Völkerkundlichen Sammlung in seine Zuständigkeit fiel, doch verhinderte sein früher Tod 1951 einmal mehr einen systematischen Ausbau des Faches in Marburg.

In den 50er Jahren war es dann der ebenfalls 1946 an die Philipps-Universität gelangte Balkanexperte, Ethnologe und Romanist Martin Block, der sich dem Ausbau der Sammlung, die in den Nachkriegsjahren zunächst »verstaubt und in Kisten verpackt«[3] im Geographischen Institut lagerte, annahm. Mit der Unterstützung des damaligen Ordinarius für Geographie, Heinrich Schmitthenner, erreichte er 1955 die Zuweisung eigener Räumlichkeiten für die Sammlung, wobei er auch eine Reihe von Neuerwerbungen verzeichnen konnte. 1956 entstand in Marburg dann ein zunächst an die Person Blocks geknüpftes Extraordinariat für Völkerkunde.[4] 1958 erschien die Völkerkundliche Sammlung erstmals unter der Rubrik »Wissenschaftliche Anstalten und Sammlungen« im Vorlesungsverzeichnis der Universität, und Block wurde nun auch offiziell mit ihrer Betreuung beauftragt. Nach Blocks Ruhestand erhielt im Jahr 1963 Horst Nachtigall in Marburg eine ethnologische Dozentur, und die Fakultät beschloss die Aufwertung der Völkerkundlichen Sammlung zum Völkerkundlichen Seminar.

Übungen zur materiellen Kultur wie auch zur Museumskunde finden sich im Lehrangebot der Philipps-Universität nahezu seit Bestehen der Völkerkundlichen Sammlung. Bereits im Sommersemester 1930 bot Ubbelohde-Doering ein »Ethnographisches Kolloquium an Hand der ethnographischen Lehr- und Schausammlung« an. Nach dem Krieg las beispielsweise Dietzel über »Die materielle Kultur der Naturvölker« (SS 47) und ab dem Wintersemester 1957/58 führte Block regelmäßig praktische Übungen zur Bestimmung ethnographischer Gegenstände aus der Völkerkundlichen Sammlung durch. Von 1965 bis 1975 hatte der Wissenschaftliche Assistent am Seminar, Peter Paul Hilbert, der zuvor zwischen 1948 und 1961 am Museo Goeldi in Belém/Brasilien ge-

Einleitung

arbeitet hatte, einen Lehrauftrag speziell für »Völkerkundliche Museumskunde« inne. Nach einer ersten Ausstellung zum 450-jährigen Universitätsjubiläum 1977 erfolgte 1979 schließlich die Einrichtung eines dauerhaft zugänglichen öffentlichen Museums.[5]

Für Studierende der Völkerkunde ist es in Marburg heute gemäß Studienordnung obligatorisch, sogenannte »Museumsscheine« zu erwerben. In der Veranstaltung dazu wird entweder die Erschließung eines bestimmten Objektes aus der Marburger Sammlung in Form einer Hausarbeit oder aber die aktive Teilnahme an Konzeption und Aufbau einer Ausstellung verlangt. Bei aller zeit-, fach- und personenspezifischen Heterogenität in Forschung und Lehre ist Museumsethnologie über die Jahrzehnte hinweg ein kontinuierlich weiter entwickelter Schwerpunkt in Marburg geblieben.

Die Museumsbezogenheit des Faches ist somit, ähnlich wie in einigen wenigen anderen Städten, in Marburg groß (bezeichnenderweise sind das v.a. kleine Institute an den alten Universitäten, wie z.B. außer Marburg noch Göttingen oder Tübingen. Oder anders formuliert: es handelt sich dabei um relativ alte Institute in relativ kleinen Städten, die sonst kein eigenes Völkerkundemuseum haben).

War die Themenstellung des Symposiums somit durchaus eng mit lokalen Entwicklungen und Schwerpunktsetzungen verbunden, so besitzt das Thema jedoch eine wesentlich weiter reichende Relevanz.

Inwieweit verfolgen ethnologische Museen und Universitätsinstitute den gleichen Zweck mit anderen Mitteln, wie eine der Leitfragen des Symposiums lautete, inwieweit kommt es zu institutionellen Reibungen oder, schlimmer, zu kontinuierlichen Wahrnehmungsdefiziten? Sind Museen nach wie vor Orte wissenschaftlicher Forschung oder beschränken sie sich, vielleicht notgedrungen, auf Konservierung und öffentlichkeitswirksame Aufbereitung der Forschungsergebnisse anderer? Inwiefern ist die universitäre Diskussion und ihre Ergebnisse im Museum, inwiefern die museale Diskussion samt ihren Ergebnissen in der Universität präsent?

Die Beiträge im vorliegenden Band versuchen Antworten auf diese Fragen zu geben, ohne das Bewusstsein dafür zu verlieren, dass es - auch hier - keine endgültigen Antworten geben kann.

Das Buch beginnt mit einer fachgeschichtlichen Einführung zur Beziehung von Museum und Universität während der Gründerphase (Michael Kraus). Es folgen Beiträge, in denen eine Renaissance des Objektes in der ethnologischen Arbeit aufgezeigt und diese in Überlegungen zu Ästhetik und theorieorientierter Zusammenarbeit von Universität und Museum umgesetzt wird (Sol Montoya, Mona B. Suhrbier). Zur Sprache kommen in diesem Zusammenhang zudem Erfahrungen aus der universitären Lehre und rezenten Ausstellungsprojekten, um zu einer Standortbestimmung bzw. Kritik von Ausstellungs- und/oder Lehrformen zu gelangen (Alexandra Rosenbohm).

Daran anschließend werden aktuelle Neustrukturierungen, wie sie beispielsweise gerade am Hamburger Museum im Gange sind, vorgestellt und hinterfragt (Sabine Beer). An Hand regionaler Entwicklungen, wie der Zürcher Situation, wird die Abhängigkeit von zeitgebundenen ökonomischen und politischen Außeneinflüssen kritisch betrachtet (Peter R. Gerber). Des Weiteren werden aber auch die kulturellen Unterschiede zwischen den beiden zur Diskussion stehenden Institutionen beleuchtet (Mark Münzel).

Die Notwendigkeit langfristiger Forschungsarbeiten sowohl an Museum wie Universität, einschließlich entsprechender Felderfahrung wird ebenso thematisiert (Josef F. Thiel), wie die Erlebnisse während des eigenen Werdeganges und der Versuch, eine theoriegeleitete Umsetzung von Feldforschungsergebnissen und -erfahrungen unter expliziter Berücksichtigung von »Humor und Sinnlichkeit« zu erlangen (Claus Deimel). Das Einüben der Umsetzung wissenschaftlicher Ergebnisse in die ethnologische Praxis des Museums schon während des Studiums (Bernhard Streck) kommt zur Sprache wie auch Überlegungen hinsichtlich völkerkundlicher Öffentlichkeitsarbeit in Bezug auf die Schule, wobei der kritische Rückblick auf Zeiten, in denen solche Forderungen mit rassistischen Ansätzen vorgetragen wurden, nicht unterbleibt (Volker Harms).

Insgesamt steht in den Beiträgen die Auseinandersetzung mit dem Materiellen in mehrfacher Hinsicht im Vordergrund: Mit der materiellen Kultur (und ihren geistigen und sozialen Bezügen) auf der einen Seite, deren stärkere Wieder-Beachtung die ethnologische Theoriebildung beeinflussen sollte, wie mit den materiellen Zwängen beispielsweise bei Ausstellungsprojekten auf der anderen Seite, vor deren negativen Auswirkungen gewarnt wird. Droht doch in manchem Fall bloße Effekthascherei, um die Gunst eines von einem überbordenden Freizeitmarkt gesättigten Publikums zu erwerben und damit über das zu beachtende, aber eben nicht allein ausschlaggebende Kriterium der Besucherzahlen, die »Nützlichkeit« unser Wissenschaft bestätigt zu glauben. Inwieweit mit der Etatsenkung tatsächlich eine Niveausenkung in Forschung, Ausstellung und Lehre einhergehen muss und welche gemeinsamen und unterschiedlichen Außenabhängigkeiten es in Museum und Universität zu reflektieren bzw. zu nutzen oder zu vermeiden gilt, wird zum wichtigen Reflexionspunkt der Diskussion. Thematisiert wird weiterhin, dass so mancher der späteren Ausstellungsmacher im Rückblick auf die eigene Studienzeit eher Desinteresse an Themen wie materieller Kultur zugibt, was zu einer verstärkten Auseinandersetzung mit der damaligen wie heutigen Ausbildungssituation an Universität und Museum Anlass gibt. Hinzu kommen Rückblicke auf aufre-

Einleitung

gende und aufgeregte Debatten vergangener Jahre und der Verweis auf das, was von jenen Tagen übrigblieb.

Bedauerlicherweise konnten auf der Tagung nicht alle relevanten Stimmen gehört werden, so dass auf eine Fortführung der Diskussion mit Wortmeldungen und Berichten aus weiteren Städten zu hoffen ist. Der Wunsch nach einem erneuten Aufgreifen der Thematik wurde am Tagungsende mehrfach geäußert. Wir glauben daher nicht nur, dass die hier veröffentlichten Aufsätze ein lesenswertes Meinungsbild der Marburger Diskussion widerspiegeln, sondern hoffen darüber hinaus, dass sie zur Weiterführung dieser Diskussion und damit letztendlich zu neuen - oder wieder zu entdeckenden - Formen der gegenseitigen Wahrnehmung, Beeinflussung und Bereicherung von Museum und Universität in Forschung, Lehre und Ausstellung anregen.

Dass Museum und Universität nicht nur in vielfältigen Abhängigkeiten stehen, sondern auch immer wieder konkrete Förderungen erleben, zeigt die großzügige Unterstützung, die das Marburger Symposium von verschiedenen Seite erfahren durfte. So erfüllen wir zum Abschluss dieser Einleitung die angenehme Pflicht, denjenigen zu danken, ohne deren Hilfe die Tagung »Zur Beziehung zwischen Universität und Museum in der Ethnologie« nicht möglich gewesen wäre.

Namentlich sind hier hierbei
die Universitätsstiftung der Philipps-Universität Marburg
der Marburger Universitätsbund
die Sparkasse Marburg-Biedenkopf, sowie
der Ursula Kuhlmann Fonds
als finanzielle Unterstützer zu nennen. Ebenfalls undurchführbar wäre die Tagung gewesen ohne das tatkräftige und bereitwillige Engagement der Mitarbeiterinnen der Marburger Völkerkunde.

Ihnen allen sei an dieser Stelle noch einmal ganz herzlich für die bereitwillige Unterstützung des Symposiums gedankt.

Anmerkungen

[1] Als Referenten nahmen am Symposium teil: Karin Bautz (Leipzig), Sabine Beer (Hamburg), Claus Deimel (Hannover), Christian F. Feest (Frankfurt/Main), Peter R. Gerber (Zürich), Eva Gerhards (Freiburg), Volker Harms (Tübingen), Mark Münzel (Marburg), Annegret Nippa (Dresden), Bernhard Streck (Leipzig), Mona B. Suhrbier (Frankfurt/Main), Elisabeth Tietmeyer (Berlin), Josef F. Thiel (Frankfurt/Main).
[2] Steinen an das Königliche Curatorium der Philipps-Universität, 3.3.1892. Hessisches Staatsarchiv Marburg »Akten betreffend die Privatdozenten an der Universität Marburg, Vol. III 1884-1898« (Bestand 310, acc. 1920/30 II, Nr. 139).

[3] Block an Verwaltungsdirektor, 14.5.5?[Jahreszahl unleserlich], Hessisches Staatsarchiv Marburg »Martin Block« (Best. 307d, acc. 1974/17, No. 912).
[4] Das Extraordinariat war mit dem »kw«-Vermerk für »künftig wegfallend« versehen, so dass mit Blocks Ruhestand 1959 zunächst kein Nachfolger berufen werden konnte. Mit Einschränkungen gab Block noch bis zum WS 1967/68 Unterricht.
[5] Eine ausführliche Darstellung der Entwicklung der Ethnologie an der Philipps-Universität wird unter dem Titel »›... ohne Museum geht es nicht‹ - Zur Geschichte der Völkerkunde in Marburg« (Michael Kraus) in einer z. Zt. von Stéphane Voell vorbereiteten Publikation zur Völkerkundlichen Sammlung in Marburg erscheinen.

GESCHICHTE

Michael Kraus

Über das Museum an die Universität
Etablierungsprobleme eines jungen Faches, aufgezeigt anhand der Schriftwechsel von Theodor Koch-Grünberg[1]

Einleitung

»Ihre Worte über die hemmende Einwirkung der Museumsverpflichtungen auf die eigentliche Forschungsarbeit während einer Reise sind mir aus dem Herzen gesprochen. Ebenso recht haben Sie, wenn Sie sich gegen die Ansammlung von schlecht bestimmten oder unbestimmtem Material in den Museen wenden. Ein jedes Museum leidet darunter. Als Leiter des hiesigen Museums werde ich mit allen Kräften bestrebt sein, den wissenschaftlichen Charakter zu wahren. Dieser darf nicht zurückstehen gegen falsche Rücksichten auf den schlechten Geschmack eines Publikums, das zum grossen Teil dem inneren Wert eines Museums doch nur verständnislos gegenübersteht. Durch Führungen, Vorträge und Sonderausstellungen (wie ich sie hier beabsichtige) sollte man vielleicht das Publikum allmählich erziehen und dem Verständnis für die grossen Aufgaben der Ethnologie näher bringen, damit es in einem Museum eine wirkliche Bildungsanstalt sieht und nicht nur ein Raritätenkabinett. Das kann aber nur ganz allmählich geschehen. *Wenn wir nicht durch die Museen die Ethnologie im besten Sinne populär machen, wird sie nie eine selbständige Wissenschaft, auch nie eine selbständige Universitätswissenschaft werden.*«

Dies schrieb Theodor Koch-Grünberg, der seit dem 1. Oktober 1915 Direktor des Stuttgarter Linden-Museums war, am 16. November 1915 an den schwedischen Südamerikaforscher Erland Nordenskiöld.[2] Das Zitat beinhaltet bereits einige wesentliche Probleme, mit denen die Völkerkunde in jener Zeit, dem ersten Viertel des 20. Jahrhunderts, zu kämpfen hatte.
  Koch-Grünbergs wissenschaftlicher Werdegang führte neben langjährigen Feldaufenthalten in Südamerika *vom Museum zur Universität und zurück*: von

1902 bis 1909 arbeitete er im Berliner Völkerkundemuseum, von 1909 bis 1915 war er an der Universität Freiburg tätig. Daran anschließend leitete er bis 1924 das Stuttgarter Linden-Museum. Unterbrochen waren diese Tätigkeiten jeweils von langen Feldaufenthalten in Südamerika. 1898-1900 hatte er an der Xingu-Expedition des Leipzigers Hermann Meyer teilgenommen. Von 1903-05 bereiste er das nordwestliche Amazonas-Gebiet und zwischen 1911 und 1913 erforschte er verschiedene indianische Kulturen in Nordbrasilien und im südlichen Venezuela. 1924 schloss sich Koch-Grünberg der Orinoko-Expedition des US-Amerikaners Hamilton-Rice an. Zu Beginn dieser Expedition erlag er einem Malariaanfall; er starb am 8. 10. 1924 im brasilianischen Vista Alegre.

In seinen Publikationen finden sich trotz der langjährigen Arbeiten an zwei bedeutenden Museen und der ausgiebigen Beschäftigung mit materieller Kultur keine theoretischen Schriften zu Museumsethnologie oder zu Museumsaufgaben. Seine Position kann daher lediglich aus Passagen aus seinem Schriftwechsel mit anderen Forschern abgeleitet werden. Ausgehend von diesem Material sollen im folgenden Beitrag einige Aspekte benannt werden, die in Bezug zum Thema dieses Bandes - dem Verhältnis von Museum und Universität - stehen und die Schwierigkeiten des jungen Faches Völkerkunde, sich als eigenständige Disziplin im Wissenschaftsbetrieb zu etablieren, charakterisieren helfen.

Die musealen Anfänge

Die akademischen Anfänge der Völkerkunde lassen sich zwar bereits im letzten Viertel des 18. Jahrhunderts an der Universität Göttingen[3] aufzeigen und es gab seitdem von verschiedenen Gelehrten, vor allem Geographen und Historikern, auch hin und wieder Vorlesungen völkerkundlichen Inhalts, doch sollte es noch fast 150 Jahre dauern, bis der erste ordentliche Lehrstuhl für das neue Fach eingerichtet wurde. Noch im ersten Viertel des 20. Jahrhunderts war die Ethnologie vorrangig an den Museen etabliert.[4] Die Geschichte der Museumsentstehung wurde in verschiedenen Arbeiten und nicht zuletzt in den von Museen selbst veröffentlichten Fest- und Jubiläumsschriften zumeist ausgiebig beschrieben, so dass an dieser Stelle das kursorische Erwähnen einiger Daten genügen mag, um die Situation zu kennzeichnen.

Auch wenn der Grundstock der meisten Sammlungen länger zurückreicht, so fällt die Gründungszeit der meisten Museen als eigenständige völkerkundliche Ausstellungshäuser in die zweite Hälfte des 19. bzw. das frühe 20. Jahrhundert: 1868 war das Gründungsjahr des Münchner, 1869 das des Leipziger Völkerkundemuseums. 1873 wurde die ethnographische Sammlung in Berlin von Kaiser Wilhelm I. zum eigenständigen Museum erhoben. Für Dresden gilt 1875, für Hamburg 1879 als offizielles Gründungsdatum. Aus dem Jahr 1895 stammt der Gründungsbeschluss für das Freiburger »Museum für Natur- und

Völkerkunde«. 1896 öffnete das »Städtische Museum für Natur-, Völker und Handelskunde« (das heutige Übersee-Museum) in Bremen seine Pforten. 1904 wurde das Frankfurter Völkerkundemuseum als eigenständiges Museum ins Leben gerufen, 1906 in Köln der Neubau des Rautenstrauch-Joest-Museums und 1911 das Stuttgarter Linden-Museum eröffnet.[5]

Anders dagegen die Lage an den Universitäten. Im Jahre 1919 erschien im Korrespondenzblatt der Deutschen Gesellschaft für Anthropologie, Ethnologie und Urgeschichte ein Aufruf *An die deutschen Universitäten*, in dem die mangelhafte universitäre Verankerung aller drei genannten Fächer beklagt wird. Kennzeichnend für die damals 21 Universitäten in Deutschland war, dass Anthropologie, Ethnologie und Urgeschichte nur selten und dann oftmals von Personen unterrichtet wurden, deren Spezialistentum auf anderen, wenn auch benachbarten Gebieten lag. So heißt es im erwähnten Aufruf, dass

> »an den meisten Hochschulen heute noch die Anthropologie von den Anatomen, die Ethnologie von den Geographen und die Prähistorie von Germanisten, Archäologen, Geologen mit versehen wird, obwohl bei dem Umfange, den die drei Wissenschaften erreicht haben, die wirkliche Beherrschung jeder einzelnen eine volle Arbeitskraft erfordert.«[6]

Von ethnologischer Seite wurde der Aufruf von Augustin Krämer, Georg Thilenius und Karl Hagen unterzeichnet. In einer diesem Aufruf folgenden Einzelbetrachtung der drei Disziplinen beschreibt Krämer die Lage der Völkerkunde wie folgt:

> »Hätte es von unseren Universitäten abgehangen, so wüßten wir über Geschichte und Sitten unserer Naturvölker verschwindend wenig [...] Man sollte denken, daß längst ein Ruf nach Lehrstühlen für Völkerkunde ergangen wäre! Dem ist aber keineswegs so. Bei Unterhaltungen mit Hochschulprofessoren mußte ich die Erfahrung machen, daß man sich in den Fakultäten durchaus nicht immer klar darüber war, was Völkerkunde ist [...]«

Und über die Bedeutung der Museen heißt es bei Krämer weiter:

> »Wenn die Völkerkunde bisher trotz ihrer völligen Vernachlässigung durch die Universitäten emporblühte, so verdankt sie dies in erster Linie unseren Museen, welche die Erzeugnisse der Naturvölker, die man früher nur als Kuriositäten betrachtete, syste-

matisch sammeln und bearbeiten [...] Im ganzen konnten sich annähernd zwei Dutzend Museen im Jahre 1912 zu einem Verband zusammenschließen, um ihre eigenen Interessen einer Wissenschaft zu wahren, der sie allein eine Heimat und eine Stätte boten.«[7]

Zur Entstehung der Ethnologie als Universitätsfach

Theodor Koch-Grünberg hatte sich nach der Rückkehr von seiner Expedition durch das nordwestliche Amazonasgebiet mehrmals bemüht, das Berliner Museum zu verlassen. So versuchte er die Einführung einer Professur für allgemeine Völkerkunde an der Universität München anzuregen, wobei er u.a. mit dem Hinweis auf die wertvollen Sammlungen von Spix und Martius im Münchner Museum sowie die der Völkerkunde wohlwollende Einstellung der Prinzessin Therese von Bayern argumentierte. Zudem richtete er Bewerbungen bzw. Anfragen an die völkerkundlichen Museen in Frankfurt und Stuttgart, allerdings (noch) ohne Erfolg.[8] Von der Möglichkeit, sich nahe seiner hessischen Heimatstadt Grünberg, nämlich an der Marburger Universität zu habilitieren, sah er jedoch ab, wofür sich in einem Brief an J. Collin folgende Begründung findet: »Was mich von Marburg in erster Linie abkommen liess, war [...] das gänzliche Fehlen einer ethnographischen Sammlung.«[9] So habilitierte er im Jahre 1909 in Freiburg, das im Gegensatz zu Marburg über ein Völkerkundemuseum verfügte. Dort war er bis 1911 erst als Privatdozent, nach Rückkehr von seiner dritten Südamerikareise dann als außerordentlicher Professor tätig. Zum 1.10.1915 wurde er Direktor des Stuttgarter Linden-Museums und nahm ab dem Wintersemester 1915/16 auch einen einstündigen Lehrauftrag an der Universität Heidelberg wahr. Der Grund für die Betätigung in Heidelberg ist vor allem in dem Bemühen zu sehen, der Völkerkunde ihren Platz an den Universitäten zu erstreiten. In einem Brief Koch-Grünbergs vom 18. Dezember 1916 an seinen Leipziger Kollegen Karl Weule heißt es:

> »Ich fahre soeben wieder, wie allmontaglich, nach Heidelberg. Fast sechs Stunden Bahnfahrt, eine anstrengende Geschichte, besonders im Winter, die nicht viel einbringt! Aber, wenn ich den Lehrauftrag jetzt freiwillig aufgeben würde, so wäre es damit wahrscheinlich für lange Zeit vorbei, und wir wären einen Schritt rückwärts von unserem Ziel.«[10]

Bis zu diesem Zeitpunkt gab es im Deutschen Reich keinen einzigen Lehrstuhl für Völkerkunde, was, wie erwähnt, jedoch nicht heißt, dass das Fach nicht von einigen wenigen Ethnologen als Privatdozenten oder außerordentlichen Professoren an verschiedenen Universitäten gelehrt wurde.[11] In Berlin hatte sich 1866 Adolf Bastian habilitiert, zwei Jahre später wurde er Assistent in der Verwaltung der ethnographischen und prähistorischen Sammlungen der königlichen Museen. Seit 1869 war Bastian Dozent für Völkerkunde an der Universität Berlin - wobei seine Vorlesungen allerdings ähnlich schwer nachvollziehbar gewesen sein sollen wie seine Schriften[12] -, zudem fallen in dieses Jahr die wesentlich von Bastian mitinitiierten Gründungen der Berliner Gesellschaft für Anthropologie, Ethnologie und Urgeschichte sowie der Zeitschrift für Ethnologie. Das Jahr 1869 gilt dementsprechend oft als das eigentliche Konstitutionsjahr der deutschen Völkerkunde.[13] In den folgenden Jahrzehnten unterrichteten zahlreiche Ethnologen des 1873 selbständig gewordenen Berliner Völkerkundemuseums auch an der Universität, doch wurden diese Vorlesungen anfangs noch unter so verschiedenen Rubriken wie »Geschichte und Geographie«, »Anthropologie« oder »Philologische Wissenschaften« aufgeführt. Vor allem die Amerikanisten bildeten hier mit Gelehrten wie Karl von den Steinen (habil. 1889), Eduard Seler (habil. 1894), Paul Ehrenreich (habil. 1900), Max Schmidt (habil. 1917) oder Konrad Theodor Preuss (habil. 1921) eine starke Fraktion. 1909 erhielt Felix von Luschan den ersten Lehrstuhl für Anthropologie an der Berliner Universität, der Plan, auch ein Institut zu begründen, schlug jedoch fehl.[14]

Die Beziehung zwischen Museum und Universität in der Ethnologie ist bis in die Nachkriegszeit des ersten Weltkrieges also vor allem darin zu sehen, dass Museumsethnologen bemüht waren, das Fach überhaupt erst an die Universitäten zu tragen. Die Museen besaßen nicht nur die notwendigen Bibliotheken und Arbeitsmaterialien, sondern boten auch Beamtenposten, die im Gegensatz zu den ersten Universitätsstellen den Lebensunterhalt sicherten.[15]

Als im Jahre 1921 ein gewisser Robert Unterwels aus Friedberg in der Steiermark bei Theodor Koch-Grünberg bezüglich der Möglichkeit anfragte, in Völkerkunde zu promovieren, erhielt er folgende Antwort:

> »Mit grossem Interesse und aufrichtiger Teilnahme habe ich Ihren Brief vom 23.d.M. gelesen, kann Ihnen aber zu meinem grössten Bedauern auch nicht helfen. Weder in Freiburg i/B, noch in Tübingen besteht für Sie eine Möglichkeit in der angegebenen Weise zu promovieren. Ich selbst war 1913/15 a.o. Professor in Freiburg und erfülle z.Zt. noch einen Lehrauftrag für Völkerkunde in Heidelberg, aber ohne Prüfungsrecht. Die einzige o.Professur für Völkerkunde hat Weule in Leipzig, der auch als Afrikanist Ihren Arbeiten nahe steht. Ich würde Ihnen daher emp-

fehlen, sich an ihn zu wenden, und ihm unter Zugrundelegung Ihres Manuskriptes Ihre besonderen Verhältnisse und Ihre Wünsche auseinanderzusetzen. Er ist gegenwärtig in Deutschland der Einzige, der in dieser Sache raten und helfen kann [...] Leider hat Herr von Luschan mit seiner Schilderung der traurigen Lage unserer Wissenschaft in Deutschland nur zu Recht. Man muss hoffen, dass auch wieder bessere Zeiten kommen.«[16]

Karl Weule war seit 1899 am Leipziger Museum tätig und habilitierte sich in Leipzig für Erdkunde und Völkerkunde. 1902 wurde ihm dort eine außerordentliche Professur für Völkerkunde und Urgeschichte übertragen. Seit 1904 bestand in Leipzig zum ersten Mal in Deutschland die Möglichkeit, Völkerkunde als selbständiges Prüfungsfach für die Promotion zu wählen. 1907 wurde Weule Museumsdirektor. Im Jahr 1914 wurde das Forschungsinstitut für Völkerkunde und das ethnographische Seminar an der Universität gegründet. 1920 erfolgte die Ernennung Weules zum ordentlichen Professor, womit in Leipzig die erste ordentliche Professur für dieses Fach geschaffen war.[17]

Wie Weule in Leipzig, so übte in Hamburg Georg Thilenius die Doppelfunktion als Museumsdirektor und Universitätsprofessor aus. In beiden Städten waren Museum und Universität auch räumlich verbunden. Thilenius hatte sich 1896 in Straßburg für Anatomie habilitiert, wandte sich dann im Verlauf einer Südseereise jedoch vermehrt anthropologischen und völkerkundlichen Studien zu und erhielt im Jahr 1900 eine Berufung auf einen außerordentlichen Lehrstuhl für Anthropologie und Ethnologie an der Universität Breslau. Im Oktober 1904 wird er Direktor des Hamburger Völkerkundemuseums und mit der Gründung der Hamburger Universität 1919 dort auch Professor, nachdem er zuvor schon am Hamburger Kolonialinstitut als Professor unterrichtet hatte.[18]

Nach Weules Tod 1926 sollte Thilenius in Leipzig sowohl den Museums- als auch den Universitätsposten übernehmen, lehnte jedoch ab. Daraufhin wurden beide Ämter wieder getrennt. Fritz Krause, seit 1905 am Museum in Leipzig tätig, seit 1922 Universitätsdozent und seit 1925 außerordentlicher Professor wird am 1. April 1927 Museumsdirektor. Der Leipziger Lehrstuhl wird noch im gleichen Jahr Otto Reche übertragen, der 1924 zum Ordinarius für Anthropologie und Ethnologie an der Universität Wien berufen worden war.[19] In Hamburg blieben beide Ämter bis zum Jahre 1971 vereint. 1970 war Hans Fischer noch zum Museumsdirektor und Institutsleiter ernannt worden, ein Jahr später vollzog sich jedoch die Ämtertrennung. Fischer blieb Lehrstuhlinhaber und Jürgen Zwernemann wurde Museumsdirektor.[20]

Der dritte Lehrstuhl für Völkerkunde im Deutschen Reich wurde 1934 an der Universität Göttingen gegründet. 1928 war der Leipziger Privatdozent und

Museumsmitarbeiter Hans Plischke mit der Betreuung der ethnographischen Sammlung in Göttingen betraut worden. Zugleich wurde damit auch ein Lehrauftrag für Völkerkunde an der Universität vergeben. 1934 erfolgte die Einrichtung des Ordinariates, 1935 wurden die ethnographische Sammlung und das Seminar für Völkerkunde zum Institut für Völkerkunde zusammengefasst.[21]

1936 hatte zudem Fritz Paudler an der Deutschen Universität in Prag eine ordentliche Professur für Ethnologie erhalten.[22] Im gleichen Jahr erfolgte die Berufung Bernhard Strucks an die Jenaer Universität, wo er am 1.12.1937 zum ordentlichen Professor für Anthropologie und Völkerkunde ernannt wurde. Gleichzeitig war er Direktor des »Instituts für Anthropologie und Völkerkunde« der Universität Jena und mühte sich um Wiedereinrichtung einer seit 1920 zum Verkauf gegebenen universitären ethnographischen Lehrsammlung.[23]

In Köln hielt Willy Foy, der Direktor des Rautenstrauch-Joest Museums, seit dem Wintersemester 1902/03 völkerkundliche Vorlesungen an der Städtischen Handelshochschule. Am 10. April 1920 erhielt Foy die Bestätigung für seine Ernennung zum außerordentlichen Honorarprofessor an der Universität Köln. Die Veranstaltungen fanden zumeist im Hörsaal des Museums statt. In Bonn hatte sich Fritz Graebner, der 1906 vom Berliner Völkerkundemuseum an das Rautenstrauch-Joest Museum gewechselt war, im Jahr 1911 habilitiert und war am 5. September 1921 zum nicht beamteten außerordentlichen Professor ernannt worden. Der Versuch, ein Ordinariat für Graebner an der Universität Köln einzuführen, scheiterte jedoch. Graebner wurde 1926 Museumsdirektor in Köln und am 24. Juni desselben Jahres zum Honorarprofessor an der dortigen Universität ernannt - ein Amt, das er aus Krankheitsgründen jedoch niemals antrat. Seit 1925 war am Museum auch der spätere Direktor Julius Lips beschäftigt, der sich 1927 an der Kölner Universität habilitierte und 1930 zum außerordentlichen nicht beamteten Professor ernannt wurde. 1933 erfolgte Lips' Entlassung und ein Jahr später seine Emigration. Zum ersten *ordentlichen* Professor wurde in Köln im November 1940 Martin Heydrich ernannt, der im Nebenamt auch die Leitung des Museums übernahm. Heydrich hatte 1914 in Leipzig bei Weule promoviert und war seit 1918 Museumsmitarbeiter in Dresden gewesen.[24]

Die Lehrstuhlgründungen begannen für die Völkerkunde also ungefähr 50 Jahre nach den Museumsgründungen und erfolgten weitgehend entlang der Reihe der existierenden Völkerkundemuseen. Die Personalunion von Museumsleitung und Ordinariat war am Anfang die Regel. Neben den Direktoren/Ordinarien lehrten zahlreiche weitere Museumsmitarbeiter an den Universitäten.

Sammeln für Wissenschaft und Geld

War das Museum somit der entscheidende Ausgangspunkt für das im Entstehen begriffene Fach, so schränkte es die Forschung jedoch gleichzeitig auch wieder ein. Im eingangs zitierten Brief sprach Koch-Grünberg von der »hemmende[n] Einwirkung der Museumsverpflichtungen auf die eigentliche Forschungsarbeit während einer Reise«. Gemeint war damit die den Reise- und Forschungsverlauf nachhaltig prägende Verpflichtung, Ethnographica zu sammeln.

Es mag selbstverständlich klingen, dass eine völkerkundliche Expedition, noch dazu, wenn sie von Museumskreisen initiiert wird, materielle Kultur sammelt. Hinter dieser scheinbaren Selbstverständlichkeit verbirgt sich jedoch neben dem wissenschaftlich motivierten Interesse an materieller Kultur auch ein anderer, nicht-wissenschaftlicher Aspekt. Die Abgabe von Sammlungen war oft die Rückbezahlung der Reisefinanzierung, andere Aufgaben mussten dahinter zurückstehen.

So wurden beispielsweise Expeditionen von Leo Frobenius von verschiedenen Museen gegen die Verpflichtung, entsprechende Sammlungen abzuliefern, vorfinanziert, wobei Frobenius auch eine früher angelegte Sammlung afrikanischer Bogen und Pfeile als Pfand hinterlegte. Die Sorglosigkeit Frobenius' hinsichtlich einer ordentlichen Dokumentation führte jedoch schließlich dazu, dass die Museen von weiterer Unterstützung Abstand nahmen.[25]

Wilhelm Müller, Teilnehmer der »Hamburger Südsee-Expedition« (1908-1910) kritisierte schon während des Verlaufes der Untersuchung die oberflächlichen Forschungsmethoden und vermerkte in seinem Tagebuch: »Die Reise gestaltet sich ganz von selber und ohne das Zutun irgend eines einzelnen zu einer Sammelreise für das Hamburger Museum, da ein wirklich wissenschaftliches Arbeiten durch den Umfang des uns gestellten Programms ausgeschlossen ist.«[26]

Das Recht zu Sammeln wurde manchmal sogar strikt zu regeln versucht. Auf seiner ersten Südamerikareise, die ab 1898 unter der Leitung des Leipzigers Hermann Meyer in das zentralbrasilianische Xingu-Gebiet führte, war Koch-Grünberg laut Vertrag verpflichtet, Meyer beim Anlegen von Sammlungen zu unterstützen. Das Anlegen eigener Sammlungen war ihm jedoch untersagt.[27] Während der »Hamburger Südsee-Expedition« kam es zum Streit mit der Schiffsbesatzung, da sich diese ihr Recht, eigene Sammlungen anzulegen, nicht nehmen lassen wollte. Die Wissenschaftler hingegen beklagten die Konkurrenz und den damit verbundenen Preisanstieg vor Ort.[28]

Im Vertrag zu seiner dritten Forschungsreise, die durch Unterstützung des Baeßler-Instituts ermöglicht wurde, verpflichtete sich Koch-Grünberg, dem Berliner Museum ein »der Höhe der überwiesenen Summe von 27 000 M ungefähr entsprechendes Äquivalent an Sammlungen zu übergeben«,[29] wobei seine bei der vorherigen Reise abgelieferten Sammlungen als Berechnungsgrundlage dienten. Diese vorangegangene Reise war mit einer äußerst erfolgreichen Sammelarbeit verbunden gewesen, eine Tätigkeit, die allerdings nicht ohne Auswirkungen auf die übrigen Forschungen blieb. In einem Brief an A. Fric vom 13. April 1916 heißt es diesbezüglich:

> »Wenn die gegenwärtige unsinnige Zeit vorüber, und das Meer wieder frei ist, werde ich wohl noch einmal hinausziehen zum oberen Rio Negro, um das nachzuholen, *was ich damals nicht so ausführen konnte, wie ich gern wollte, weil ich für Museen sammeln musste*. Ich will die reiche Mythologie der dortigen Aruakstämme und ihren Zauberglauben aufzeichnen.«[30]

Curt Unckel Nimuendajú schrieb über die Finanzierung seiner Arbeiten in Brasilien 1938 an Alfred Métraux: »Ich suche bei Jud und Christ mit mehr oder weniger Erfolg das Geld zusammenzuborgen und bezahle dann diese Schulden mit dem Verkauf von ethnographischen Sammlungen.«[31] Dieses Vorgehen stellte für Nimuendajú dabei eine pure Notwendigkeit dar, um überhaupt wissenschaftlich arbeiten zu können. In einem Brief an den Leipziger Museumsdirektor Fritz Krause betont er: »Sie können aus irgendeiner meiner Abhandlungen herauslesen, dass ich kein ›Händler‹ bin und die Ethnologie für mich kein Geschäft ist.«[32] An anderer Stelle spricht Nimuendajú, dessen Sammlungen und finanzielle Unterstützung sich zeitweise die drei Museen in Dresden, Leipzig und Hamburg teilten, davon, wie sehr die ethnologischen Aufzeichnungen durch »solch eine Arbeit des Triplikatenschachers beeinträchtigt worden sind«.[33]

Die Bedingungen der Forschungsfinanzierung zwangen also zu Schwerpunktsetzungen, die ihren Ursprung nicht nur in wissenschaftlichen Überlegungen hatten. Auch wenn Informationen über Verwandtschaftsbeziehungen oder andere nicht-materielle Datensammlungen wissenschaftlich keineswegs weniger wertvoll waren oder sind als ethnographische Objekte, so wurden die mitgebrachten Sammlungen zur materiellen Rechtfertigung der Reise und damit zur von außen auferlegten Notwendigkeit der Forschung. Mythen, um (irgend)ein Beispiel für nicht-materielle Kultur zu nennen, hatten demnach, nach Europa gebracht, einen wissenschaftlichen, aber keinen oder nur geringen ökonomischen Wert. Ethnographica dagegen besitzen beides (und können zudem notfalls ja auch auf dem »freien«, dem Kunstmarkt, veräußert werden). Zudem ist materielle Kultur nicht nur im wörtlichen Sinne leichter fassbar als Verwandtschaftsstrukturen oder Mythen, die darüber hinaus, sind sie erst einmal schriftlich niedergelegt und publiziert, von jedem zitiert werden können und damit keinen materiellen Privatbesitz mehr darstellen.

Diese Problematik war dabei nicht nur den Feldforschern, sondern auch den Museumsdirektoren, die ja selbst Wissenschaftler und Feldforscher waren, durchaus bewusst. Nach Thilenius' ursprünglichem Plan sollte die »Hamburger Südsee-Expedition« Objekte lediglich als »Belegstücke« für ihre Forschungsergebnisse mitbringen,[34] und auch Krause verwies auf den wissenschaftlichen Vorteil, wenn Nimuendajú einmal »ohne Belastung durch Verpflichtungen zum Sammeln« bei den Indianern arbeiten könnte.[35] Doch war dann eben nicht mehr mit finanzieller Unterstützung des Museums zu rechnen. Standen die Museumsdirektoren doch ihrerseits vor der Schwierigkeit, Geld aufzutreiben bzw. über die verausgabten Gelder Rechenschaft abzulegen. In aller Deutlichkeit tritt dieses Dilemma in einem Brief Koch-Grünbergs an Nimuendajú zu Tage. Als Museumsdirektor musste Koch-Grünberg dem Feldforscher nun genau das zumuten, worunter er selbst einst zu leiden hatte:

> »Bei allen künftigen Unternehmungen möchte ich Sie darauf aufmerksam machen, dass bei einer späteren Finanzierung leider nur die ethnographische Sammlung entscheidet, nicht aber das rein wissenschaftliche Resultat in Sprachen und Mythen. Vom wissenschaftlichen Standpunkt aus muss ich dies sehr bedauern, obwohl ich selbst Direktor eines Völkermuseums bin«.[36]

Zwar forderte Koch-Grünberg Nimuendajú auf, Mythen und sprachliches Material der Indianer zu sammeln, und bot ihm an, für die Veröffentlichung unter seinem (= Nimuendajús) Namen in Deutschland zu sorgen. Finanzielle Unterstützung war aber ausschließlich bei Anlage von Sammlungen materieller Kultur zu erreichen. Als wissenschaftlicher Leiter des Linden-Museums durfte Koch-Grünberg nicht selbständig über Finanzfragen entscheiden. Dafür benötigte er die Zustimmung des Museumsträgers, in diesem Fall des Württembergischen Vereins für Handelsgeographie. In einem Brief an Emilia Snethlage heißt es diesbezüglich:

> »Sie müssen immer bedenken, dass ich den Ankauf einer grösseren Sammlung einer Kommission empfehlen muss, die sich vorwiegend aus Laien zusammensetzt und den Wert einer Sammlung nach der mehr oder weniger grossen Anzahl in die Augen fallender Stücke, nicht aber nach dem möglichst vollständigen Kulturbild, das die Sammlung bietet, oder der wissenschaftlich wertvollen, möglichst genauen Gebrauchsangabe eines jeden einzelnen Stücks beurteilt. Dass Herrn Nimuendajú selbst die Sammlung auf ca. 3 Conto gekommen ist, spielt bei dieser rein kaufmännischen Angelegenheit leider gar keine Rolle«.[37]

Der museale Ausgangspunkt der deutschen Völkerkunde ging also auch mit einer forschungsbezogenen Schwerpunktsetzung einher - dem Sammeln materieller Kultur -, die nicht nur wissenschaftlich, sondern auch wirtschaftlich begründet war. Kurz und prägnant fasst dies Georg Thilenius in einem Brief an Leo Frobenius zusammen: »Aber schließlich stößt man auf die Realitäten, die im letzten Grunde Geld bedeuten«.[38]

Abgrenzungsbestrebungen

Eine andere Schwierigkeit, der sich das junge Fach gegenüber sah, war die Abgrenzung sowohl von der Populärwissenschaft als auch von den Nachbardisziplinen.

Die Völkerkunde populär machen, um sie zu einer selbständigen Wissenschaft werden zu lassen, bedeutete für Koch-Grünberg nicht, sie zu einer Populärwissenschaft werden zu lassen. Populär, im Sinne von volksnah, sollte sie werden als Bildungsanstalt über fremde Völker, scharfe Abgrenzungen zu populärwissenschaftlichen Vereinnahmungen bis hin zu handfesten Streitigkeiten lassen sich im Schriftwechsel von Koch-Grünberg ebenfalls nachweisen.[39]

Wichtiger für die eigenständige universitäre Etablierung aber war die Abgrenzung von den Nachbardisziplinen, in deren Schatten das Fach, wie auch Krämer oben aufzeigte, nach wie vor stand. Als Beispiel hierfür kann der Briefwechsel mit dem Geographen Karl Sapper dienen, der 1921 die Leitung des Frankfurter Völkerkundemuseums übernehmen sollte. Dies stieß sowohl bei den dort angestellten Ethnologen als auch beim Verband der deutschen Völkerkundemuseen auf heftigen Protest. In einem Brief an Koch-Grünberg fragte Sapper vertraulich an, was von diesen Protesten zu halten sei. Während Sapper den Einspruch des Verbandes als »Zeichen zunehmenden Kastengeistes« wertete, der ihm »keine moralischen Bedenken« abnötigt, so erklärte er doch, den Posten nicht anzunehmen,

> »wenn nicht mit den Frankfurter Museumsbeamten vorher ein befriedigendes Verhältnis hergestellt wäre [...] Ich gebe ja natürlich zu, daß ich keine Museumstechnik habe, aber das rein Technische wollte u. könnte ich auch gar nicht tun, sondern würde das den Assistenten überlaßen. Das Notwendigste würde ich im Lauf der Zeit gewiß lernen.
> Glauben Sie, daß Ihre Museumskollegen mir einen solchen Schritt mit Berechtigung übelnehmen könnten? Wie gesagt, mein moralisches Gefühl versagt in dieser Frage, ich hätte keinerlei Schuldbewußtsein, wenn ich etwa die Stelle annähme.
> Aber was wären die Folgen des Protestes? Ich kann mir das nicht recht ausmalen!
> Für kurze frdl. Mitteilung wäre ich Ihnen sehr verbunden.«

Die ebenso offene Antwort Koch-Grünbergs macht die Lage der damaligen Völkerkundler deutlich und soll daher an dieser Stelle ausführlich zitiert werden.

»Lieber Herr Kollege!
[...] Ich will einmal ganz offen mit Ihnen über die Sache reden: Beide Proteste haben m.E Ihre Berechtigung. Unsere jungen Völkerkundler, die zum Teil schon lange Jahre fast umsonst an Museen tätig waren, haben z.Zt. doppelt schwer zu kämpfen. An allen Museen werden jetzt Assistenten und Hilfsarbeiter ›aus Sparsamkeitsrücksichten‹ entlassen, und einigermassen bezahlte Stellen gibt es wenige. Deshalb kann ich es begreifen, wenn die beiden Frankfurter Herren dagegen protestieren, dass der Ordinarius der Geographie die Leitung ihres Museums bekommt, ihnen die Aussicht auf Weiterkommen verschliesst, und Sie dann doch hernach die Hauptarbeit tun müssen. Denn, glauben Sie nicht, dass man die Arbeit, die mit einer Museumsleitung verknüpft sind, so nebenbei erledigen kann, wenn man nicht nur ›dem Namen nach‹ Museumsleiter sein will.- Ausserdem weiss ich nicht, wie Sie mit den beiden Herren in Frankfurt nach Ihrem Protest erspriesslich arbeiten können.
Auch der Protest des Verbandes der deutschen Völkerkundemuseen hat seine Berechtigung. Wir Museumsleute, besonders diejenigen von uns, die zugleich an Universitäten lesen, kämpfen seit Jahren für die Anerkennung der Völkerkunde als einer selbständigen und gleichberechtigten Wissenschaft (wie es die Geographen früher auch für ihre Wissenschaft getan haben). Deshalb empfinden wir es schon als ungerecht, wenn ein Geograph ›nebenbei‹ Vorlesungen über Völkerkunde hält, und dies umsomehr, wenn ein Geograph ›im Nebenamt‹ die Leitung eines Völkerkundemuseums übernimmt, obwohl genug jüngere Leute da sind, die langjährige museale Vorbildung haben. Die Feinde der Völkerkunde - und es gibt deren nicht wenige bei den Professoren, besonders unter den klassischen Philologen - würden daraus für ihre Missachtung der Völkerkunde neues Material schöpfen.
Dies alles muss man bei den beiden Protesten in Erwägung ziehen. - Es liegt mir natürlich fern, dadurch irgendwie Ihren Entschluss beeinflussen zu wollen. Auch wird sich, wie dieser auch ausfällt, meine grosse Wertschätzung für Sie in keiner Weise ändern. Ich wollte Ihnen nur einmal, weil Sie es ja wünschen, die

Sachlage vom Standpunkte des reinen Völkerkundlers und Museumsmannes beleuchten.«[40]

Fazit

Fasst man das bisher Gesagte zusammen, so lassen sich – neben den in nahezu allen Museumspublikationen genannten Problemen des Raum- und Finanzmangels -, aus dem Schriftwechsel Koch-Grünbergs folgende die Fachsituation charakterisierende Punkte für das erste Viertel des 20. Jahrhunderts benennen:

- Völkerkunde als wissenschaftliche Disziplin etablierte sich institutionell zuerst über die Ende des 19. Jahrhundert gegründeten Völkerkundemuseen. In den Museen füllte oftmals nicht systematisch gesammeltes, schlecht dokumentiertes und damit für die wissenschaftliche Forschung kaum wertvolles Material die Archive.
- Forschungsreisen waren in vielen Fällen Sammelreisen für Ethnographica im Dienste der Museen, andere wissenschaftliche Aufgaben waren dieser Zielsetzung untergeordnet. Das Anlegen von Sammlungen besaß neben seiner wissenschaftlichen Bedeutung auch ökonomische Relevanz.
- Museen waren wissenschaftliche Institutionen, die einen Bildungsauftrag haben, der nicht einem fragwürdigen Massengeschmack geopfert werden sollte. Zusätzliche Angebote wie Führungen, Vorträge, Sonderausstellungen sollten das Angebot bloßer Dauerausstellungen ergänzen und die Völkerkunde im besten Sinne populär machen, um somit über die Museumsarbeit das Fach als eigenständige Disziplin an den Universitäten zu etablieren.
- Um wissenschaftliche Eigenständigkeit zu erreichen war es notwendig, sich sowohl von populärwissenschaftlichen Unternehmungen wie auch von den Nachbarwissenschaften abzugrenzen.

Ein Blick auf die heutige Museums- und Universitätslandschaft zeigt, dass – trotz aller aktuellen Probleme - der mühsame Weg nicht umsonst beschritten wurde. Viele der hier benannten Schwierigkeiten konnten in späterer Zeit gelöst werden. So ist die Völkerkunde heute fest an den Universitäten etabliert, Sonderausstellungen, Vorträge und der Einsatz moderner Medien gehören zu den Selbstverständlichkeiten moderner Museumsarbeit.

Hinsichtlich der Forschungsreisen scheint sich das Verhältnis zu früher allerdings umgekehrt zu haben: Die Erforschung der geistigen Kultur, der Sozialstruktur und des Kulturwandels stehen im Vordergrund, das Sammeln von Ethnographica und die Erforschung materieller Kultur wird darüber weniger betrieben und bildet die Ausnahme. Was die Abgrenzung von den Nachbardisziplinen angeht, so ist diese erfolgt und bereits seit geraumer Zeit ebenfalls eher eine gewisse Kehrtwendung – der Ruf nach verstärkter Interdisziplinarität – zu vermerken. Inwieweit Museen nach wie vor zentrale Forschungsstätten sind, diesem Aspekt widmen sich andere Beiträge in diesem Buch. Den Etablierungsprozess des Faches, das sei hier noch einmal betont, haben maßgeblich die feldforschenden Museumsethnologen ermöglicht. Auch wenn sich andere Fächer ohne musealen Beistand an den Universitäten etablieren konnten, so war dies bei der (deutschen) Völkerkunde nicht der Fall.

Geblieben ist der Streit hinsichtlich bestimmter Positionen, wie beispielsweise um die »Popularisierung« von Ausstellungen und Lehrinhalten. Wie sehr muss sich ein Museum den Wünschen eines nicht-fachlichen Publikums anpassen? Wie sehr muss und wie sehr darf sich Wissenschaft von wirtschaftlichen und politischen Gesichtspunkten leiten lassen?

Gleichgeblieben ist ebenfalls, und zwar in Museen wie Universitäten, damals wie heute, das Orchideenimage des Faches sowie ein Punkt, der in den Briefwechseln ebenfalls an verschiedenen Stellen betont wird: die personelle und finanzielle Randstellung der Völkerkunde und die damit eng verbundenen Schwierigkeiten für den Nachwuchs. Am 30. Dezember 1920 schrieb der Freiburger Anthropologie-Professor Eugen Fischer an Koch-Grünberg:

> »Ein junger Student der Völkerkunde bittet mich, Ihnen folgendes vorzutragen. Der junge Mann studiert mit grosser Begeisterung Geographie und Ethnologie und hat schon im Gymnasium mit geradezu fanatischem Eifer nur diese Dinge getrieben. Er ist finanziell nicht in der Lage, etwa rein auf akademische Ziele loszugehen und möchte in die Museumslaufbahn. Da hat er nun durch mich an Sie die Frage und Bitte, ob er in den Frühjahrsferien, also etwa von Ende Februar bis Anfang Mai, in Ihrem Museum volontieren dürfte, um neben seinen Studien die praktische Museumstätigkeit zu erlernen. Er wäre für diese Möglichkeit und für jede diesbezügliche Unterstützung besonders dankbar.«

In der Antwort Koch-Grünbergs vom 3. Januar 1921 heißt es:

> »Lieber Herr Kollege!
> [...] Gern bin ich bereit, Ihren Schützling in unserem Museum als Volontär arbeiten zu lassen und ihn dadurch ein wenig in die

Museumstätigkeit einzuführen. Er kann bei uns manches lernen. Wir haben in den letzten Jahren mehrmals Volontäre gehabt. - Aber auf eins möchte ich ihn bei Zeiten aufmerksam machen: Die Museumslaufbahn ist womöglich noch langwieriger, noch entbehrungsreicher, noch aussichtsloser als die akademische.«[41]

Anmerkungen

[1] Der Nachlass Theodor Koch-Grünbergs wurde zu Jahresbeginn 1999 von seinen Kindern an die Völkerkundliche Sammlung der Philipps-Universität Marburg übergeben, wo er z. Zt. in einem von der Deutschen Forschungsgemeinschaft finanzierten Projekt ausgewertet wird. Diese Arbeiten sind noch nicht abgeschlossen. Unveröffentlichte Dokumente aus dem Nachlass sowie aus anderen Archiven sind in diesen Aufsatz *dem momentanen Forschungsstand entsprechend* eingeflossen. Für ihr freundliches Entgegenkommen hinsichtlich der Akteneinsicht in den Museumsarchiven bedanke ich mich bei Dr. Richard Haas (Berlin) und Dr. Doris Kurella (Stuttgart).
[2] Koch-Grünberg an Nordenskiöld, 16.11.1915: LM Stg (Sammlerakte Nordenskiöld). Unterstreichung im Orig. Kursivsetzung M.K.
[3] vgl. Fischer 1970 sowie Schlesier/Urban 1994.
[4] Nicht berücksichtigt werden von mir an dieser Stelle die wissenschaftlichen Gesellschaften, die ebenfalls eine wichtige Rolle spielten und sich noch vor den Museen und Lehrstühlen etablieren konnten. Vgl. hierzu z.B. Pohle/Mahr 1969. Siehe auch Fischer 1970: 178-181.
[5] In Göttingen besteht die Völkerkundliche Sammlung der Universität bereits seit dem späten 18. Jahrhundert. Einen vollständigeren Überblick und weiterführende Literatur bieten z. B. Feest 1988 und Hog 1981: 91ff. Die teilweise unterschiedlichen Jahresangaben in der Literatur sind zumeist darauf zurückzuführen, dass einmal der Gründungsaufruf, ein andermal der Gründungsbeschluss, ein weiteres Mal das Eröffnungsdatum genannt werden.
[6] Krämer u.a. 1919: 37.
[7] Krämer 1919: 41 f. Hervorh. M.K.
[8] Entsprechende Briefwechsel befinden sich in: VK Mr und StA Lu (EL 232, Büschel 340). Therese von Bayern hatte 1888 und 1898 selbst Südamerika bereist und an Forschungen teilgenommen. Vgl. Kullik 1990: 23-25.
[9] Koch-Grünberg an Collin, 24.1.1909: VK Mr.
[10] Koch-Grünberg an Weule, 18.12.1916: LM Stg (Sammlerakte Leipzig).
[11] Eine ordentliche Professur, speziell für »Völkerkunde Asiens«, hatte in München der dortige Museumsleiter Lucien Scherman von 1916 bis 1933 inne. Diese wurde nach seiner Emeritierung jedoch nicht wieder besetzt. Fischer 1990: 19 f., 242.
[12] vgl. Anonymus 1905: 209.
[13] Fiedermutz-Laun 1990: 113.
[14] Schlenther 1959/60. Westphal-Hellbusch 1969 und 1973. Westphal-Hellbusch bemerkt zudem, dass Bastians Plan, das Museum selbst erst einmal zu einem später an

die Universität anzugliedernden Forschungsinstitut auszubauen, hemmenden Einfluss auf die festere Verankerung des Faches an der Berliner Universität ausgeübt haben dürfte. Westphal-Hellbusch 1969: 159, 173.

[15] Schlenther 1959/60: 75, Anm 46. Westphal-Hellbusch 1969: 159.

[16] Koch-Grünberg an Unterwels, 28.2.1921: Sta Lu (EL 232 Büschel 64). Die Angaben hierfür sind allerdings nicht eindeutig. Nach Fischer ist Leipzig das älteste deutsche Ordinariat für Völkerkunde. Hamburg folgte 1923. (Fischer 1990: 19 ff.) Nach Zwernemann (1980: 59) wurde Thilenius in Hamburg bereits 1919 mit der Gründung der dortigen Universität zum o. Prof. berufen. Im erwähnten Aufruf »An die deutschen Universitäten« aus dem Jahre 1919, der u.a. von Thilenius unterzeichnet wurde, ist ebenfalls bereits von einem völkerkundlichen Ordinariat in Hamburg die Rede. Allerdings wird dies dort auch für Frankfurt/Main behauptet, was nicht richtig ist. Außerplanmässige Ordinariate nennt der Aufruf für Leipzig und Berlin. Interessanterweise spricht Weule selbst in einem Brief an Thilenius vom 10.3.1920 davon, dass die Umwandlung seines "Lehrstühlchen[s] [...] in einen ordentlichen Lehrstuhl" die Reihe der (planmässigen?) Völkerkundlichen Ordinariate auf drei anwachsen lässt (zit. in Zwernemann 1997: 44). Die Angabe Koch-Grünbergs, dass die erste und bis dahin einzige ordentliche Professur in Deutschland in Leipzig bestand, wird neben Fischer allerdings noch von Krause (1928: 26) gestützt.

[17] Krause 1928.

[18] Zwernemann 1980: 29 f. Vgl. auch Anm. 16.

[19] Reche hatte u.a. bei Thilenius in Breslau und bei von Luschan in Berlin studiert. Nach einem Volontariat am Völkerkundemuseum in Berlin, arbeitete er ab 1906 am Hamburger Museum. Als Anthropologe nahm er von hier aus auch am ersten Jahr der »Hamburger Südsee-Expedition« teil. Vgl. Fischer 1981 f., Zwernemann 1980: 36, 59. Zu Reches Ansichten als Rassenkundler vgl. Geisenhainer 2000.

[20] Für Leipzig vgl. Krause 1928 und Blesse 1994. Für Hamburg Zwernemann 1980 und 1997.

[21] Schlesier/Urban 1994: 128. Plischke hatte 1914 bei Weule promoviert und wurde im gleichen Jahr Assistent am Ethnographischen Seminar in Leipzig. 1924 erfolgte die Habilitation. Die venia legendi erhielt Plischke für das gesamte Gebiet der Völkerkunde. Zu weiteren Lebensdaten und v.a. zu Plischkes Rolle im Nationalsozialismus vgl. Kulick-Aldag 2000.

[22] Fischer 1990: 20 ff. u. 233 ff. Fischer gibt die bisher ausführlichste Zusammenstellung der Entstehung ethnologischer Lehrstühle im deutschsprachigen Raum. Er konzentriert sich dabei dem Thema seiner Untersuchung entsprechend auf die Zeit von 1933-45, so dass bspw. Karl Weule in seiner Aufstellung keine Erwähnung findet.

[23] Struck hatte zuvor (1908-09) als wissenschaftlicher Hilfsarbeiter am Museum für Völkerkunde in Berlin gearbeitet, ab 1913 war er am Zoologischen und Anthropologisch-Ethnographischen Museum in Dresden tätig gewesen. 1924 hatte sich Struck für »Anthropologie nebst Völkerkunde« habilitiert und lehrte seit 1925 neben völkerkundlichen Themen vor allem über physische Anthropologie an der Technischen Hochschule Dresden. 1927 bekam er in Anerkennung seiner Verdienste an Museum und Universität den Professorentitel zuerkannt. 1933 war er zum nichtplanmäßigen außerordentlichen Professor ernannt worden. Vgl. Nützsche 1996.

[24] Alle Angaben nach Pützstück 1995. Hier finden sich auch ausführlich die Hintergründe zu Lips' Entlassung sowie die nationalsozialistische Einstellung Heydrichs dokumentiert.

[25] Zwernemann 1987. Vgl. auch Krause 1928: 16.

[26] Müller, zit. nach Fischer 1981: 97. Vgl. auch ebenda das Kapitel »Sammeln«: 115-124.

[27] Vertrag Meyer - Koch-Grünberg: VK Mr.

[28] vgl. Fischer 1981: 118 f.

[29] Vertrag Baeßler-Institut (Bode) - Koch-Grünberg, 18.2.1911: MVK Bln (Pars I B 44a).

[30] Koch-Grünberg an Friè, 13.4.1916: StA Lu, (EL 232, Büschel 333), Hervorh. M.K. Die genannten Verträge finden sich: VK MR bzw. MVK Bln (Akten Pars I B 44 und 44a). Die jeweiligen Reiseabläufe, - finanzierungen und Schlussbilanzen entsprachen jedoch nicht den vorher vertraglich festgesetzten Vereinbarungen, was auf Gründe zurückzuführen ist, die an anderer Stelle ausführlich dargelegt werden sollen.

[31] Nimuendajú an Métraux, zit. nach Dungs 1991: 249.

[32] Nimuendajú an Krause, zit. nach Dungs 1991: 235.

[33] Nimuendajú an Krause, 14.6.1929, zit. nach Dungs 1991: 239. Ausführlich zitiert wird der Briefwechsel zwischen Nimendajú und Krause zudem in Menchén 1988. Zur Kritik der Darstellungsweise Menchéns vgl. allerdings Kästner (in Dungs 1991: 241) sowie Krusche 1981.

[34] zit. nach Fischer 1981: 28.

[35] zit. nach Menchén 1988: 184.

[36] Koch-Grünberg an Nimuendajú, 7.12.1915: LM Stg (Sammlerakte Pará), Unterstreich. im Orig.

[37] Koch-Grünberg an Snethlage, 7.12.1915: LM Stg (Sammlerakte Pará).

[38] Thilenius, zit. nach Zwernemann 1987: 118. Um Missverständnissen vorzubeugen: Ich behaupte nicht, dass Sammlungen aus *rein* ökonomischen Überlegungen angelegt wurden. Natürlich war und ist (das betonen ja nicht zuletzt die Beiträge dieses Bandes) das Sammeln und Analysieren materieller Kultur ein wichtiger Bestandteil der ethnologischen Arbeit. Koch-Grünberg legte großartige Sammlungen an und beschrieb immer wieder begeistert Herstellungsprozess, Funktion und Schönheit der mitgebrachten Objekte. Dennoch sollte aufgezeigt werden, inwieweit ökonomische Zwänge wissenschaftliche Schwerpunkte *mit*bestimmt haben.

[39] z.B. mit dem Folkwang Verlag sowie mit dem Bildarchiv von O. Eisenschink. Vgl. StA Lu: Koch-Grünberg an Eisenschink, 22.07.1919 (EL 232: Büschel 61). Koch-Grünberg an Doering, 28.03.23 (EL 232, Büschel 66). Koch-Grünberg an Friè, 2.05.1916 (EL 232, Büschel 333).

[40] Sapper an Koch-Grünberg, 1.2.1921. Koch-Grünberg an Sapper, [?].02.1921. Beide: StA Lu (EL 232, Büschel 64).

[41] Fischer an Koch-Grünberg, 30.12.1920: StA Lu (EL 232, Büschel 63). Koch-Grünberg an Fischer, 3.01.1921: StA Lu (EL 232, Büschel 64).

Unveröffentlichte Dokumente

LM Stg.   =   Linden-Museum Stuttgart
StA Lu   =   Staatsarchiv Ludwigsburg
MVK Bln   =   SMPK Museum für Völkerkunde, Berlin
VK Mr   =   Nachlass Theodor Koch-Grünberg, Völkerkundliche Sammlung der Philipps-Universität Marburg

Literatur

ANONYMUS
1905 Adolf Bastian. In: *Globus* (Braunschweig) 87: 209.

BLESSE, GISELHER
1994 Daten zur Geschichte des Museums für Völkerkunde zu Leipzig (1869-1994). In: *Jahrbuch des Museums für Völkerkunde zu Leipzig* 40: 24-71.

DUNGS, GÜNTHER FRIEDRICH
1991 *Die Feldforschung von Curt Unckel Nimuendajú und ihre theoretisch-methodischen Grundlagen* (Mundus Reihe Ethnologie, 43) Bonn: Holos. 400 S.

FEEST, CHRISTIAN
1988 Museen. In: Hirschberg (Hrsg.) 1988: 322-327.

FIEDERMUTZ-LAUN, ANNEMARIE
1990 Adolf Bastian (1826-1905). In: Marschall (Hrsg.) 1990: 109-136.

FISCHER, HANS
1970 »Völkerkunde«, »Ethnographie«, »Ethnologie«. Kritische Kontrolle der frühesten Belege. In: *Zeitschrift für Ethnologie* (Braunschweig) 95: 169-182.
1981 *Die Hamburger Südsee-Expedition. Über Ethnographie und Kolonialismus.* Frankfurt/Main: Syndikat. 154 S.
1990 *Völkerkunde im Nationalsozialismus. Aspekte der Anpassung, Affinität und Behauptung einer wissenschaftlichen Disziplin* (Hamburger Beiträge zur Wissenschaftsgeschichte, 7). Berlin/Hamburg: Reimer. ix, 312 S.

GEISENHAINER, KATJA
2000 Rassenkunde zwischen Metaphorik und Metatheorie - Otto Reche. In: Streck (Hrsg.) 2000: 83-100.

HIRSCHBERG, WALTER (HRSG.)
1988 *Neues Wörterbuch der Völkerkunde.* Berlin: Reimer. 536 S.

KRÄMER, AUGUSTIN
:   1919   Die Völkerkunde als notwendiges Lehrfach an den Universitäten. In: *Korrespondenzblatt der Deutschen Gesellschaft für Anthropologie, Ethnologie und Urgeschichte* (Braunschweig) 50: 40-42.

KRÄMER, AUGUSTIN [U.A.]
:   1919   An die deutschen Universitäten. In: *Korrespondenzblatt der Deutschen Gesellschaft für Anthropologie, Ethnologie und Urgeschichte* (Braunschweig) 50: 37-38.

KRAUSE, FRITZ
:   1928   Dem Andenken Karl Weules. In: *Jahrbuch des städtischen Museums für Völkerkunde zu Leipzig* 9 (1922-1925): 7-33.

KRUSCHE, ROLF
:   1981   Fritz Krauses Expeditions-Tagebücher. In: *Mitteilungen aus dem Museum für Völkerkunde Leipzig* 45: 10-12.

KULICK-ALDAG, RENATE
:   2000   Hans Plischke in Göttingen. In: Streck (Hrsg.) 2000: 103-113.

KULLIK, ROSEMARIE
:   1990   *Frauen »gehen fremd«: Eine Wissenschaftsgeschichte der Wegbereiterinnen der deutschen Ethnologie* (Mundus Reihe Ethnologie, 40) Bonn: Holos. 120 S.

MARSCHALL, WOLFGANG (HRSG.)
:   1990   *Klassiker der Kulturanthropologie. Von Montaigne bis Margaret Mead.* München: C. H. Beck. 379 S.

MENCHÉN, GEORG
:   1988   [1979] *Nimuendajú. Bruder der Indianer.* Leipzig: Brockhaus. 247 S.

NÜTZSCHE, SIGRID
:   1996   Verzeichnis der Schriften des Anthropologen und Völkerkundlers Prof. Dr. Bernhard Struck (1888-1971): mit einer biographischen Einführung und Anmerkungen zum Verzeichnis. In: *Abhandlungen und Berichte des Staatlichen Museums für Völkerkunde Dresden* 49: 293-341.

POHLE, HERMANN UND GUSTAV MAHR (HRSG.)
:   1969   *Festschrift zum hundertjährigen Bestehen der Berliner Gesellschaft für Anthropologie, Ethnologie und Urgeschichte 1869-1969. Erster Teil. Fachhistorische Beiträge.* Berlin: Bruno Heßling. 183 S.

PÜTZSTÜCK, LOTHAR
:   1995   *Symphonie in Moll. Julius Lips und die Kölner Völkerkunde.* Pfaffenweiler: Centaurus. xi, 403 S.

SCHLENTHER, URSULA
    1959/60 Zur Geschichte der Völkerkunde an der Berliner Universität von 1810 bis 1945. In: *Wissenschaftliche Zeitschrift der Humboldt-Universität Berlin* 9 (Beiheft): 67-79.

SCHLESIER, ERHARD UND MANFRED URBAN
    1994 Die Völkerkunde an der Georgia Augusta - eine historische Skizze. In: Schlotter (Hrsg.) 1994: 127-129.

SCHLOTTER, HANS-GÜNTHER (HRSG.)
    1994 *Die Geschichte der Verfassung und der Fachbereiche der Georg-August-Universität zu Göttingen* (Göttinger Universitätsschriften: Ser. A, Schriften; 16). Göttingen: Vandenhoeck und Ruprecht. 326 S.

STRECK, BERNHARD (HRSG.)
    2000 *Ethnologie und Nationalsozialismus* (Veröffentlichungen des Instituts für Ethnologie der Universität Leipzig. Reihe: Fachgeschichte, 1). Gehren: Escher. 228 S.

WESTPHAL-HELLBUSCH, SIGRID
    1969 Hundert Jahre Ethnologie in Berlin, unter besonderer Berücksichtigung ihrer Entwicklung an der Universität. In: Pohle/Mahr (Hrsg.) 1969: 157-183.
    1973 Hundert Jahre Museum für Völkerkunde Berlin. Zur Geschichte des Museums. In: *Baessler-Archiv* (Berlin) N.F. 21: 1-99.

ZWERNEMANN, JÜRGEN
    1980 *Hundert Jahre Hamburgisches Museum für Völkerkunde.* Hamburg: Hamburgisches Museums für Völkerkunde im Selbstverlag. x, 151 S.
    1987 Leo Frobenius und das Hamburgische Museum für Völkerkunde. Eine Dokumentation nach der Korrespondenz. In: *Mitteilungen aus dem Museum für Völkerkunde Hamburg*, N.F., 17: 111-127.
    1997 Aus den frühen Jahren des Museums für Völkerkunde zu Leipzig. In: *Jahrbuch des Museums für Völkerkunde zu Leipzig* 41: 27-46.

Die Renaissance des Objekts

Sol Montoya Bonilla

Artefakte, Objekte und das Museum: Inszenierungen[1]

Die Überlegungen, die ich im folgenden anstelle, basieren vor allem auf meinen Forschungsarbeiten zu Amazonas-Indianern und ethnographischen Objekten.[2] Dies heißt allerdings nicht, dass die generellen Überlegungen nicht genauso für die Arbeit mit archäologischen Objekten oder mit Gegenständen aus den Kulturen von Mestizen oder Schwarzen Gültigkeit besitzen könnten.

Es geht mir um die Verknüpfung der folgenden Punkte: Artefakt, Ästhetik, das Museum, Inszenierung sowie die theoretische Konstruktion im Wechselspiel zwischen Museum und Universität.

Unter die Thematik »Das Ding« stellten 1997 deutsche Ethnologen ihre alle zwei Jahre stattfindende Verbandstagung. Die Auswahl eines derart neutralen (und nicht gerade den ästhetischen Aspekt hervorhebenden) Begriffs verweist auf eine erste Schwierigkeit im Umgang mit dem, was die materielle Kultur ausmacht.

»Objekt« ist freilich auch ein sehr weiter Begriff, mit den Nachteilen, die jedes Fehlen von Differenzierungen in den verwendeten Konzepten aufweisen kann. Er kann sich auf Dinge beziehen, die von Menschen entweder stark bearbeitet und umgestaltet wurden oder auch nicht: auf einen Stein, einen Stift, ein Glas, einen Bogen, ein Gefäß etc. Der Begriff »Artefakt« könnte hingegen eher darauf hindeuten, dass das Objekt als Kunstobjekt angesehen wird, wie es einige deutsche Kollegen deutlich gemacht haben.[3] In diesem Zusammenhang scheint mir der Begriff Artefakt angemessen, obwohl er bestimmte Objekte ausschließt; ich gehe im folgenden allerdings nicht davon aus, dass er sich notwendigerweise auf die ästhetische Qualität eines Objektes aus den Kulturen beziehen soll, die von Ethnologen studiert werden. Daher werde ich sowohl den Begriff Artefakt als auch den Begriff Objekt verwenden.

Das Treffen der deutschen Ethnologen zur Objekt-Thematik verweist auf einen wichtigen Punkt, der nichts mit dem verwendeten Wort zu tun hat, aber einen sehr engen Bezug zu unserem Thema aufweist. Ich spreche von einer Art Renaissance[4] des Objektes als ethnologisches Thema in den letzten Jahren. Dies beinhaltet die Anerkennung zweier ausgesprochen wichtiger Aspekte: der sogenannten materiellen Kultur als kultureller Ausdruck; in erster Linie als visueller ästhetischer Ausdruck, als Artefakt und Kunsthandwerk; in zweiter Linie mit Bedeutung für die ethnologische Theoriebildung. Denn wir haben es hier mit einem theoretischen Problem zu tun, das auch als solches in wissenschaftlichen Kreisen diskutiert werden sollte. Neben Deutschland findet sich die Wiederentdeckung der materiellen Kultur dabei auch im angelsächsischen Raum. Man kann von einer Re-Etablierung dieses Forschungsbereiches sprechen, die u.a. zur Gründung der Zeitschrift *Journal of Material Culture* (London u.a.) geführt hat.[5]

Auch wenn die Beschäftigung mit materieller Kultur lange Zeit als pragmatische Angelegenheit angesehen wurde, die lediglich die Kuratoren und Direktoren der Museen und Sammlungen betrifft – welche wiederum fälschlicherweise allein als Sammlungsverwalter, Ausstellungsorganisatoren, Verfasser von informativ aufbereiteten Katalogen oder Konservatoren von Versteinerungen angesehen wurden – so darf doch die Forschung bei der Museumsarbeit keinesfalls weniger wichtig sein, und das gleiche gilt für den akademischen Austausch zwischen der Universität, ihren ethnologischen Instituten und den völkerkundlichen Museen. Die Beschäftigung mit den Objekten kann die theoretischen Fragen der Ethnologie ebenso bereichern und erweitern, wie Lehre und Forschung an den Universitäten die Museumsarbeit bereichern sollten. Die Fragestellungen, mit denen wir Ethnologen uns beschäftigen, lassen sich nicht aufspalten in Museums- und Universitätsprobleme, auch wenn es natürlich die Eigenheiten jeder Institution anzuerkennen und gesondert zu behandeln gilt.

Im Laufe unserer Fachgeschichte zeigte sich, dass zahlreiche archäologische und ethnologische Sammlungen in enger Verbindung mit dem universitären Unterricht gebildet und ausgebaut wurden. Viele Sammlungen wurden im Rahmen einer Feldforschung zusammengetragen, als Teil eines theoretischen Problems, das es während einer bestimmten Untersuchung zu lösen galt. Auch dürfen wir nicht ignorieren, dass Artefakte eine entscheidende Rolle dabei spielten, dass viele Reisende oder Forscher aus anderen Fächern sich der Ethnologie zugewandt haben und gar zu Pionieren unserer Disziplin geworden sind. Karl von den Steinen, mit dem an der Philipps-Universität in Marburg die Ethnologie ihren Anfang nahm, brach seine dortige Universitätskarriere im Jahr 1892 ab, weil er es für unmöglich hielt, ohne eine gute ethnographische Sammlung Völkerkunde zu unterrichten. Viele der Untersuchungen und theoretischen Beiträge Fritz Graebners hatten ihre Grundlage in der Auseinandersetzung mit Objekten. Paul Rivet und Graciliano Arcila sind weitere Beispiele für die Tradition des wissenschaftlichen Austausches zwischen Museumsarbeit, Lehre und Forschung.

Objekte, Artefakte

In der Anfangszeit unseres Faches wurde das Objekt als Indikator für die technische Entwicklung einer Kultur behandelt, es wurde beschränkt auf die Funktion, die es in einer Gesellschaft ausfüllt, es wurde zum Kunstwerk erhöht und aus dem Zusammenhang gerissen, es wurde auf ein Symbol reduziert, das für eine ganz andere Sache steht, oder es wurde als Ausdruck großer Ideen und Kosmologien betrachtet. Nie wurde es einfach als Objekt gesehen: Immer stand es für etwas anderes; sei es für die Arbeitsteilung, den sozialen Status, die Mythologie, den Stand der Technik; man verneinte seine Qualität und eine Behandlung für sich selbst - als Objekt. Wir Ethnologen der Postmoderne, die wir sorgfältig darauf bedacht sind, das Wort zu verfeinern und die wissenschaftliche Sprache ästhetisch aufzuwerten, wir sollten auch unsere Fähigkeit zu sehen neu bestimmen und weiter entwickeln und uns in unserer wissenschaftlichen Reflexion vom Blick, vom Augenschein inspirieren lassen. Damit meine ich nicht nur den taktilen Bereich der sogenannten materiellen Kultur - sichtbar sind ebenso ein Tanz, ein Ritus oder ein bemalter Körper. Der Versuch zu betrachten, umfasst dabei Überlegungen über das Artefakt/Bild: Die gedachten Visionen und Bilder, die verbal und plastisch immer wieder neu geschaffenen Mythen, finden ihren Niederschlag gleichermaßen in Tongefäßen, Textilien oder Körperbemalungen - wobei letztere ebenso wie die Mythen, Visionen und Bilder, die in ihnen wie auf den Textilien und Tongefäßen zum Bild werden, eindeutig nicht zur materiellen Kultur zählen.[6]

An diesem Punkt können wir das Artefakt/Bild als einen Gesprächspartner und Vermittler neu überdenken. Damit will ich sagen, dass, wenn z.B. der Jaibaná[7] seinen Stab in die Hand nimmt, er einen Ausdruck von Präsenz in seiner Hand hat, eine Vergegenwärtigung, die etwas repräsentiert, die eine Essenz von etwas ist. Wie bei einem Maskenträger zwischen der Maske und der Person, die darunter steckt, existiert ein Dialog; so wie auch ein dekorierter Korb eine lebendige Form der Vergegenwärtigung darstellt, für den, der ihn trägt, für den, der etwas in ihn hinein legt wie auch für das darin Aufbewahrte selbst. Das heißt, verglichen mit einer Situation, in der das Objekt fehlt, tritt eine Person mit ihrer Umgebung in eine andere Beziehung, wenn das Objekt präsent ist.

Damit kehre ich zurück zu meinen Überlegungen über das Objekt/Bild. Das auf eine Oberfläche geflochtene, gravierte, geschnitzte oder gezeichnete Bild ist ein Lebensspender, ein Bild mit der Macht der Zeitlosigkeit. Es bringt uns in die Vergangenheit zurück, es führt uns Richtung Zukunft und es begleitet den Schamanen in eine Gegenwart, damit er die Ursache einer Krankheit aufspürt, die richtigen Worte findet, um einen Toten zu verabschieden, damit ein Jagdzug erfolgreich wird oder ein Kind auf die bestmögliche Weise das Licht der Welt erblickt.

An dieser Stelle müssen wir den Sinn der Ästhetik als die eine Idee übersetzende Form berücksichtigen. Eine Form, die verdichtet, heraufbeschwört, vorschlägt und die auf ihre Weise die Idee realisiert; diesen Aspekt hebt besonders

Julianne Bámbula hervor, für die der ästhetische Wert nicht im Objekt an sich liegt, sondern in der Tätigkeit seiner Herstellung und Anwendung.[8] Diese Einschätzung überzeugt, wenn wir an eine Schamanenrassel mit ihren Einritzungen denken, an die Federn einer Krone, an ein verziertes Gefäß, an einen Stab, einen Korb, einen Gürtel, eine Gesichtsbemalung. Solche Bilder und Objekte sind Vergegenwärtigungen, sie beschwören und symbolisieren Vergegenwärtigungen; genauso, wie es auch eine mythische Erzählung tut. Es lohnt sich darüber nachzudenken, ob diese Objekt/Bilder uns nun erlauben, eine andere Dimension zu verstehen, zu der das bloße Wort keinen Zugang verschafft, und auf ihre Weise dem Wort Sinn verleihen, so wie umgekehrt Worte den Mustern auf einem Schamanensitz Leben verleihen können, um bei einer Heilung zu wirken, um über den Erfolg von Krieg oder Frieden oder eine gute Ernte zu entscheiden.

Das Objekt repräsentiert etwas in dem Sinn, dass es Ideen verdichtet, es verweist auf etwas jenseits von sich selbst, aber parallel dazu besitzt es eine andere Dimension: Das Bild der Schlange, das die Form des Jaibaná-Stabes bestimmt, kann aufgrund dieser Form die Gewandtheit der Bewegungen suggerieren oder eine lauernde Gefahr, aber über diese Repräsentation hinaus stellt es eine Macht an sich dar. Als Objekt besitzt es eine »Fähigkeit zu ...« Daher kann es nicht auf eine bloße Frage nach Bedeutungen reduziert werden, wie dies in den Ausführungen der brasilianischen Ethnologin Berta Ribeiro anklingt: »Es ist Aufgabe des Forschers die Bedeutung eines rituellen Objektes zu erhellen, zu beobachten wie es gehandhabt wird und die Beziehung zu finden zwischen dem Symbolträger (dem rituellen Objekt) und seiner Botschaft.«[9]

Meiner Meinung nach darf das Objekt nicht bloß auf seine Bedeutung, auf eine Trägerschaft von etwas anderem, auf eine Semiosis reduziert werden.

Hier glaube ich mich einig mit Mona B. Suhrbier, die aufzeigt, dass die Eigenschaften von Objekten und Menschen in den indianischen Kulturen des Alto Xingu gegenseitig austauschbar sind.[10] Wenn die Namen der Objekte die Seele der mit ihnen umgehenden Personen zeigen, sprechen sie nicht nur von einer Identität, sondern sie konstituieren sie auf die gleiche Art und Weise, wie pflanzliche Fasern, Minerale oder die Farbstoffe von Objekten einen Teil ihres Wesens ausmachen. Man kann Rasseln, Halsketten, Federkronen oder Gesichtsbemalungen nicht lediglich als Transmissionsriemen von Bedeutungen behandeln, als Informationslieferanten, die beispielsweise die sozialen Rollen einer Person bestimmen und verdeutlichen. Diese Objekte müssen vielmehr als konstitutive Bestandteile des Schamanen oder dessen, der sie trägt, betrachtet werden: sie definieren ihn, sie kennzeichnen ihn, sie ermöglichen es dem Individuum das zu sein, was es ist. In diesem Sinne sind sie keine zweite Haut, wie es Terence Turner für die Körperbemalung aufgezeigt hat, sondern sie sind die

Haut. Die Flöten, die mit Totenasche behandelt wurden, repräsentieren nicht die Geister, sie sind Geister, die mit der ihnen eigentümlichen Melodie sprechen.

Damit komme ich noch zu einer anderen Überlegung. Es geht um den Versuch, Museen und Objekte als Inszenierungen aufzufassen.

Eine Inszenierung ist verbunden mit dem Objekt, dem Artefakt, dem Museum, mit Ästhetik und ihrer kulturellen Übersetzung im Museum. Ein Objekt verstehen bedeutet es im Kontext seiner Inszenierung zu behandeln, beispielsweise die Signaltrommel, wie sie durch den Dschungel spricht, oder die Schamanenrassel, die in einem Dialog mit der mythischen Geschichte aus dem Munde des Erzählers steht. Das Objekt hat hierbei nicht nur die Funktion, die Texte oder Gesänge zu untermalen; Wort und Bild erläutern sich gegenseitig.

Die Arbeit des Vortragenden kann sichtbar gemacht werden, die Museumsarbeit ist ihrer Wesensart nach sichtbar: ein Objekt entziffern bedeutet für ein Publikum, das ins Museum geht, um zu beschauen und über das Schauen zu begreifen, das sichtbar werden lassen, was ein Objekt in sich birgt, seine Schönheit oder seine Bedeutung.

Das Museum ist einer der Orte, die es uns erlauben, Objekte in Szene zu setzen, kulturelle Bezüge in die Bezugskategorien der Museumsbesucher zu übersetzen. Eine derartige Inszenierung kann dem Beobachter die Möglichkeit einer ästhetischen Erfahrung bieten, eines ästhetisches Genusses, der nach Franz Boas' Definition durch eine Reaktion unseres Geistes angesichts der Form bewirkt wird[11] - eine Definition, der wir auch die Reaktion unserer Gefühle hinzufügen könnten.

Ästhetik

Wenn ich im Kontext dieses Beitrags von Ästhetik rede, teile ich die Auffassung, dass es überhaupt möglich ist, von ihr zu sprechen und ihre Existenz anzuerkennen, unabhängig von den jeweiligen kulturellen Besonderheiten einer exakten Definition. Das heißt, in jeder Kultur gibt es eine Form von Ästhetik: ästhetische Momente, ästhetische Erfahrungen, ästhetische Fähigkeiten, eine Auffassung vom Schönen. Sehr weit gefasst kann man Ästhetik begreifen als etwas, was in Beziehung steht zu einer sinnlichen Erfahrung angesichts von Formen, doch handelt es sich um eine sinnliche Erfahrung, die auch die Welt der Ideen und der logischen Konstruktion durch den Menschen mit einbezieht. Mit dieser Überlegung nähere ich mich der Formulierung Umberto Ecos, dass Ästhetik nicht Teil des emotiven, sondern des referentiellen Diskurses ist.[12] Ich vergesse darüber nicht, dass sich die Konzepte von Schönheit und Ästhetik von Kultur zu Kultur unterscheiden und daher bestimmt werden durch jeweils spezifische Bezugspunkte.

Entspricht das Ästhetische dem Zweckmäßigen? Oder dem Funktionalen? Dem Mächtigen? Dem Harmonischen? Dem Idealen? Ist Ästhetik das, was einen qualitativen Effekt als Reiz der Sinne ausmacht, die menschliche Fähigkeit bezüglich der Eigenschaften der materiellen Welt qualitative Wertzuweisungen vorzunehmen, wie Howard Morphy es definiert?[13]

Wenn ich an die indianischen Kulturen des Amazonasgebietes denke, würde ich sagen, dass dort das Zweckmäßige ästhetisch ist. Zweckmäßig bedeutet in diesem Zusammenhang die Übereinstimmung zwischen Intention und Materialisation, es wird der formale Ausdruck einer Absicht, einer Idee erreicht. Zusammengefasst kann man sagen, dass es gelingt, einer bestimmten Idee Sichtbarkeit zu geben. Diese Annäherung an eine sehr weit gefasste Begriffsbestimmung betrifft dabei natürlich nicht nur indianische Kulturen. Bei einer vor kurzem durchgeführten Untersuchung über den Karneval in der mestizischen Gemeinde von Riosucio (Caldas, Kolumbien)[14] antwortete mir ein Gesprächspartner auf die Frage nach der Schönheit einer Maske und die Beziehung zu ihr folgendes:

> »Die Maske wiegt man in den Schlaf wie ein Kind. Sie sagt einem: Schau, Du hast mich pausbäckig zur Seite gelegt, man denkt sich das und glaubt, dass es die Maske sagen würde, und dann macht man Witze mit ihr. Ich hab' dich pausbäckig gemacht, damit du noch häßlicher bist, und dann antwortet sie womöglich: Je hässlicher ich bin, um so mehr gefalle ich.«[15]

Für meinen Gesprächspartner war die Maske gut, sie war gut gemacht, denn sie entsprach dem, was er ausdrücken wollte. Sie war hässlich und pausbäckig, sie gefiel dadurch und war ästhetisch. Bleiben wir noch einen Moment bei dem Beispiel der Karnevalsmasken und betrachten wir eine Maske, die den Konflikt in der Geschichte der Gemeinde von Riosucio wie auch seine Auflösung verkörpert: Die Maske zeigt auf der einen Seite das Leben, auf der anderen Seite den Tod, jeweils dargestellt mit bestimmten Farben und Formen. In der Mitte vereinen sich beide zu einem Herz, einem Symbol der Liebe. Diese Maske entspricht weder in ihrem Rhythmus noch in ihrer Symmetrie den charakteristischen Elementen der Kunst, auf die sich Boas bezieht,[16] noch entspricht sie einer Form von Harmonie als Voraussetzung für Ästhetik. Vielmehr war es gerade der Bruch des Rhythmus und ihre Ausgewogenheit, die sie in den Augen der Bewohner Riosucio's ästhetisch erscheinen ließ. Das Konzept der Harmonie stellt uns dabei in der Tat vor neue Definitionsschwierigkeiten.

Darstellungen von Personen mit makabren, närrischen oder grotesken Wesenszügen, von Personen, die politisch korrupt sind, von Waldgeistern, können

Artefakte, Objekte und das Museum: Inszenierungen

denjenigen, die sie betrachten und die sie verkörpern, Vergnügen bereiten und bilden das Ästhetische im Karneval. Dies bedeutet, dass die Möglichkeit der ästhetischen Erfahrung universell ist, ihre Ausdrucksform dagegen ist lokal und kulturspezifisch bestimmt.

Die brasilianische Ethnologin Berta Ribeiro greift die Überlegung von Darcy Ribeiro über die beabsichtigte Schönheit oder die ästhetische Intention, die beim Herstellen eines Artefaktes existieren soll, auf, um von Ästhetik in nicht-europäischen Kulturen reden zu können.[17] Wenn wir an rituelle Objekte denken, betonen wir ihre Funktion im Ritual, die sich oftmals nicht von der Ästhetik trennen lässt. Hierzu lassen sich wiederum die Konzepte der Effektivität und der Qualität in Verbindung bringen. Wir befänden uns dabei an dem Punkt, dass das Gute und das Schöne identisch wären - »Goodness and beauty are the same«, wie es Boas ausgedrückt hat. Das Gute ist schön und das Schöne ist gut; die Schönheit erfordert die technische Perfektion und diese richtet sich ihrerseits nach der Ästhetik.

Es ist allerdings eine genauere Differenzierung notwendig, die wiederum Überlegungen zu einer konzeptuellen Bestimmung von Ästhetik, Schönheit, Effektivität, etc. sowie gleichermaßen die Erforschung der sinnlichen Wertschätzungen in der untersuchten Kultur erfordert. Weder sind rituelle Objekte nur ästhetisch, noch sind alle rituellen Objekte ästhetisch. Gehen wir zu den Konzepten des Guten und des Funktionalen über, wird deutlich: Ein Korb kann gut gefertigt sein, man kann in ihm bequem die Yuca tragen, er ist somit funktional, aber damit nicht notwendigerweise ästhetisch. Dies zeigt uns, dass die beiden Konzepte nicht notwendigerweise miteinander verbunden sind, sondern jedem eine gewisse Autonomie zugestanden werden muss.[18]

Die Zeit: Das Dauerhafte und das Flüchtige

Objekte, gemacht für den Übergang, verwendet in Tänzen und Ritualen. Kurzlebige Objekte, welche Zeiten heraufbeschwören, die andauern. Die Geschichten der Schöpfung, die sich vor langer Zeit ereignet haben, werden zurückgeholt durch Objekte und ihren Schmuck. Der Schriftsteller Marcel Proust fand in seinem Bemühen um Rückgewinnung der Zeit diese Möglichkeit in der Tätigkeit, eine Madelaine in einer Tasse mit Milch einzuweichen, oder im Hören der Melodie einer Sonate. Die sinnliche Welt, der Geschmack oder das Hören erlaubten ihm, die Vergangenheit wieder einzuholen. Auf ähnliche Weise, wenn auch nicht ganz so beklemmend wie im Falle von Proust, erlaubt das Universum der Artefakte den Menschen in den von Ethnologen studierten Kulturen, die Vergangenheit wiederzugewinnen, sie zu formen und an die Gegenwart anzugleichen. In diesem Sinn spielt das Artefakt eine mehrdeutige Rolle. Es ist flüchtig, es existiert in seiner Verwendung, sei sie rituell oder nicht; nach sei-

45

nem Gebrauch kann es passieren, dass es in die Ecke geworfen wird; und doch verkörpert es Dauerhaftes: Ideen, mythische Erzählungen, Konflikte und Geschichten, die die Identität einer Gruppe von Personen konstituieren. Es sind Bezugspunkte für Identität, und sie legen Bezugspunkte für Identitäten nahe. Gerade an diesem Punkt transzendiert das Flüchtige und konkretisiert sich das Dauerhafte.

Die Artefakte repräsentieren eine zeitliche Überlagerung in einem bestimmten Raum; ein Körper, ein Gefäß, ein Gürtel. Wenn wir Claude Lévi-Strauss in dem Sinne Recht geben, dass die visuellen Ausdrucksformen im Gegensatz zu den verbalen keine Zeit benötigen, da es bei ihnen keine zeitliche Abfolge gibt, wie es die Phoneme eines Wortes erfordern, so bilden die Artefakte ein privilegiertes Terrain für Polyphonie, um die vielfachen Stimmen einer Kultur in ihren Transformationen zu gestalten.

Das Museum transformiert die Objekte in ihrer Zeitlichkeit und ihrer Räumlichkeit. Es erweckt sie mittels Assoziationen, die es zwischen ihnen etabliert.[19]

Das Museum

Wie kann dann aber ein Objekt, nicht in seiner ursprünglichen, sondern in seiner musealen Inszenierung, das Flüchtige und das Dauerhafte ausdrücken? Wie ist im Museum der Übergang in eine andere Zeit und in einen anderen Raum zu erreichen, ohne dass das Bild erstarrt? Wie macht man klar, dass eine Repräsentation lebt? Wie verdeutlicht man die Kontinuitäten und Diskontinuitäten, die Tradition und die Moderne von Kulturen? Wie drückt man eine Ästhetik aus, die es ermöglicht, Konflikte und Brüche offen zu legen? All dies mit Hilfe eines Artefaktes?

Diese Fragen sind nicht rasch zu lösen, doch entziehen sie sich dadurch nicht unserem Interesse. Es sind die Fragen unseres Faches, denen wir gerade auch an der Universität, in Seminaren und Kolloquien gegenüberstehen. Ihre Wichtigkeit ist unabhängig vom Museum und vom Artefakt, aber in deren Zusammenhang gleichermaßen von Interesse. Ethnizität kann ausgehend von Artefakten bestimmt werden, die Diskussion über den Sinn der Tradition und ihre Wandlungserscheinungen kann ebenso vermittels der Inszenierung von Objekten geführt werden, als Dialog zwischen ihnen.

Die Basis des Dialoges muss dabei das Verständnis des Artefaktes oder des Objektes innerhalb der fraglichen Kultur sein. Das Objekt im Kontext neu zu überdenken, ermöglicht einen theoretischen Beitrag, der seinen Widerhall in der ethnologischen Ausbildung an der Universität findet, und gleichzeitig dieselbe Diskussion im Bereich des Museums stimuliert. Doch gleichermaßen ist es Aufgabe des Museums, durch seine Arbeit mit dem Objekt dazu beizutragen, im akademischen Bereich neue Fragen aufzuwerfen.

Artefakte, Objekte und das Museum: Inszenierungen

Das Museum kann, wie das Wort, die Kraft besitzen aufzuwecken: Es bewahrt schlafende Objekt/Bilder, die sich in Regalen befinden, aus dem Zusammenhang gerissen, getrennt, in einem Zustand, den wir als De-Kontextualisierung bezeichnen. So wie das Objekt/Bild Sinn erhält durch das Wort und die Geste, so handelt es sich in unserem Falle darum, diesen Sinn aufzuspüren und vom Museum aus weiter zu vermitteln: Ein Sinn, den man nicht ablösen kann vom Augenblick oder der ästhetischen Erfahrung.

Die Objekt/Bilder sprechen unleugbar zu uns über das Leben der Individuen, der Gemeinden und Kulturen: von ihren inneren Konflikten, ihren philosophischen Spekulationen, ihrem Sinn für Schönheit und ihren Verboten.

Das Objekt/Bild spricht zu dem, der es betrachtet und sich der Mühe unterzieht, es zu entziffern, aber es spricht auch mit sich selbst: Objekte, die die unterschiedlichen Gesichter der Realität zeigen, wie das Burleske und das Sinnliche, wie Freud und Leid der menschlichen Existenz, diese Objekte besitzen, so wie Geschichten, eine Vielzahl von Facetten. Die Ästhetik der Sprache wie des Bildes ist verknüpft mit der Möglichkeit unterschiedlicher Betrachtungsweisen und Interpretationen, das heißt, sie ist nicht eindeutig. Und dies liegt nach Eco nicht nur in der Intention des jeweiligen Schöpfers, sondern es ist im ästhetischen Werk selbst angelegt.[20]

Die Vielfalt der Bedeutungen und Interpretationen des Objekt/Bildes muss in der Museumsarbeit gleichermaßen berücksichtigt und untersucht werden: Das Objekt/Bild gewinnt am Ufer eines Flusses, in einer Maloka, in einem Ritual einen jeweils anderen Sinn. Das heißt, seine Bedeutung und seine Dimension finden sich im »Tun«, im aktiven Sein, nicht hinter einer Glasscheibe, begleitet von einem Text, der seine Funktion erklärt. Ich unterscheide hier nicht zwischen archäologischen und ethnographischen Objekten.

Diese Überlegungen drängen uns ebenso, die Trennung von Ethnographie und Ethnologie neu zu überdenken: Bis zu welchem Moment ist das Objekt ein ethnographisches? Bedarf das Objekt nicht seiner Auslegung? Wäre es vorstellbar, dass das Objekt eine Essenz unabhängig vom Betrachter besitzt, und dass diese sich in der Interaktion mit dem Betrachter, dem Interpretanten, wie Eco sagen würde,[21] manifestiert?

Die materielle Kultur steht für den Dialog in seinem weitesten Sinne: den interkulturellen, den ästhetischen, den religiösen Dialog, den Dialog mit dem Museumsbesucher, den Dialog zwischen ausgestellten Objekten.

Das Objekt/Bild verdichtet einen Dialog zwischen Form und Sinn, zwischen der Idee und ihrer Verkörperung; in diesem Sinn geht es um den Bereich der Ästhetik.

Ich fasse meine Überlegungen zusammen.

Die materielle Kultur muss von den allgemeinen Fragestellungen der Ethnologie her angegangen werden, von den innerhalb des Faches vorherrschenden Diskussionen und Problemstellungen. Die materielle Kultur und das Artefakt müssen dabei im Kontext einer allgemeineren Diskussion der Ästhetik und ihrer kulturspezifischen Besonderheiten gesehen werden. Die Beziehung zwischen Museum und Universität sollte von den Grundfragen der Ethnologie ausgehen, was die Zusammenarbeit bei der Theoriebildung ermöglicht.

Das Artefakt verstehen heißt seine Inszenierungsweise kennenlernen und interpretieren.

Diese Vorbedingungen werden begleitet von Fragen bezüglich des Artefaktes, für die ich einige Antworten vorgeschlagen habe. Die Problemstellungen sind nicht neu, aber sie sind wichtig und nach wie vor aktuell, sie sind seit den Anfängen der Ethnologie immer wieder aufgeworfen worden. Lässt sich eine Absicht feststellen, etwas mittels eines Objekt/Bildes und seiner Inszenierung auszusagen? Erzählen Kulturen ihre Geschichten auf diese Weise? Lässt sich eine gezielte Suche nach Schönheit feststellen, wie Berta Ribeiro meint, wenn ein Objekt/Bild angefertigt wird?

Genügend Gründe, um in der Lehre auch die materielle Kultur der untersuchten Völker zu erforschen, genügend Punkte, um zu erkunden und sich zu fragen, bis zu welchem Punkt die Museumsarbeit dem Objekt/Bild nicht gerecht wurde oder wird: soll heißen, bis zu welchem Punkt sie reduktionistisch oder stark vereinfachend war, losgelöst von der Suche nach Schönheit, die das Artefakt ausdrückt. Die theoretische Diskussion blieb unzureichend, weil sie das Objekt/Bild in der Diskussion und wissenschaftlichen Arbeit als zweitrangig in den Hintergrund drängte. Pierre Francastel hat hierauf schon vor Jahrzehnten hingewiesen: Die Wortzentriertheit in der Ethnologie und in der Wissenschaft hat es dem Bild nicht möglich gemacht, für sich selbst zu sprechen, man hat es übergangen und auf die Funktion reduziert, Texte zu illustrieren.

Übersetzung Michael Kraus

Anmerkungen

[1] Vortrag, gehalten am 3.6.1999 am Museo Nacional in Bogotá/Kolumbien im Rahmen einer Tagung zur Neu-Strukturierung der ethnologischen Abteilung des Museums.
[2] Vgl. Montoya 1996.
[3] Thiel/Münzel [Ms.] 1997.
[4] Renaissance, da beispielsweise in der deutschsprachigen Ethnologie die Beschäftigung mit Objekten eine lange Tradition besitzt, die jedoch für geraume Zeit in den Hintergrund getreten war und in wissenschaftlichen Kreisen nur mehr eine untergeordnete Wertschätzung erfahren hatte.

[5] Nach Thiel/Münzel [Ms.] 1997. Vgl. hierzu z.B. Clifford 1988, Pearce (Hrsg.) 1989.
[6] Über das Bild und seine verschiedenen Einzelbedeutungen vgl. Gonseth/ Hainard/ Kaehr (Hrsg.) 1998.
[7] Schamane der in Kolumbien beheimateten Embera-Indianer.
[8] Bámbula 1994: 129.
[9] Ribeiro 1986: 23.
[10] Suhrbier 1997.
[11] Boas 1955.
[12] vgl. Eco 1990: 121. In der dt. Ausgabe Eco 1987: 66 ff.
[13] vgl. Morphy 1996: 258.
[14] vgl. Montoya/Schmidt 2000.
[15] Interview mit Simeón Trejos. November 1996.
[16] Boas 1955: 349.
[17] Dies stellt uns vor ein neues Problem, nämlich diese Intention zu bestimmen und zu wissen, wann sie auftritt.
[18] Diese Verbundenheit der Begriffe trat im Rahmen einer Diskussion auf, die Kunstwerke, von einer ethnozentrischen Perspektive aus gesehen, als Werke, die außer sich selbst kein Ziel haben, betrachtete. Das heißt, man verneinte ihnen die Möglichkeit der Funktionalität. Eine extreme Folge ist die Ausstellung von vielen Artefakten als Kunstwerken, welche nach den Konzeptualisierungen der untersuchten Kulturen realistischerweise nicht als solche angesehen werden können.
[19] vgl. Hainard/Kaehr (Hrsg.) 1998.
[20] Eco 1990: 126.
[21] Eco bezieht sich hier auf Überlegungen von Charles Sanders Peirce. Vgl. in der dt. Ausgabe 1987: 114.

Literatur

BÁMBULA DIAZ, JULIANNE
    1993   *Lo estético en la dinámica de las culturas* (Tiempo Estético). Santiago de Cali: Universidad del Valle. 226 S.

BOAS, FRANZ
    1955   *Primitive Art*. New York: Dover Publications. 372 S.

CLIFFORD, JAMES
    1988   *The predicament of culture: twentieth-century ethnography, literature, and art*. Cambridge: Harvard University Press. 381 S.

ECO, UMBERTO
    1990   [1962] *Obra abierta*. Barcelona: Ariel. 355 S. (dt. 1987: Das offene Kunstwerk. Frankfurt/Main: Suhrkamp. 441 S.).

FRANCASTEL, PIERRE
    1968   Esthétique et Ethnologie. In: Poirier (Hrsg.) 1968: 1706-1729.
    1981   [1970] *Sociología del arte* (El Libro de Bolsillo, 568). Madrid/ Buenos Aires: Alianza Editorial/Emecé Editores. 203 S.

GONSEHT, OLIVER M., JACQUES HAINARD UND ROLAND KAEHR (HRSG.)
  1998   *Derriére les images.* Neuchatel: Musée d'ethnographie. 166 S.
HAINARD, JACQUES UND ROLAND KAEHR (HRSG.)
  1998   *Temps Perdu. Temps Retrouvé. Voir les choses du passe au présent.* Neuchatel: Musée d'ethnographie. 166 S.
INGOLD, TIM (HRSG.)
  1996   *Aesthetics is a cross-cultural category. Part I. The Presentations. Part II. The Debate.* (Key Debates in Anthropology). London: Routledge. 302 S.
MORPHY, HOWARD
  1996   For the Motion. In: Ingold (Hrsg.) 1996: 225-260.
MONTOYA BONILLA, SOL Y.
  1996   *Verflechtungen. Indianische Mythologie des Amazonasgebietes: Jenseits von Wort und Bild* (Curupira, 3). Marburg: Förderverein »Völkerkunde in Marburg« e. V. 226 S.
MONTOYA BONILLA, SOL Y. UND BETTINA E. SCHMIDT
  2000   *Teufel und Heilige auf der Bühne. Religiosität und Freude bei Inszenierungen mestizischer Feste in Südamerika* (Curupira, 8). Marburg: Curupira. 184 S.
PEARCE, SUSAN (HRSG.)
  1989   *Museum studies in material culture.* Leicester: Leicester University Press. 174 S.
POIRIER, JEAN (HRSG.)
  1968   *Ethnologie générale* (Encyclopédie de la Pléiade, XXIV). Paris: Gallimard. 1907 S.
PROUST, MARCEL
  1929   *À la recherche du temps perdu, 8: Le temps retrouvé* (Série ›NRF‹, 1) Paris: Gallimard. 237 S.
RIBEIRO, BERTA G.
  1986   A Linguagem Simbólica da cultura material. In: Ribeiro (Hrsg.) 1986: 15-27.
RIBEIRO, BERTA G. (HG.)
  1986   *Suma Etnológica Brasileira, 3: Arte Índia.* Petróplos: FINEP. 300 S.
SPRADLEY, JAMES P. UND DAVID W. MCCURDY (HRSG.)
  1977   *Conformity and Conflict. Readings in Cultural Anthropology.* Boston/Toronto: Little, Brown & Company. 487 S.
SUHRBIER, BIRGIT M.
  1997   *Die Macht der Gegenstände. Menschen und ihre Objekte am Oberen Xingú, Brasilien* (Curupira, 6). Marburg: Curupira. 245 S.

THIEL, JOSEF FRANZ UND MARK MÜNZEL
    Ms.   [1997] Arte-Fakte: Versuch einer Dekonstruktion und experimentellen Rekonstruktion von materieller Kultur. Frankfurt/Marburg: Antrag an die Deutsche Forschungsgemeinschaft vom 14.4.1997. 24 S.

TURNER, TERENCE
    1977   Cosmetics: The Language of Bodily Adornment. In: Spradley/McCurdy (Hrsg.) 1977: 162-177.

Mona B. Suhrbier

Die Tücke des Objekts

Eine Tücke des Objektes besteht nach Ansicht vieler Ethnologen darin, dass es stumm ist, dass es über sich selbst nichts sagen kann. Im Grunde sollte dies Ethnologen wenig Schwierigkeiten bereiten, denn die meisten Phänomene, die sie untersuchen, sagen über sich selbst nichts aus. Im Falle des Objektes kommt irritierend hinzu, dass es da ist. Man kann es betrachten, berühren, bewegen, mitnehmen. Das physische Da-Sein des Objektes hat Generationen von Wissenschaftlern dazu verleitet, es »anzustarren«, womöglich von der heimlichen Hoffnung getragen, allein aus seiner Erscheinung ließe sich früher oder später auch sein Wesen erkennen. Wer schon einmal an einer Sammlung gearbeitet hat, wird das selbst erlebt haben: man sitzt vor einem Korb, betrachtet ihn, beginnt irgendwann ihn unglücklich anzustarren und zu hoffen, er möge sich einem doch endlich offenbaren. Tatkräftig wie Ethnologen einmal sind, krempelten sie jedoch eines Tages, des Starrens müde, die Ärmel hoch und machten sich daran, das Objekt zu erforschen: es wurde vermessen, Material geprüft, Form und Herstellungsart festgestellt und ähnliches mehr.

Mir ist bewusst, dass sich besonders in den letzten zehn Jahren in der Erforschung materieller Kultur viel getan hat, und dass zahlreiche neue und erfinderische Wege beschritten worden sind, die neues Licht auf materielle Kultur geworfen haben. Dennoch sind die Möglichkeiten der Erforschung noch nicht erschöpft. Denn Gegenstände werden immer noch nicht systematisch mit den ansonsten in der Ethnologie verbreiteten Methoden untersucht und in den seltensten Fällen sind sie in theoretischen Überlegungen relevant. Irgendwie scheinen sich die Dinge der wissenschaftlichen Erforschung durch Ethnologen zu »widersetzen«. Vielleicht ist auch der Blick der Forscher auf Gegenstände »verstellt« durch in der eigenen Kultur entstandene Vorstellungen.

An anderer Stelle habe ich den Vorschlag gemacht, dass möglicherweise der Utilitarismus den Ethnologen häufig den Blick auf Gegenstände verstellt, dass wir also den praktischen oder spirituellen, religiösen oder sozialen Nutzen von Gegenständen implizit voraussetzen.[1] Krzysztof Pomian schreibt in seinem Buch *Der Ursprung des Museums* über den Unterschied zwischen nützlichen Gegenständen und sogenannten Semiophoren, Gegenständen ohne Nützlichkeit, »die das Unsichtbare repräsentieren, das heißt, die mit einer Bedeutung versehen sind«.[2] Pomian formuliert damit wesentliche europäische Vorstellungen von Dingen: Je mehr Bedeutung einem Gegenstand zugeschrieben wird, desto weniger interessiert man sich für seine Nützlichkeit. Und: Einem Gegenstand werde dann Wert zugeschrieben, wenn er geschützt, aufbewahrt und reproduziert wird.³

Die europäische Vorstellung vom besonderen Wert des unnützen Gegenstandes spielt in zahlreichen anderen Gesellschaften keine Rolle. Bei Amazonasindianern etwa wird eine Maske, die beim Fest ein tanzender Geist ist, nach dem Fest, wenn der Geist wieder fort gegangen ist, weggeworfen. Was beim Fest noch Geist war, also voller Bedeutung war, wird hinterher zu Abfall, verliert jede Bedeutung. Unnütz geworden, werden indianische Masken aber nicht geschützt und aufbewahrt, sondern entsorgt.

Es scheint, als stünde das Postulat der Nützlichkeit der Erforschung von Gegenständen in ähnlicher Weise im Weg, wie den frühen Religionsethnologen die christliche Sichtweise den Blick auf fremde Religionen verstellt hat und sich auf die Erforschung von Religion lange Zeit hemmend ausgewirkt hat. Dies kann man u.a. bei Bettina Schmidt im Neuen Wörterbuch der Völkerkunde nachlesen. Ich zitiere weiter aus dem Wörterbuch: »Erst seit man Religion deutlich in Beziehung zu der sie tragenden Kultur setzt, kann wirklich von einer ethnologischen Disziplin gesprochen werden«.⁴ Könnte das von Religionsethnologen offenbar erfolgreich angewandte Verfahren nicht auch in der materiellen Kulturforschung erfolgreich angewendet werden, indem man nämlich Gegenstände deutlich in Beziehung zu der sie tragenden Kultur setzt?

In indianischen Kulturen ist ein Gegenstand häufig nur ein Aspekt eines umfassenden Konzeptes und damit einer größeren Realität. Der Desana-Indianer Feliciano Lana berichtet von einem aus einer Frucht entstandenen Kind, das kurz nach seiner Geburt zum Himmel aufsteigt. Das Kind heißt *Caapi*, genauso heißt eine halluzinogene Droge, die die Desana während ihrer Zeremonien einnehmen. Nach Einnahme der Droge füllt sich die Welt mit Farben und Mustern des *Caapi* und mit Klängen aus den heiligen Musikinstrumenten. *Caapi* ist also ein Komplex bestehend aus einem Geisterkind, einer Rauschdroge, einer Vision aus Farben und Formen, einer Melodie und einem Musikinstrument.⁵ Ein ähnliches, einen Gegenstand beinhaltendes Konzept der Kamayurá-Indianer stellt Mark Münzel (im Anschluss an Enrique Galvão) dar: Unter der Bezeichnung *Yawarí* fassen die Kamayurá den jungen Jaguar, eine Feier, ein Wurfspiel mit Pfeilen sowie die Pfeile selbst zusammen. Der *Yawarí*-Pfeil, der eigentlich dem Jaguar gehört, trifft mit stumpfer Spitze aus Nuss und bringt beim Fliegen einen singenden Ton, das Gebrüll der Jaguare hervor.⁶

An vielen deutschen Universitäten verläuft die wissenschaftliche Bearbeitung materieller Kultur fremder Völker eher zähflüssig. Dies zeugt bis heute besonders von einem: davon nämlich, dass in unserer Kultur scharf getrennt wird zwischen Kopfarbeit und Handarbeit. Geisteswissenschaftler sollen sich, wie der Name schon sagt, mit Geistigem beschäftigen. Lange Zeit war man sich auch gar nicht ganz sicher, ob die Gegenstände nicht doch der Natur näher stehen als der Kultur (vgl. dazu etwa die Aufnahme von Ethnographica in frühe naturkundliche Sammlungen). Gegenstände, die nicht nur mit der Hand hergestellt und benutzt werden, müssen unter Umständen, ja eigentlich sogar meistens angefasst werden, will man sie betrachten und erforschen. Zu viel Handarbeit? Studenten arbeiten häufig sogar gerne mit Gegenständen, weil das, wie sie sagen, »nicht so abgehoben ist« wie das ansonsten übliche Theoretisieren und Spekulieren. Viele, die handwerklich arbeiten oder gärtnern, was ja auch angesehene Wissenschaftler häufig in ihrer Freizeit tun, wissen, dass Handarbeit mit Sinn erfüllt ist, dass sie den ganzen Menschen einbezieht und dass sie auch auf den Menschen zurückwirkt, ihn erfüllt.

Ein weiteres Problem bei der Erforschung materieller Kultur sehe ich darin, dass ihr Gegenstand nicht eindeutig definiert werden kann. Liegen nicht zumindest Teile des Wesens von Gegenständen immer noch im Bereich des Geschmacks und damit jenseits wissenschaftlicher Überprüfung? Man denke etwa an die Ästhetik. Werden nicht ständig Geschmacksurteile über Gegenstände aus fremden Kulturen gefällt, wenn sie als »einfach«, »elaboriert«, als »kunstvoll«, »perfekt« oder als »ästhetisch« bezeichnet werden? Wie ist eigentlich der Gegenstand der materiellen Kulturforschung definiert? Kann man in der Ethnologie eine allgemeine Theoriebildung über Gegenstände beobachten, wie es sie für andere nonverbale Formen der Kommunikation gibt, wie etwa der Theoriebildung über Ritual und Performance, über Musik und Tanz?

In seinem Aufsatz *Ritual in complex and tribal societies* fragt Roberto da Matta: »Is washing one's hands a ritual?« Und er antwortet: »Yes and no, depending on the context, on the dislocation of the gesture, on its position vis à vis other actions, and on the dramatizations and ideological mobilizations of which it is capable«.[7] Ist ein Korb ein Korb? Ist ein Kamm ein Kamm? Ist ein Speer ein Speer? Auf die Frage, was er eigentlich während seiner zweijährigen Initiationszeit den ganzen Tag so mache, antwortet ein junger Mann aus dem Alto Xingu - Reservat in einem Filminterview: »Ich mache Körbe, Kämme, Speere«. Warum eigentlich ist für Ethnologen ein Korb immer ein Korb? Warum machen wir keinen Unterschied etwa zwischen einem Korb, der im Zuge eines Rituals hergestellt wird und einem anderen Korb, der während des sogenannten Alltagslebens hergestellt wird? Karl Heinz Kohl hat einmal gesagt, Ethnologen achteten auf die Differenz. Im Falle der Gegenstände scheint mir eher das Gegenteil der Fall zu sein. Anstatt Differenz zu suchen und zu fragen: »Was ist eigentlich ein Korb für die Kamayurá, die Mundurukú, die Karajá usw.«, betrachten wir sogenannte Gebrauchsgegenstände mit gesundem europäischem Alltagspragmatismus und gehen gerne von den »Zwecken« aus, die wir aus der eigenen Kultur kennen. Um systematisch materielle Kulturstudien zu betreiben, sollten Ethnologen stets zwischen der Sprache und den Konzepten der eigenen Gesellschaft und denen der untersuchten Gesellschaften vermittelnd arbeiten.

Wenn Rituale die Struktur der Gesellschaft in sichtbare und bewusste Handlungen umsetzen, was können dann Gebrauchsgegenstände, die während Ritualen gefertigt und verwendet werden, bedeuten? Wenn etwa Frauen während des Rituals Maniok herstellen und die dazu notwendigen Gegenstände: Maniokreibe, Pressschlauch (oder -matte), Töpfe, Pfannen usw. benutzten, wird den Gegenständen und ihrer Verwendung dann die gleiche Bedeutung zugemessen wie beim Kochen im Alltag? Könnte man nicht sogar aus der Anwesenheit von bestimmten Gegenständen im Ritual, vorausgesetzt man kennt deren Bedeutung, den Sinn bestimmter Rituale besser verstehen?

Nicht nur unter Ethnologen ist die Auffassung verbreitet, es sei schwierig, über Gegenstände zu arbeiten, da sie jenseits von Sprache Bedeutung schaffen, und häufig nähert man sich den Dingen mit Methoden der Sprachwissenschaft an. Zahlreiche miteinander konkurrierende Anregungen zum Thema, wie mit materieller Kultur umzugehen sei, kommen auch von Vor- und Frühgeschichtlern: Christopher Tilley etwa gibt zu Bedenken, man könne materielle Kultur zwar als materielle Sprache mit ihrer eigenen Bedeutung bezeichnen, die an Produktion und Konsumption gebunden ist, das Nachdenken über materielle Kultur überführe aber die Gegenstände unvermeidbar in linguistische Konzepte. »There can be no meaningfully constituted non-linguistic semiological system«.[8] Wer davor zurückschreckt, einen Gegenstand über das Medium des Textes verstehbar zu machen, der sei vielleicht damit getröstet, dass dies von den Natives bereits erledigt worden ist, existieren doch zahlreiche Geschichten über Gegenstände und führen Dinge auch in den nicht nur ihnen gewidmeten Erzählungen ein in Sprache gefasstes Eigenleben jenseits ihrer materiellen Existenz. Colin Renfrew dagegen spricht den Dingen eine ganz eigene aktive Rolle als konstitutive Symbole zu. Demnach repräsentieren Dinge nicht nur etwas anderes, sondern sind selbst aktiv. Natürlich, räumt Renfrew weiter ein, sind die eine Gesellschaft tragenden Konzepte wie Heirat, Königtum, Eigentum, Recht, Wert usw. in Worten formuliert und man hantiert mit ihnen in Worten, dennoch ist in einigen Fällen, etwa im Falle des Geldes, das Konzept bedeutungslos ohne die eigentliche Substanz. Der materielle Wertgegenstand geht dem Konzept Geld voraus. Eindrucksvoller noch finde ich sein Beispiel des Gewichtes: »Gewicht kann keine Bedeutung haben in einem körperlosen Sinn. Nur materielle Dinge haben ein Gewicht, und das Konzept hat keine Bedeutung ohne die Erfahrung des Gewichtes«.[9]

Nicht nur beim Wiegen, sondern überhaupt ist der Umgang mit Gegenständen mit Erfahrungen verbunden, mit körperlichen Erfahrungen, und diese Erfahrungen machen Individuen. Wenn also ein junger Mensch in der Seklusion der Initiationsphase zum einen von Vater, Mutter oder Paten in die sprachlich formulierte Ideenwelt seiner/ihrer Gruppe eingeführt wird und zum anderen selbst zahlreiche Gegenstände herstellt, so scheint es auch hier so zu sein, dass seine/ihre in die Gegenstände aktiv hineingearbeiteten Erfahrungen den Konzepten vorausgehen, die er/sie als passiver Zuhörer zunächst noch »lernen« muss. Die parallel laufenden Prozesse der Auseinandersetzung mit vielleicht zum ersten Mal gehörten Worten und aus der eigenen Erinnerung selbst erschaffenen Dingen führen sie/ihn schließlich zur Reife. Auf diesen Zusammenhang beziehen sich zahlreiche indianische Mythen.

Wenn in einer Ausstellung ein Gefäß ausgestellt wird, ein Tontopf, ein Kürbisgefäß oder ein Korb, könnte man im Zusammenhang mit diesen Dingen beispielsweise auch über Seklusion nachdenken, denn die genannten Gefäße werden in zahlreichen Mythen von Amazonasindianern als Verstecke benutzt, und meistens kann das »Sich im Gefäß verstecken« als Bild für Seklusion gelten. Niels Fock[10] gibt eine Mythe der Waiwai wieder: Sie erzählt von einem Mädchen, das sich nach seiner ersten Menstruation in einem Gefäß versteckt hielt. Nachdem das Mädchen das Gefäß bereits verlassen hatte, wird ihr Zustand immer noch als schutzbedürftig beschrieben. So blieb es ihr weiterhin verboten, beim Wasserholen in die Mitte des Flusses zu blicken, wo die Wasserbewohner des Anakonda-Volkes (Vorfahren der Menschen), und auch die gefährlichen Wassergeister sich aufhielten.

Die Šipaia erzählten Curt Nimuendajú[11] von einer Frau, die sich und einen Knaben in einem Topf versteckte, um einem Ungeheuer zu entgehen, das sich als Medizinmann verkleidet in ihr Dorf eingeschlichen hatte. Am Ende zerschmetterte die Frau den Kopf des Ungeheuers mit einem Mörserstößel.

In einer von Albert Kruse[12] aufgenommenen Mythe der Mundurukú legte ein Mann, der noch den Restriktionen für einen Vater nach der Geburt unterworfen war und mit seinem Säugling in der Hängematte gelegen hatte, das Kind unter einen umgestülpten Tontopf, als er es überraschend allein im Haus zurück lassen musste, wissend, dass seine Frau nicht wiederkommen würde.

Ähnlich wie das Verstecken in Gefäßen wird auch das Liegen in der Hängematte in Mythen immer wieder als Bild für Seklusion genommen, so in einer Erzählung der Tapirapé: Bei einem Fest waren alle Tapirapé in einem großen Loch mit Feuer gestorben. Zwei Jacú-Männer, eine Mutum-Frau und eine Periquito-Frau (alles drei Vogel-Menschen) waren in einer alten Hütte. Die Jacú-Männer lagen in den Hängematten und schliefen. Die Mutum-Frau und die Periquito-Frau waren in einem großen Topf und schliefen. Als die Frauen aufwachten, gingen sie zu den Männern in die Hängematten. Sie liebten sich und wurden die Eltern der Tapirapé.[13] Die Erwähnung von Hängematten in Mythen deutet häufig auf amouröse Verbindungen hin, auf Sexualität, Fortpflanzung, manchmal auf Inzest. Darüber hinaus bringt der Aufenthalt in der Hängematte die Menschen in die Nähe des Traumes. Feliciano Lana beschreibt und zeichnet einen Himmelsdonner, der im Unterschied zu seinen unwissenden Brüdern weiß, wer die Menschheit erschaffen kann, als in einer Hängematte sitzend. Seine Brüder dagegen sitzen auf Bänken. Die Nähe zur Vision, die der Mensch offenbar in der Hängematte liegend erreichen kann, beschreiben die Mundurukú so: Ein Mann, der Sandflöhe hatte und gar nicht gut jagen konnte, aber wußte, wie auf dem *uhuá*-Blasinstrument zu spielen war, wurde traurig, weil seine Frau ihn verlassen hatte. Er ging nicht mehr jagen, sondern spannte seine Hängematte auf und legte sich hinein. Er spannte die Hängematte immer höher, und heute liegt er oben im Himmel, wo die Milchstraße ist.[14] Bei den Mundurukú gelten Mann und Frau von dem Moment an als verheiratet, wenn einer von ihnen seine Hängematte zu der des anderen hängt. Und ein Mann, der seiner Frau verbietet, seine Hängematte in ihrem Tragkorb zu tragen, sondern sie selber trägt, tut damit kund, dass er sich von ihr zu trennen beabsichtigt.[15]

Durch die Assoziation von Gegenständen, Personen, Orten und Zeiten in Mythen kann Ordnung in Raum, Zeit und in der Gesellschaft ausgedrückt werden. Die Mundurukú etwa beschreiben einen bestimmten Bach als Ort, an dem Männer und Frauen mit ihren jeweiligen geschlechterspezifischen Verrichtungen sich sinnvoll begegnen können: Die Frauen holen dort in Tonkrügen Wasser, und die Männer finden dort das Material zum Flechten ihrer Körbe. Zu diesem Bach ging einst schon ihr Urvater Karusakaybe und holte *Tukumáng*-Triebe, um daraus einen Korb zu flechten. Zu dieser Zeit hatte sich der mythische Tapir Anuakayte immer heimlich mit den Frauen getroffen, die dort badeten und in ihren großen Tontöpfen Wasser holten. Sie wurden schwanger vom Tapir und gebaren große, schöne Kinder. Karusakaybe saß also im Gebüsch am Bach und war am Flechten. Dort sah er, was geschah, sogar seine eigene Frau war dabei. Wütend zerfetzte er den Korb, den er gerade erst hergestellt hatte. Und warf ihn ins Gebüsch. Im Männerhaus warf er sich in die Hängematte und erzählte alles den Männern. Sie wollten Anuakayte den Tapir umbringen und taten es auch. [...] Später kamen die Frauen an den Bach. Als sie den Tapir nicht mehr fanden, wurden sie traurig. Sie warfen ihre Tontöpfe auf den Boden, so dass sie zerbrachen. Sie schnitten sich auch die Beinbänder ab und gingen zum Dorf zurück. Eine kam später zum Bach. Ihr Kind, das noch im Tragband getragen wurde, weinte, weil es trinken wollte. Als die Mutter baden ging, sagte ihr das Kind, dass die Männer ihren Gatten getötet und verzehrt hätten. Das Kind verwandelte sich daraufhin in einen Vogel und flog davon. Die Frau ging zum Bach zurück, warf den dort stehenden Tontopf zu Boden, so dass er zerbrach und schnitt sich auch ihre Beinbänder ab, bevor sie zum Dorf ging.[16]

Eine harmonische Ordnung drückt sich darin aus, dass Männer und Frauen durch ihre Tätigkeiten am Bach sinnvoll miteinander, mit der Umgebung, mit den Dingen und mit ihren Verrichtungen verbunden waren. Die Ordnung wurde durch den Ehebruch der Frauen mit dem Tapir zerstört. Als sichtbare und verstärkende Reaktion auf die Störung des Gleichgewichtes zerstört zunächst ein Mann seinen Korb. Gemeinsam töten die Männer den Liebhaber ihrer Frauen, woraufhin wiederum die Frauen den Männern die Ordnung aufkündigen, indem sie ihre Wasserkrüge zerbrechen und ihre Beinbänder abschneiden.

In einer anderen von Kruse aufgenommenen Mythe werden Sinnbilder für eine vorbildliche Ordnung erschaffen, indem die Ordnung der im Haus befindlichen Dinge beschrieben wird: Gegenstände werden an ihren Platz gestellt und die Menschen inmitten der Dinge mit ihrem handwerklichen Tun beschrieben: Die Männer liegen in den Hängematten oder arbeiten an Pfeilen, Bögen und Körben. Kochtöpfe und Tongefäße, die die Frauen herstellen, werden detailliert beschrieben und die Typen sorgfältig unterschieden. Und man hebt hervor, dass die Frauen die Hängematten aus Baumwolle (früher aus *Tukumáng*fasern) fertigen, ja selbst während der Nacht arbeiten sie daran …[17]

Amazonasindianer konstruieren nicht wie wir die Unterscheidung zwischen nützlichen und bedeutungsvollen Gegenständen. Dinge wie Hängematten, Körbe, Waffen, Bänke, Schmuck und Pflanzstöcke sind jenseits ihres Gebrauchs bedeutungsvoll. Denn sie bringen das Unsichtbare hervor, wie es auch die Sprache tut. Und es sind die von Menschen gemachten Gegenstände des täglichen Gebrauchs, die den Menschen die Gewissheit vermitteln, dass das Unsichtbare, die phantastische Welt der Geister, der Toten, der Vergangenheit und der Ferne nicht unsichtbar bleiben muss, sondern manifest und sichtbar Teil der Welt wird. Wie die Mythen ermöglichen auch die Gegenstände den Einzelnen, ihre Phantasmen auszutauschen, vermitteln sie den Jungen das Wissen der Alten.

Wenn Gegenstände – ebenso wie Mythen – die verborgenen Teile fremder Kulturen repräsentieren, sollten Völkerkundemuseen sich nicht darauf beschränken, deren Gebrauch auszustellen, sondern auch mit den Dingen die unsichtbaren Welten sichtbar machen. Damit verändern sich auch die Sichtweisen auf Herstellung und Gebrauch von Dingen. Sie werden um die symbolischen Aspekte des praktischen Tuns erweitert.

Wer Gegenstände erforschen will, muss Umwege machen. Umwege müssen übrigens auch Religionsethnologen machen, wenn sie beispielsweise etwas über einen Geist erfahren wollen. Geister sagen in der Regel nichts über sich selbst aus. Man kann sie auch nicht sehen – höchstens ihre Verkleidungen, die Masken. Masken aber stehen häufig gar nicht im Zentrum des Interesses der

Religionsethnologen, sondern man will etwas über das Wesen erfahren, das sich in der Maske verbirgt. Um die mit dem Geist verbundenen religiösen Vorstellungen zu erforschen, wenden Religionsethnologen die in der Ethnologie üblichen Methoden an: Interviews, teilnehmende Beobachtung, Mythenanalyse, Literaturvergleich. Der Religionsethnologe befragt nicht den Geist selbst. Er muss mit den genannten Methoden Umwege gehen, will er ein imaginäres, unsichtbares Wesen erforschen. Genauso unsichtbar wie Geister sind auch andere von Ethnologen erforschte kulturelle Phänomene: Verwandtschaftssysteme, Heiratsregeln, Beziehungen zum Land, zur Umwelt, Medizinsysteme. Diese Kategorien sind entstanden als Ableitungen häufig nur flüchtiger Beobachtungen, wie sie zunächst Missionare und Kolonialbeamte machten, und erst später kamen systematische Untersuchungen von Feldforschern hinzu.

Ich frage mich, warum wir nicht mit derselben Selbstverständlichkeit Dinge erforschen, indem wir die Aussagen der Menschen über ihre Gegenstände aufnehmen und die Taten, die Menschen mit Gegenständen vollführen, beobachten. Das Gehörte und Beobachtete kann interpretiert und schließlich verstanden werden. Würden wir Ethnologen nichts anderes tun als die klassischen Methoden des Fachs auch auf Gegenstände anwenden, so könnten materielle Kulturstudien endlich ihren wohlverdienten Platz in der Ethnologie finden, inmitten all der spannenden Themen wie der Religions-, der Wirtschafts- oder der Theaterethnologie. Wenn wir bei der Analyse materieller Kultur das tun, was Ethnologen sonst auch tun, nämlich die Menschen mit ihren Ansichten über Gegenstände und Handlungen mit Gegenständen in den Vordergrund der Untersuchungen stellen, wenn sie mit vorhandenen Methoden Gespräche, Ansprachen, Reden, Mythen, Lieder untersuchen und wenn sie das Tun der Menschen mit Gegenständen, die Herstellung etwa oder vorher schon die Beschaffung der Rohmaterialien, die unterschiedlichen Arten des Gebrauchs der Gegenstände oder die Arten ihrer Aufbewahrung analysieren, könnten wir einiges herausfinden über die Bedeutung von Dingen für die laufende Herstellung von Bedeutung. Und wir werden feststellen, dass Objekte nicht ganz so tückisch sind wie wir geglaubt haben.

Anmerkungen

[1] Suhrbier 1998.
[2] Pomian 1988: 50.
[3] Pomian 1988: 50 f.
[4] Schmidt 1999: 311.
[5] Lana 1988.
[6] Münzel 1973: 35 f.: Anm. 122.
[7] Da Matta 1979: 589.

[8] Tilley 1989: 192.
[9] Renfrew 1999: Vortrag gehalten an der J.W.Goethe- Universität in Frankfurt am Main.
[10] Fock 1963: 48.
[11] Nimuendajú 1921/1922: 1036 f.
[12] Kruse 1951.
[13] Baldus 1953: 211.
[14] Kruse 1952: 1006.
[15] Kruse 1952: 994.
[16] Kruse 1952: 993 ff.
[17] Kruse 1952: 1004.

Literatur

BALDUS, HERBERT
    1952/53 Karaja-Mythen. In: *Tribus* (Stuttgart) N.F. 2-3: 210- 218.

DA MATTA, ROBERTO
    1979   Ritual in complex and tribal societies. In: *Current Anthropology* (Chicago) 20, 3: 589 -590.

FOCK, NIELS
    1963   *Waiwai. Religion and society of an amazonian tribe* (Nationalmuseets Skrifter Etnografisk Roekke, VIII). Copenhagen: The National Museum. 316 S.

HIRSCHBERG, WALTER (HRSG.)
    1999   *Neues Wörterbuch der Völkerkunde*. Berlin: Reimer. 427 S.

HODDER, IAN (HRSG.)
    1989   *The meaning of things: material culture and symbolic expression* (One world archaeology, 6). London: Unwin Hyman. xxvii, 265 S.

KRUSE, ALBERT
    1951   Karusakaybe, der Vater der Munduruků. In: *Anthropos* (St. Augustin) 46: 915-932.
    1952   Karusakaybe, der Vater der Munduruků. In: *Anthropos* (St. Augustin) 47: 992 -1018.

LANA, FELICIANO
    1988   *Der Anfang vor dem Anfang. Ein Indianer erzählt* (Rotes Fädchen, 4) Frankfurt/Main: Museum für Völkerkunde. 49 S.

MÜNZEL, MARK
    1973   *Erzählungen der Kamayurá* (Studien zur Kulturkunde 30). Wiesbaden: Steiner. vii, 378 S.

NIMUENDAJÚ, CURT
1921/22 Bruchstücke aus Religion und Überlieferung der Šipáia-Indianer. Beiträge zur Kenntnis der Indianerstämme des Xingú-Gebietes, Zentralbrasilien. In: *Anthropos* (St. Gabriel-Mödling) 16-17: 1002-1039.

POMIAN, KRYSZTOF
1988 *Der Ursprung des Museums. Vom Sammeln* (Kleine Kulturwissenschaftliche Bibliothek, 9). Berlin: Wagenbach. 108 S.

RENFREW, COLIN
Ms. [1999] The power of the symbol: symbol before concept and the early development of society. Vortrag vom 10.02.1999, gehalten an der J.W. Goethe-Universität Frankfurt/ Main im Rahmen der Vortragsreihe »Revolutionen des Wissens«.

SCHMIDT, BETTINA E.
1999 Religionsethnologie. In: Hirschberg (Hrsg.) 1999: 311.

SEEGER, ANTHONY
1994 Music and dance. In: Ingold (Hrsg.) 1994: 686-705.

SUHRBIER, BIRGIT MONA
1998 *Die Macht der Gegenstände. Menschen und ihre Objekte am Oberen Xingú, Brasilien* (Curupira, 6). Marburg: Curupira. 245 S.

TIM, INGOLD (HRSG.)
1994 *Companion Encyclopedia of Anthropology*. London/New York: Routledge. xxxiv, 1127 S.

TILLEY, CHRISTOPHER
1989 Interpreting material culture. In: Hodder (Hrsg.) 1989: 185-193.

Alexandra Rosenbohm

Ethnologisches Denken als ästhetisches Problem
Die Bedeutung materieller Kultur als zentrale Schnittstelle von Universitätsethnologie und Völkerkundemuseum

»Vergleichen, Ähnlichkeiten und Unterschiede bemerken, ist das Geschäft des Verstandes; schaffen kann nur die Einbildungskraft und in dem Objektiven sich selbst genießen nur jene reine, innere Empfänglichkeit des Herzens, die ich, in der höheren, eigentlichen Bedeutung des Wortes, den Sinn nennen möchte...Wenn wir aber zum eigenen Hervorbringen zu kraftlos, zum Urtheilen und Vergleichen zu träge sind, dann genießen wir noch durch die Berührung verschiedenartiger Gegenstände, die auch ohne unser deutliches Bewußtseyn ihre Grade der physischen Übereinstimmung oder des Mißverständnisses mit uns haben, uns anziehen oder abstoßen, angenehm oder widrig auf uns wirken.«[1]

Die Notwendigkeit einer Publikation wie dieser und der vorausgegangenen Tagung über Universitäts- und Museumsethnologie macht deutlich, wie dringend es einmal mehr an der Zeit für eine erneute Selbstreflexion der Beziehung zwischen beiden Institutionen ist, in die sich unser Fach aufgespalten hat.

Da ich aber nun schon seit einigen Jahren als freie Ausstellungsmacherin und dazu in einer Agentur für Kommunikationsdesign arbeite, ist mein Blick auf beide Institutionen unseres Faches natürlich ein distanzierter, vielleicht auch ein popularisierter und deshalb möglicherweise auch ein polemischer.

Zunächst einmal sind ja alle Ethnologen, auch diejenigen, die später im Museum arbeiten, Universitätsethnologen. Trotzdem kommt es offenbar zwischen Kollegen der verschiedenen Ausrichtungen unseres Faches oft genug zu Missverständnissen und gegenseitigen Missgunstbezeugungen. So belegt es Dieter Kramer[2] mit der Anekdote über einen Professor, der seinen Kandidaten nicht zur Habilitation führen wollte, weil es zwar für das Museum reichen würde, für die Universität allerdings nicht gut genug sei.

Die abwertende Sicht des Museums, in der das Museum hierarchisch unter der Universitätsethnologie angesiedelt wird, könnte u.a. in folgender Sichtweise seine Gründe finden: Das Museum wird heute oft gesehen als eine Art Registratur des Gewesenen, aufgeteilt nach je eigenen Kategorien; die Universität als eine Art Entwicklungsagentur für die Kategorien, in die das Gewesene zu gliedern ist. Und während die Universitätsethnologie Forschung und Lehre für sich beansprucht, fällt es den Kollegen im Völkerkundemuseum anheim, eine seltsame Gratwanderung zwischen Seriosität und Disney und zwischen Frobenius und Public relations zu vollziehen: eben ethnologische Erkenntnisse *zur Anschauung zu bringen.*

Und so erscheint der »Standesunterschied«, offenbar das ewigwährende Problem und der grundlegende Unterschied beider Institutionen, ähnlich den Abgründen zwischen deklarierten Anhängern sogenannter E- und U-Musik.

Dabei sind beide Institutionen, Museum und Universität, Orte des Wissens, nur dienen sie in unterschiedlicher Weise der Bewahrung und Gewinnung, der Ordnung und Vermittlung ihrer Erkenntnisse. Und nicht ausschließlich die Universitätsethnologie, sondern auch die Museen unseres Faches könnten als ein Ort der Erkenntnistheorie konzipiert werden:

> »Grundlegende Voraussetzung der musealen Erkenntnisweise ist, dass das Museum kein Medium ist, sondern seine Gegenstände unmittelbar vor Augen führen und Medien oder andere Hilfsmittel erkennbar einsetzen kann, bestimmte Aspekte an ihnen zu beleuchten. Damit wird es möglich, innerhalb des Museums verschiedene Argumentationsstile zu entwickeln und aufeinander zu beziehen [...] Also als ein Gehäuse, in dem die Wechselbeziehung zwischen bestimmten Überzeugungen, wie die Welt beschaffen sei, und den Formen der Wahrnehmung wie des Sich-Verhaltens in der Welt thematisiert ist.«[3]

Zur Ursache und Vergegenwärtigung der grundlegenden Problematik möchte ich im nächsten Abschnitt exemplarisch darauf eingehen, in welcher Form der Umgang mit (fremder) materieller Kultur und museologischem Denken mir in meinem Studium vermittelt worden ist.

Die »Museumsübung«

> »Das Physische und das Spirituelle sind lediglich zwei Dimensionen ein und desselben Alls.«[4]

Während meines Studiums der Völkerkunde gehörte es zur sogenannten Museumsübung, jeweils drei Objekte aus den Vitrinen der Instituts-eigenen Sammlung zu beschreiben. Sorgfältig wurde das jeweilige Stück, z. B. ein tibetanischer Ritualdolch (phurbu, phurpa), vermessen, einer Materialanalyse unterzogen und, gemäss der vorhandenen Literatur, in den jeweiligen kulturellen Kontext eingeordnet.

Ich bekenne, dass ich diese Aktion als lästige Pflichtübung betrachtete und auch sonst achtlos an den in den Vitrinen ausgestellten Objekten im Flur des Institutes vorbei ging. Andererseits entwickelte ich aber zum ersten Mal eine Art Beziehung zum Objekt, denn man konnte das jeweilige Exponat zur Bearbeitung mit nach Hause nehmen. Dann durfte die Kawa-Schale, die Maske aus dem Kameruner Grasland oder die Shipibo-Keramik für einige Zeit auf dem Schreibtisch meines Studentenzimmers stehen und »wirken«, in einem Kontext, wie er fremder und abwegiger für das Objekt gar nicht mehr werden konnte: der bricolage-artigen Zusammenstellung eines Wohngemeinschaftszimmers der achtziger Jahre, zwischen Möbeln vom Sperrmüll, New Wave-Plakaten und mit Neonfarbe besprühten Wänden.

Nach der sorgfältigen Beschreibung des Objektes, die zur Korrektur und Benotung natürlich erst mal zum Professor ging, wurde sie als Karteikarte dem Archiv der Völkerkundlichen Sammlung einverleibt und das Objekt vom HiWi zurück in die Vitrine platziert. Damit hatten wir dann nichts mehr zu tun. Zwar wurden manchmal von den Studenten kleine Ausstellungen erarbeitet und organisiert, doch ich gebe zu, dass dies mich damals noch nicht besonders interessierte.

Auch in den Völkerkunde-Museen, die ich besuchte, konnten z.B. die mit Schamanengewändern bekleideten Schaufensterpuppen neben ausgestopften Rentieren oder in ähnlicher Weise dargestellte Indianer vor ihrem Tipi mich nicht besonders reizen – ich fand diese um Kontextualisierung bemühten Installationen meist langweilig und als naive Studentin mit idealistischen Gedanken irgendwie unter meinem Niveau. Ebenso antiquiert und hausbacken anmutend erschienen mir manchmal die speziellen Bezeichnungen, mit denen manche Objekte bedacht worden waren: z.B. »Steigbügelhenkelgefäss« oder »Baststoffklopfer«. Und auf diese Weise wurde mir Sinn und Bedeutung der materiellen Kultur während meines Studiums nur sehr unvollständig vermittelt: Ich empfand sie als altmodisches Nebenprodukt des Faches...

Und meine Haltung als Studentin entsprach nicht nur der üblichen Unterschätzung materieller Kultur in den Sozialwissenschaften, sondern häufig auch noch der Geringschätzung wissenschaftlicher Beschäftigung mit Gegenständen. So kritisieren die Wissenschaftlerinnen und Ausstellungsmacherinnen Gisela Völger und Karin von Welck scharf:

> »Die Ausschliesslichkeit, mit der sich die eine Sorte Wissenschaftler auf die Vorgänge, die andere Sorte auf die Gegenstände konzentriert, und die daraus resultierende Dichotomie innerhalb

des Faches mutet unbegreiflich, um nicht zu sagen, töricht an, da sie insgesamt der Effizienz der Wissenschaft Ethnologie abträglich ist. Wird dadurch doch häufig eine ganzheitliche wissenschaftliche Darstellung gesellschaftlicher Abläufe sowohl für die Theoretiker des braintrust Universität wie für die Eidetiker der Visualisierungsanstalt Museum unmöglich gemacht.«[5]

Daher ist es sowohl für die Museumsethnologen als auch für Universitätsethnologen wichtig und entscheidend, die zwischen Menschen und Dingen existierende Art von Beziehung zu verstehen. Bisher sind eher wenige empirische Arbeiten zu finden, in welchen Funktion und Bedeutung materieller Kultur ernstgenommen wird und somit eine Basis für eine Analyse ästhetischer und symbolischer Zuschreibungen von Objekten anbieten könnten.

Im folgenden möchte ich daher zu einem Exkurs über die materielle Kultur als Gegenstand der Ethnologie ausholen, wobei das Verhalten zum Objekt als Grundlage des menschlichen Handelns gesehen wird. Die meisten dieser Quellen, die ich im folgenden als Unterstützung dieser These heranziehe, sind natürlich eher weniger ethnologische, sondern stammen aus den Fächern der Soziologie, Philosophie oder Psychologie.

Vom Sinn der Dinge (auch für Ethnologen)

>»Der Botaniker beschreibe Dir die Rose in den gemessensten Ausdrücken seiner Wissenschaft; er benenne alle ihre kleinsten Theile, bestimme deren verhältnismäßige Größe, Gestalt und Zusammenfügung, Substanz, Oberfläche, Farbenmischung; kurz, er liefere Dir eine so pünktlich genaue Beschreibung, daß sie, mit dem Gegenstande selbst zusammengehalten, nichts zu wünschen übrig läßt: so wird es Dir, wenn Du noch keine Rose sahst, doch unmöglich seyn, ein Bild daraus zu schöpfen, daß dem Urbild entspräche; auch wirst Du keinen Künstler finden, der es wagte, nach einer Beschreibung die nie gesehene Blume zu zeichnen. Ein Blick hingegen, eine einzige Berührung durch die Sinnesorgane; und das Bild ist auf immer seiner Phantasie unauslöschlich eingeprägt.«[6]

Wie unsere Wahrnehmung fremder Kulturen funktioniert und wie sie sich zu deren Selbstwahrnehmung verhält, sind Fragen, welche u. a. die Ethnologie, aber auch in fundamentaler Weise die Ästhetik beschäftigen: als eine Disziplin, der es nicht um Kunst, sondern um Erkenntnis geht. Ästhetik ist die Wissenschaft vom sinnenhaften Erkennen.

Wie lässt sich diese These aber nun auf unser Fach beziehen?

Der ethnologischen Perspektive entspricht ein Interesse am Alltag.[7] Die Auseinandersetzung des Menschen mit dem Alltag geschieht nicht auf beliebige oder zufällige Weise, sondern ist von Strukturen durchzogen, die dem Menschen selbst und dem ihm Nahestehenden in ihrer Logik meist nicht bewusst sind, am allerwenigsten aber dem Fremden verständlich sein können. Diese den Alltag durchziehenden Strukturen sind Ergebnis des menschlichen Bemühens, das Leben durch Ordnen, Formen und Gestalten zu bewältigen. Die Menschen lassen sich dabei in ihrem Verhalten nicht nur von funktionalen, sondern offensichtlich auch von ganz bestimmten ästhetischen Kriterien leiten, proklamiert Schomburg-Scherff 1986 in ihrer bisher eher wenig wahrgenommenen »Ethnologie der Ästhetik«. Dies gilt beispielsweise sowohl für die Art der Behausung und Kleidung sowie für die Gestaltung von Gebrauchsgegenständen, als auch für die Raumaufteilung und den Ablauf von Riten, Festen oder Sozialisationsprozessen.

Um sein Handeln zu verstehen, muss notwendigerweise das dem Handelnden immanente Selbstverständnis erschlossen werden.[8] Dabei ist die Basis des menschlichen Verhaltens von der Wahrnehmung der Dinge im weitesten Sinne abhängig. Der Begriff ›Ding‹ ist hier ohne weiteres auf die Gegenstände der materiellen Kultur anzuwenden, da sich die Wahrnehmung eines Menschen als ›Fremder‹ nicht nur auf seine Sprache und sein Äußeres bezieht, sondern auch am Verhalten und an den Gegenständen, die er benutzt, festgemacht werden kann. Die Bedeutung von Dingen wird aus der sozialen Interaktion mit Mitmenschen abgeleitet. Eine Bedeutung entsteht für eine Person, indem sie erlebt, wie eine andere Person ihr gegenüber in bezug auf einen Gegenstand handelt. Genau daraus bezieht sie ihre Definition, Einordnung und Bewertung des Dinges.[9]

Der Prozess der Definition menschlichen Denkens und Handelns ist am besten verständlich, wenn man seinen Kontext mit dem eines anderen vergleicht. Begreift man Ethnologie in diesem Sinne als Versuch, das Verhalten der als fremd angesehenen Kulturen zu erklären, steht das Verständnis von Symbolen (z. B. in Form von Zeichen, Gesten, Aussagen und Gegenständen) im Mittelpunkt des Bemühens.[10]

Dabei sollte Symbolik nicht reduziert auf ideologische oder religiöse Formen verstanden, sondern auch Alltagssymbole in die Untersuchung einbezogen werden: Nicht nur Sprechweisen, Grußverhalten, Ornamentik, Heiratsregeln oder Folklore, sondern auch der Umgang mit Objekten, wie Kleidung, Nahrung, Werkzeuge, Gebrauchsgegenstände, Wohnungseinrichtungen und Dekorationsobjekte können materialisierte Speicher menschlichen Denkens und Handelns sein. So können Objekte eine Fülle an Informationen über die spezifisch geprägte Wahrnehmung und die daraus resultierenden Sichtweisen der Welt bergen.

Als Code, als ›Sprache der Dinge‹ kann die Alltagskultur industrialisierter Gesellschaften gedeutet werden.[11] So können die Gestaltung des Wohnraums, die Art der Kleidung und der Umgang mit Gebrauchsgegenständen bestimmte Befindlichkeiten, Lebenswelten, Weltanschauungen und sozioökonomische Bedingungen ausdrücken.

Die dabei zum Ausdruck kommenden - im objektiven wie im subjektiven Sinn - ästhetischen Positionen, beweisen oder bekräftigen den eigenen Rang, die Nähe oder die Distanz zu anderen im sozialen Raum:[12]

> »Wie jede Geschmacksäußerung eint und trennt die ästhetische Einstellung gleichermaßen. Als Produkt einer bestimmten Klasse von Existenzbedingungen eint sie all jene, die aus denselben Bedingungen hervorgegangen sind, unterscheidet sie aber zugleich von allen anderen vermittels dessen, was sie wesentlich besitzen. Der Geschmack ist die Grundlage alles dessen, was man hat - Personen und Sachen -, wie dessen, was man für die anderen ist, dessen, womit man sich selbst einordnet und von den anderen eingeordnet wird.«

So drückt jedes Interieur in seinem jeweiligen Code den vergangenen und den gegenwärtigen Geschmack und gesellschaftlichen Stand der in ihm Wohnenden aus. Wenn sich der gesamte Lebensstil einer Klasse bereits aus deren Mobiliar- und Kleidungsstil ablesen lässt, dann nicht allein deshalb, weil sich in diesen Merkmalen ökonomische und kulturelle Zwänge objektivieren, sondern auch, weil die gesellschaftlichen Verhältnisse, die in diesen vertrauten Dingen materialisiert sind, »...in deren ›Luxus‹ wie ›Ärmlichkeit‹, deren ›Ausgesuchtheit‹ wie ›Gewöhnlichkeit‹, ›Schönheit‹ wie ›Häßlichkeit‹ - sich vermittels zutiefst unbewußter körperlicher Empfindungen und Erfahrungen aufzwingen.«[13]

An der materiellen Kultur lässt sich aber nicht nur das gesellschaftliche Schichtenverständnis ablesen, es sind auch die identitätsbildenden Prozesse durch den Umgang mit Gegenständen ablesbar. In einer amerikanischen, in den 70er Jahren durchgeführten Studie über die privaten Symbole im Wohnbereich legen die Autoren besonderen Wert auf die individuelle Rolle der Objekte für den Einzelnen.[14] Sie stellen fest, dass jeder Mensch seine Identität und sein Verhalten zum Anderen auf die Bedeutung bestimmter Gegenstände gründet und betonen besonders den Prozess der individuellen Aneignung bestimmter Gegenstände. Diese Entstehungsprozesse individueller Objektwerte bezeichnen die Autoren als »Kultivation«.

Kultivation meint hier die Fokussierung von »Aufmerksamkeit« oder »psychischer Energie« auf Dinge der Umgebung, sei es aus eigenem Antrieb oder auf fremde Anregung. Das Selbst setzt sich durch seine Aufmerksamkeit dem Objekt gegenüber in einen Bezug zur konkreten Welt. Durch seine kulturell spezifische Begrifflichkeit wird dabei nicht nur der Mensch in die Kultur aufgenommen (enkulturiert); ebenso werden die Dinge und mit ihnen Verbundenes ins Selbst integriert. Durch die symbolische Hereinnahme der materiellen Wirklichkeit bereichert und erweitert sich das Selbst, ja, es gewinnt überhaupt erst seine Identität. Die nochmalige Rückwirkung der äußeren Zeichen ist für die Entwicklung des Selbst wie für die Konstitution von Gesellschaften unentbehrlich:

> »Ohne den lebenslangen Kultivationsprozeß, anhand von vorgefundenen, veränderten, mitgenommenen und zurückgelassenen Räumen und Dingen wäre eben menschliche Existenz undenkbar. Und die Wegnahme aller Dinge, die den Kultivationsprozeß tragen, würde einen Menschen wirklich im Innersten treffen!« [15]

Mit diesem hier dargestellten Ansatz über die Aussagekraft materieller Kultur sollte klar werden, dass er sowohl Bestandteil unseres ethnologischen Ausbildungsauftrages als auch im Bewusstsein der Museumskollegen zur praktischen Realität werden sollte. Hier könnte eine intensive Begegnungsebene von Museum und Universität geschaffen werden, die wiederum eine konkrete Zusammenarbeit fördern würde.

Übungen zur Wahrnehmung: Ein Museum des Fremden

Doch wie könnten diese hochgesteckten Ziele in die ethnologische Lehre integriert und damit auch der Ausbildung von Museumsethnologen förderlich sein? Im folgenden möchte ich deshalb eine Übung dokumentieren, die ich vor einigen Jahren zusammen mit dem Kunsthistoriker und Museologen Michael Fehr für eine Lehrveranstaltung entwickelt habe.

Ziel dieser Veranstaltung war es, die Studenten die eigene Wahrnehmung fremder Lebensstile analysieren zu lassen, sie zu hinterfragen, zu reflektieren lernen und zu diskutieren. Erprobt werden sollte auch, inwieweit die ästhetische Erfahrung eine angemessene Form sei, sich dem Fremden zu nähern, es als Fremdes zu begreifen und die Gefühle, die Fremdes auszulösen vermag, zu verarbeiten.

Nicht zuletzt ging es bei diesem Projekt um die Erprobung musealer Mittel und Darstellungsformen sowie um einen gezielten Austausch zwischen vor allem den Disziplinen Ethnologie und Kunstgeschichte.

Das Seminar umfasste eine praktische Übung, die den Aufbau eines temporären Museums des Fremden zum Ziel hatte. Die Sammlung des Museums sollte während der Dauer des Seminars von den Seminarteilnehmern aufgebaut werden. Grundstock für die Sammlung sollten drei bis fünf Gegenstände sein, die die Seminarteilnehmer als für sie jeweils charakteristische Stücke zur Verfügung stellen sollten. Anhand der Sammlung sollten einige erkenntnistheoretische Fragestellungen praktisch entwickelt und der Versuch gemacht werden, sie im Hinblick auf die Konstitution des Begriffs vom Fremden zu präzisieren.

Zur Vergegenwärtigung möchte ich die Arbeitsschritte dieser Übung hier zur Disposition stellen. Folgende Aufgaben zur selbständigen Bearbeitung wurden gestellt:

1. Wählen Sie fünf bis sieben Stücke aus und erzählen Sie damit (ohne Zuhilfenahme anderer Mittel) eine Geschichte (Kontrolle durch Dritte). Bringen Sie sieben bis zwölf Stücke in mindestens fünf verschiedene Ordnungen. Wählen Sie fünf bis sieben Stücke aus, die sich untereinander in möglichst vielen Gesichtspunkten widersprechen (die möglichst nichts gemeinsam haben).
2. Legen Sie drei verschiedene Sammlungen an (mindestens siebzehn, höchstens 25 Stücke). Ordnen Sie diese Sammlungen a) chronologisch, b) genealogisch (fiktiv), c) systematisch, d) nach (selbstgewählten) formalen Kriterien, e) nach repräsentativen Gesichtspunkten (Reduktion auf drei bis fünf Stücke). Versuchen Sie, übergeordnete Kriterien für die drei Sammlungen zu entwickeln und bilden Sie neue Ordnungen a) unter Berücksichtigung aller Stücke, b) unter Berücksichtigung von nicht mehr als zehn bis dreizehn Stücken. Fotografieren Sie alle Arbeitsschritte, arbeiten Sie immer auf einem bestimmten, begrenzten Feld (Tisch, Wand). Übersetzen Sie Ihre Arbeitsergebnisse in einen Raum.
3. Untersuchen Sie Ihre oder eine andere Wohnung auf darin befindliche Sammlungen. Reorganisieren Sie diese Sammlungen nach 2.) Vergleichen Sie den vorgefundenen mit dem von Ihnen erarbeiteten Status. Vergleichen Sie solche Sammlungen mit ähnlichen, die Sie in Museen finden können.

Zusammenfassend lassen sich die Lernziele dieser Übung folgendermaßen festhalten: Bevor ein Besucher im Museum ein Objekt als Ausstellungsgegenstand präsentiert bekommt, hat dieses in der Regel – abgesehen von bestimmten Ausnahmen – bereits einige Stadien durchlaufen. Eine nicht unbeträchtliche Anzahl der ethnographischen Objekte ist – dem ursprünglichen Kontext entzogen – zunächst einmal dysfunktional, also ohne Wert für die jeweils gegebenen Verhältnisse. In diesem Falle waren ja die persönlichen Objekte der Studenten – Radiergummis in ausgefallenen Formen, Steine, Souvenirs, Kinder-Zeichnungen, Plüschtiere etc. aus ihrem ursprünglichen Denkkontext herausgenommen worden und in ihrer Ansammlung auf einem Tisch in der Mitte der Teilnehmer und somit für die »Nicht-in-die-persönliche-Objektgeschichte-Eingeweihten« wertlos (Müllstatus). Im zweiten Stadium wurden die jeweiligen Besitzer gebeten, den jeweiligen individuellen Kontext ihrer Gegenstände zu offenbaren, um sie als Unikate wahrzunehmen und zu einer Neubewertung zu kommen: Bestimmte Merkmale erscheinen interessant, häufig gerade die, die zu ihrem Irrelevant-Werden führten. Im dritten Stadium wird die Neubewertung eines Dinges durch die Bildung einer Sammlung zu stabilisieren versucht: Die neu gesehenen Merkmale werden an anderen entdeckt. Im vierten Stadium werden solche Sammlungen untereinander in Beziehung gesetzt und verglichen: Ähnliche Dinge werden nach verschiedenen Merkmalen differenziert und entsprechende Ordnungen entworfen. Im fünften Stadium wird das Ding einer Kategorie zugeordnet, fungiert als anschauliches Dokument für einen Begriff. Im sechsten Stadium schließlich wird das Ding eingesetzt als Symbol für eine Theorie, steht also mit anderen Dingen zusammen für einen neuen Kontext.

In diesem Prozess lässt sich ein Prozess zunehmender Verdinglichung sehen, und zwar in dem Maße, wie er angesichts ausgestellter Objekte nicht im Bewusstsein gehalten wird oder werden kann. Dies ist prinzipiell auch dann der Fall, wenn Dinge in einen didaktisch konzipierten Argumentationszusammenhang eingebaut werden, also an ihnen etwas gelernt werden soll.

Für das Völkerkunde-Museum, in dem ja hauptsächlich Originale, d. h. mehr oder weniger unveränderte Relikte oder Bestandteile anderer kultureller Kontexte aufbewahrt werden, besteht aber grundsätzlich die Chance, diesen Verdinglichungsprozess – theoretisch wie praktisch – zumindest zu vergegenwärtigen. Nämlich dann, wenn Dinge nicht als Symbole für bestimmte Theorien eingesetzt werden, sondern zumindest anschaulich gemacht wird, dass zwischen ihnen und an ihnen gebildeten Theorien ein dialektischer Zusammenhang besteht:

> »Wenn Dinge, die sich in Museen befinden, sich von Dingen unseres Alltags dadurch unterscheiden, dass wir mit ihnen nicht praktisch umgehen, so kann ein intelligenter Umgang mit musealisierten Dingen nur darin bestehen, dass wir sie als ästhetische Objekte einsetzen, also uns an ihnen die Bedingtheit unseres jeweiligen Weltbildes bewußt machen.«[16]

Dies sollte die Grundlage sein, mit welcher der Versuch unternommen werden könnte, mehr über den jeweiligen Gegenstand zu erfahren – worin dieser Versuch doch sinnvollerweise nur darin bestehen kann, frühere Einstellungen dem Ding gegenüber, seine Geschichte und sein ursprünglicher kultureller Kontext also, zu rekonstruieren. Gelingt es, an einem Ding seine konkrete Beschaffenheit ebenso wie seine Eigenschaft als Objekt (als Gegenstand bestimmter Zuschreibungen, Annahmen oder Wertungen) erfahrbar zu machen, so kann das Völkerkunde-Museum als Ort dieser Reflexion eine neue Dimension gewinnen: Nicht länger bleibt es ein Ort, welcher »Mythen in Tüten«[17] verpackt, also die fremden Objekte noch stärker exotisiert, sondern es wird zu einem ästhetischen Ort, einem Ort, an welchem die Prozesse des Objektes (und die der Wissenschaft) erfahrbar gemacht werden könnten:

> »Es sollte also darum gehen, durchaus im Sinne von Leibniz, in einem ‚Theatrum Naturae et Artis‘ gemeinsam Forschung zu inszenieren, sie öffentlich darzustellen in ihrem kulturellen Kontext, mit den handelnden Personen, ihren Motivationen und Zielen, ihren Irrwegen und Erfolgen. Die Universitätsforschung gewinnt Sinnfälligkeit und Akzeptanz, das Museum wiederum wird als Forschungsinstitut sichtbar, das es zur Erfüllung seines Auftrages sein muss, als das es aber zu wenig wahrgenommen wird.«[18]

Nun hat diese oben dargestellte Seminarübung zur Wahrnehmung zwar gezeigt, wie einfach es ist, den »Sinn der Dinge« den Studenten näher zu bringen. (Dies kann natürlich nicht das übliche Praktikum im Museum ersetzen.) Doch wie schwierig ist es, in der Praxis der in der Universität ausgebildeten Museumsethnologen, ihre Ausstellung wirklich zu einem ästhetischen Ort, einem Ort der Reflexion, zu machen? Dies soll Thema meiner Schlussbetrachtung sein.

Von der Schwierigkeit, die Kluft zwischen Theorie und Praxis zu überwinden: Ausblick

> »›Könnten sie mir bitte erklären‹, sagte Alice etwas befangen, ›warum sie diese Rosen anmalen?‹ Fünf und Sieben blieben stumm und sahen auf Zwei. Da sagte Zwei mit leiser Stimme: ›Tja, die Sache ist so, Fräulein: Hier sollte eigentlich ein roter Rosenstock stehen, aber aus Versehen haben wir einen weißen gepflanzt. Und wenn die Königin dahinter käme, würde sie uns alle köpfen lassen…‹«[19]

Natürlich gibt es dafür keine Patentrezepte – vielmehr kann für jede Schausammlung, ja für jedes Objekt nur eine individuelle Lösung gefunden werden.

Doch lässt sich immer darauf hinweisen, dass in der Kunsttheorie eine Vielzahl von Ansätzen zum kritischen Umgang erarbeitet wurden – und dass es legitim ist, diese als Anregungen auch im Völkerkunde-Museum zu nutzen.[20]

Festzuhalten ist jedoch, dass die in den Museen tätigen Wissenschaftler oft in Fragen der ästhetischen Vermittlung keinerlei Ausbildung haben und sich bei entsprechenden Aufgaben meist auf ihren guten Geschmack oder, wenn Geld da ist, auf Designer, Bühnenbildner und Architekten verlassen. Dabei gilt es natürlich, einen wirklichen Prozess der Kooperation anzustreben und sich nicht von der ästhetischen Kompetenz der gestalterischen Fachleute überrollen zu lassen. Hierzu ein kurzes Beispiel aus meiner eigenen Berufspraxis:

1995 wurde ich vom Tropenmuseum in Amsterdam beauftragt, ein inhaltliches Konzept für die Schamanismus-Ausstellung »From Siberia to Cyberspace« im Tropenmuseum Amsterdam 1997 zu entwickeln. Das Tropenmuseum erfreut sich mit seinen Ausstellungen seit Jahren einer hohen Popularität, u. a. auch durch eine aufwendige und ausgefallene Gestaltung der jeweiligen Realisationen seiner Ausstellungsprojekte.

In der Grundkonzeption hatte ich drei inhaltliche Schwerpunkte vorgesehen, nämlich sibirischen Schamanismus (die Schwerpunktsammlung), Schamanismus in anderen Kulturen im Vergleich und die sogenannten schamanischen *revivals* und *survivals* in unserer Gesellschaft. Alle Bereiche weisen natürlich Parallelen auf und die sollten in der Umsetzung, in der Realisation Gestalt annehmen. Als sogenannte »Leitfossilien« galten zudem einige im Schamanismus allgemein verbreitete, aber unterschiedlich materialisierte Vorstellungen, wie z.B. der sogenannte »Übergang« in die andere Welt, kosmologische Vorstellungen oder Formen der Transformation. Im Entwicklungsprozess des Ausstellungskonzeptes waren nur wenige Gespräche mit den Designern (zwei in Holland prominente Bühnenbildner) vorgesehen und ich versuchte sie, neben der Unterstützung von Texten, mit der Materie vertraut zu machen. Als Resultat – und ohne mein Mitwirken, da mein Auftrag als zeitlich erfüllt angesehen worden war – wurde die Ausstellungshalle von einer riesigen Brücke (»in die andere Welt«) überspannt, die in einen riesigen Baum mit Wendeltreppe (»Weltenbaum«) mündete. In dieser gewaltigen und auch dramatischen Konstruktion erschöpfte sich die Architektur, die Schamanengewänder und –paraphernalia wurden darunter auf geometrischen, erhöhten »Inseln« zusammengepfercht oder in pastellfarbenen, unterschiedlich geformten Vitrinen untergebracht. Huichol-Garnbilder wurden auf Industrie-Drahtgeflecht (warum dies, konnte mir niemand beantworten) und andere Gemälde eines südamerikanischen Schamanen wurden beziehungslos an die Wand gepappt – kurz: Ein heilloses inhaltliches und ästhetisches Durcheinander.

Was war passiert? Im einzelnen kann ich die Schritte nicht mehr nachvollziehen, aber da ich ausschließlich für die inhaltliche Erarbeitung engagiert worden war, und auch zu viele Kollegen mit der Ausstellung beschäftigt waren, konnte ich nur ohnmächtig zusehen bzw. wurde bei jedem Arbeitstreffen in Amsterdam mit neuen Aufbauten »überrascht«. Fest steht, dass die pompöse und effektheischerische Ausstellungsarchitektur einerseits die Objekte erschlug und andererseits diese Inszenierung eher der Popularität der Designer zuträglich war. Dies war Ergebnis einer mangelnden Kooperation und auch der Überzeugung der Museumsleitung, welche es offenbar über den zu erwartenden kommerziellen Erfolg an inhaltlicher Seriosität hatte mangeln lassen. Von einer Umsetzung meines inhaltlichen Konzeptes als einer Installation, an dem das Herstellen von kulturellem Kontext und Wissenschaft möglich gewesen wäre, konnte hier nicht mehr die Rede sein. Aber der kommerzielle Erfolg rechtfertigte die Mittel. Eine gruselige, aber realistische Zukunftsperspektive.

In den nächsten Jahren werden vermutlich beide Institutionen, sowohl die Universitätsethnologie als auch die Museen, in einen mehr oder weniger gnadenlosen Konkurrenzkampf um Drittmittel, Sponsoren und die Gunst eines möglichst großen Publikums einsteigen müssen. Unser Fach ist bestimmt durch Stellenabbau, abnehmende staatliche Subventionen und ein Dasein als Randdisziplin, als Elfenbeinturmwissenschaft, in der nur wenige der spezifisch ausgebildeten Ethnologen ihre Existenz bestreiten können.

Und ein engeres Zusammenwirken von Museum und Universität im Hinblick auf ein gemeinsames Bild in der Öffentlichkeit bietet sich gerade heute an, es scheint sogar dringend geboten, wenn man die schwierige Situation unseres Faches und seine Konsequenzen für Forschung und Entwicklung in naher Zukunft bedenkt.

Diese Problematik wird mir in meiner Berufspraxis fast ständig vor Augen geführt, wobei ich oft dazu gezwungen werde, meine Forschungs- und Ausstellungsprojekte potentiellen Geldgebern schmackhaft zu machen, indem ich ihnen »Disney« vorgaukle, aber »Frobenius« meine.

Anmerkungen

[1] Forster 1989: 64-65.
[2] Kramer 1999: 5.
[3] Fehr 1991: 11.
[4] Mbiti 1974: 9.
[5] Völger/von Welck 1993.
[6] Forster 1989: 64.
[7] Bukow 1987; Schiffauer 1991: 14.
[8] Blumer 1973: 85.
[9] Blumer 1973: 81.
[10] Lévi-Strauss 1967.

[11] Baudrillard 1991.
[12] Bourdieu 1992: 104.
[13] Bourdieu 1992:136.
[14] Csikszentmihalyi/Rochberg-Halton 1989.
[15] Csikszentmihalyi/Rochberg-Halton 1989: 17.
[16] Fehr 1989: 190.
[17] Rosenbohm 1993.
[18] Brüning 1999: 36 f.
[19] Carroll 1989: 119.
[20] Brock 1977; Pochat 1986; Malraux 1987; Paret 1990.

Literatur

ARBEITSGRUPPE BIELEFELDER SOZIOLOGEN (HRSG.)
    1973   *Alltagswissen, Interaktion und gesellschaftliche Wirklichkeit. Band 1: Symbolischer Interaktionismus und Ethnomethodologie* (rororo-Studium, 54). Reinbek: Rowohlt. 261 S.

BAUDRILLARD, JEAN
    1991   [1968] *Das System der Dinge. Über unser Verhältnis zu den alltäglichen Gegenständen.* Frankfurt/New York: Campus. 261 S.

BAUER, WOLFGANG, KLAPP EDZARD UND ALEXANDRA ROSENBOHM
    1991   *Der Fliegenpilz. Ein kulturhistorisches Museum* (Museum der Museen, 6). Köln: Wienand. 208 S.

BLUMER, H.
    1973   Der methodologische Standard des Symbolischen Interaktionismus. In: *Arbeitsgruppe Bielefelder Soziologen (Hrsg.) 1973*: 80-146.

BOURDIEU, PIERRE
    1992   [1979] *Die feinen Unterschiede. Kritik der gesellschaftlichen Urteilskraft.* Frankfurt/Main: Suhrkamp. 910 S.

BROCK, BAZON
    1977   *Ästhetik als Vermittlung. Arbeitsbiographie eines Generalisten.* Köln: DuMont. xxxi, 1096 S.

BRÜNING, JOCHEN
    1999   Das Museum in der Universität. In: *Museumskunde* (Dresden) 64, 2: 27-38.

CARROLL, LEWIS
    1989   *Alice im Wunderland.* Frankfurt/Main.: Insel. 137 S.

CSIKSZENTMIHALYI, MIHALY UND EUGENE ROCHBERG-HALTON
    1989   [1981] *Der Sinn der Dinge. Das Selbst und die Symbole des Wohnbereichs.* München/Weinheim: Psychologie-Verlags-Union. 302 S.

Fehr, Michael
 1989 Müllhalde oder Museum: Endstationen in der Industriegesellschaft. In: Fehr/Groh (Hrsg.) 1989: 182-196.
 1991 Der Baum der Erkenntnis. Ansatz zu einem ökologischen Museum. In: Bauer/Klapp/Rosenbohm 1991: 7-12.
Fehr, Michael und Stefan Groh (Hrsg.)
 1989 *Geschichte, Bild, Museum.* Köln: Wienand. 252 S.
Forster, Georg
 1989 [1791] *Ansichten vom Niederrhein, von Brabant, Flandern, Holland, England und Frankreich im April, Mai und Juni 1790.* Frankfurt/Main: Insel. 612 S.
Gutzeit, Angela (Hrsg.)
 1993 *Annäherung an die Fremde.* Bramsche: Rasch. 144 S.
Karp, Ivan und Stephen D. Lavine (Hrsg.)
 1991 *Exhibiting Cultures. The Poetics and Politics of Museum Display.* Washington/London: Smithsonian Inst. Press. x, 468 S.
Kramer, Dieter
 1999 Museen und Universität in der Ethnologie: Eine Tagung in Marburg. In: *Bulletin des Deutschen Museumsbundes (Dresden)* 3: 5.
Lévi-Strauss, Claude
 1977 [1967] *Strukturale Anthropologie.* Frankfurt/Main: Suhrkamp. 433 S.
Malraux, André
 1987 *Das imaginäre Museum.* Frankfurt/New York: Campus. 120 S.
Mbiti, John S.
 1974 *Afrikanische Religion und Weltanschauung.* Berlin/New York: de Gruyter. xv, 375 S.
Paret, Peter
 1990 *Kunst als Geschichte. Kultur und Politik von Menzel bis Fontane.* München: C.H. Beck. 258 S.
Pochat, Götz
 1986 *Geschichte der Ästhetik und Kunsttheorie. Von der Antike bis zum 19. Jahrhundert.* Köln: DuMont. 635 S.
Rosenbohm, Alexandra
 1993 Mythen in Tüten. Über den Umgang mit fremder Kunst. In: Gutzeit (Hrsg.) 1993: 60-68.
Schiffauer, Werner
 1991 *Die Migranten aus Subay. Türken in Deutschland: Eine Ethnographie.* Stuttgart: Klett-Cotta. 388 S.

SCHOMBURG-SCHERFF, SYLVIA M.
   1986   *Grundzüge einer Ethnologie der Ästhetik*. Frankfurt/New York. u.a.: Campus. 275 S.

SCHWEIZER, THOMAS, SCHWEIZER MARGARETE UND WALTRAUD KOKOT (HRSG.)
   1993   *Handbuch der Ethnologie*. Berlin: Reimer. xiii, 664 S.

VÖLGER, GISELA UND KARIN VON WELCK
   1993   Das Völkerkundemuseum an der Jahrtausendwende. In: Schweizer/Schweizer/Kokot (Hrsg.) 1993: 623-645.

Erfahrungen unter dem Reformdruck

Sabine Beer

Gefährliche Liebschaften?
Das Völkerkundemuseum an der Schnittstelle von Wissenschaft und Öffentlichkeit

›Gefährliche Liebschaften‹, der Titel dieses Aufsatzes, ist an den frivolen Briefroman *Les liaisons dangereuses* von Pierre Ambroise Choderlos de Laclos angelehnt. Verführung heißt das Thema dieses gesellschaftskritischen Romans des 18. Jahrhunderts, der die Sitten und die Verderbtheit der besseren Gesellschaft Frankreichs vor dem Ausbruch der Revolution schildert. Die Liebe ist das vorherrschende Gesellschaftsspiel – die beiden abgefeimten männlichen Hauptcharaktere »greifen eine Frau an, um zu sehen, welche Stadien die gehetzte Seele durchlaufen wird, ehe sie erliegt.«[1]

An dieser Stelle möchte ich jedoch ein ganz anderes Dreiecksverhältnis auf ironisch-ernste Weise ausloten: Das Projekt Völkerkundemuseum und die Definition seiner Aufgaben und Ziele an der Schnittstelle von Wissenschaft und Öffentlichkeit, seitdem sich der Staat angesichts leerer Haushaltskassen immer mehr seines kulturellen Auftrages entledigt.

Zwar geht es hier nicht um Liebe, aber doch um Verführung und am aktuellen Beispiel des ›Hamburger Modells‹ um die Frage, welche Auswirkungen Modernisierung und Effektivierung der Struktur und der Aufgabenstellung auf den kulturellen Auftrag des Völkerkundemuseums haben könnten.

In fernen, vergangenen Zeiten war das Völkerkundemuseum ein verschwiegener Ort, an dem sich Wissenschaftler und Musen ein ganz privates Stelldichein gaben. Der Besucher war im Grunde lästig, doch man duldete ihn, solange er seine Aktivitäten auf einen gemessenen Gang und die eine oder andere geflüsterte Ehrfurchtsbezeugung beschränkte. Die Objekte lagen im Dornröschenschlaf und waren behütet von der Wissenschaft.

Als man irgendwann in den siebziger Jahren – in einer Zeit gesellschaftlichen Umbruchs und finanzieller Misere – die stille Wissenschaftlerklause verließ, weil man spürte, dass man sich von der Wirklichkeit immer weiter entfernte, unter der Last der Altertümer fast zu ersticken drohte und auch die Besucher ausblieben, wandte man sich der Gegenwart und einer öffentlichkeitsbezogenen Ausstellungskonzeption und -gestaltung zu. Durch eine Vielzahl von Sonderausstellungen versuchte man das Völkerkundemuseum für die Bevölkerung attraktiver zu machen. Die Objekte wurden aus ihrem Dornröschenschlaf erweckt und gingen auf Wanderschaft. Mancherorts verloren sie gar ihre

Relevanz im Ausstellungsgeschehen und wurden nun gleichwertig neben Texten, Fotos und Grafiken eingesetzt.

Die Völkerkundemuseen verstanden sich nun als Vermittler, die Arbeiter, Hausfrau und Schulkind gleichermaßen erreichen wollten: Didaktische Modelle und Unterweisungsstrategien wurden ausgetüftelt und Besucherseminare eingerichtet, Handzettel und Prospekte ausgeteilt. Unmerklich schrumpfte der strenge Anspruch auf wissenschaftliche Belehrung zur Aufgabe, die Rätsel fremder Kulturen allgemeinverständlich zu lösen und mundgerecht zuzubereiten.

So schien seit den Siebzigern eine Blütezeit, ein goldenes Jahrzehnt der Museen angebrochen, innerhalb dessen ein größerer Teil unserer Bevölkerung als je zuvor auch das Völkerkundemuseum neu entdeckte.

Rund 5000 öffentliche Sammlungen[2] bietet heute die Kulturlandschaft Deutschland – der Museumsboom scheint ungebrochen. Doch die Zahlen täuschen. Die fetten Jahre mit ihren Exzessen sind vorbei, denn die Haushaltskassen sind leer. Während einzelne neue Projekte gefördert werden, müssen alte Einrichtungen darben. Als 1997 bei der glamourösen und prestigeträchtigen Eröffnung des Unger-Baus, der Erweiterung der Hamburger Kunsthalle, auf die desolaten Zustände im Depot des Hamburger Völkerkundemuseums verwiesen wurde, bedeutete dies, Essig in den Wein zu kippen.

In den vergangenen Jahren hat es Entwicklungen gegeben, die geradezu tödlich für die Museen waren. Die Sparzwänge haben dazu geführt, dass das wissenschaftliche Personal immer mehr abgebaut wurde, weil dies scheinbar der einzige Bereich war, in dem die Strukturen Einsparungen zuließen. Knappes Personal an der Grenze der Überforderung, ein damit verbundenes Defizit an zu leistender wissenschaftlicher Arbeit und mangelnder Außenwirkung, schlechte Depotbedingungen und die Vernachlässigung der Bestände bis hin zu gravierenden baulichen Mängeln waren die Folge.

Je mehr die Kommunen und Länder durch sinkende Einnahmen und überproportional wachsende Sozialausgaben in Finanznot geraten, desto mehr setzen sie die Museen unter Rentabilitätsdruck. Mehr Besucher und Sponsoren sollen den Betrieb trotz drastischer Sparmaßnahmen am Laufen halten. Hinzu kommt, dass mit immer kleiner werdendem Etat scheinbar immer mehr auf die Beine gestellt werden muss, um das Publikum anzulocken. Doch viele Museen stecken in einem Dilemma, das von Zips prägnant so zusammenfasst wird: »Wenig Attraktivität, wenig Besucher. Wenig Besucher, wenig Geld. Wenig Geld, wenig Attraktivität.«[3]

Sind die Museen selbst daran schuld, dass sie ihr Publikum verlieren? Liegt es daran, dass in vielen deutschen Museen der Besucher noch heute das Gefühl vermittelt bekommt, dass er gar nicht benötigt wird? Dass er lästig ist, weil er Fragen stellt? Noch immer gibt es Museen ohne Leitsystem und ohne Ruhe-

Gefährliche Liebschaften?

bänke, aber mit unleserlichen Texten und Karten, die selbst schon als museal zu bezeichnen sind, und mit muffigem Personal und überpünktlichem Rausschmiss. Oder liegt der Besucherrückgang nur darin begründet, dass viele Bürger nicht mehr soviel Geld in der Tasche haben? Oder schneidet das altehrwürdige Museum in Konkurrenz zu anderen Freizeitangeboten einfach zu schlecht ab?

›Erlebnis Museum – Erlebnismuseum‹ lautete das Thema der Jahrestagung des Dachverbandes der deutschen Museen, des Deutschen Museumsbundes, die 1998 in Saarbrücken stattfand. Der Titel pointiert eine Diskussion, in der sich die Positionen inzwischen fast schon unvereinbar gegenüberstehen. In der Zwickmühle dramatischer Sparzwänge und einem vermeintlich nur dem Spektakel hörigen Geschmack des Publikums einerseits und der angestammten Aufgabenstellung des Sammelns, Forschens und Konservierens andererseits geht die Suche der Museen nach Kriterien, mit denen sich zwischen dem Abträglichen und Notwendigen unterscheiden ließe, in unterschiedliche Richtungen. Die Puristen möchten das museumsimmanente Erlebnis betonen, d.h. das ›museale‹ vom museumsfremden Erlebnis trennen. Der Hinweis der Fachleute ›Wir haben die Originale – die kann kein Erlebnispark bieten‹ scheint hingegen vor extrem besucherorientierten Konzepten, wie z.B. solchen, die dem Edutainment[4] verpflichtet sind, zu verblassen.

Als Entertainer in einer gut geölten Unterhaltungsmaschinerie arbeiten Museumsleute heute bereits mancherorts in einem Ausstellungsbetrieb, der den Spagat zwischen Arbeitsalltag und dem kulturellen Auftrag der Bildung und Forschung, dem sie sich verschrieben haben, immer größer werden lässt. Ihre Ausbildung ist wie eh und je ausschließlich eine wissenschaftliche und im besten Fall an gewisse ethische Prinzipien gebunden. Diese Prinzipien sind in der Praxis des Museumsalltags jedoch kaum noch zu vertreten, denn die Museumsleute haben keine Zeit mehr. Sie müssen für Abwechslung sorgen im Ausstellungs- und Veranstaltungsbetrieb und die Maschinerie am Laufen halten. Und das erfordert weniger Forschergeist noch Selbstkritik, sondern vor allem Organisations- und Improvisationsgeschick, die Fähigkeiten des flexiblen Dilettanten, der unerwartet in vielen Sparten zu Hause sein muss. So mauserten sich auch viele Ethnologen zu Mitarbeitern eines Unternehmens, das von ihnen branchenfremde Fertigkeiten wie kaufmännisches und diplomatisches Geschick, Führungsqualitäten und eine gewisse Omnipräsenz abverlangt.

Man möge mich nicht falsch verstehen: Gegen Kostenbewusstsein, Marketing, und Besucherorientierung, d.h. gegen viele zufriedene Besucher, und ein lebendiges ›bespieltes‹ Museum bestehen keine Einwände. Im Gegenteil – denn Kundenorientierung muss nicht zwangsläufig mit dem Ausverkauf der Werte einhergehen. Kein Museum kann heute mehr allein mit einer Dauerausstellung und einigen Sonderausstellungen überleben. Und auch darüber mag Einigkeit bestehen: eine Ausstellung oder Veranstaltung, die keiner gesehen hat, hat wohl weitestgehend ihren Sinn verfehlt.

Doch manchmal wünsche ich mir, dass, wenn vielleicht auch nur für kurze Zeit, wieder Ruhe einkehrt im Völkerkundemuseum. Vielleicht besinnen sich die Museumsethnologen ja dann auf ihre einstigen Ideale zurück. Ihr Drang, attraktiv zu bleiben, hat etwas Rührendes, lässt er sie doch in eine bereits anachronistische Umtriebigkeit verfallen, die nur noch selten zum Erfolg führt. Sollte im Völkerkundemuseum wieder Ruhe einkehren, hätten die Museumsethnologen Zeit, über die angemessene Sorgfalt im Umgang mit dem Metier nachzudenken. Vor allem müssten sie nicht mehr, den Erfolgszwang im Nakken, wie eifrige Propagandisten unermüdlich, redselig und mit viel Tremolo in Konkurrenz zu einem heiß umkämpften Freizeitmarkt treten.

Die Steigerung von Einnahmen sollte dort ihre Grenzen finden, wo der Kulturauftrag der Museen gefährdet wird, z.B. durch personelle Überlastung, einseitige Beschränkung auf einen reinen Ausstellungs- und Veranstaltungsbetrieb, der Vernachlässigung der wissenschaftlichen Arbeit oder gar die Gefährdung der Sammlungen. Denn es besteht Hoffnung, dass die ethnographischen Objekte – sollten sie nicht vorher verschimmelt, vergammelt und verfallen sein – einige Chancen haben, nicht nur gegenwärtige, sondern auch nachfolgende Generationen von Museumsethnologen zu inspirieren.

In Hamburg soll ein neues Modell Abhilfe schaffen und die sieben staatlichen Museen aus ihrer Misere holen, sie zu attraktiven, besucherorientierten Häusern verwandeln und damit in eine bessere Zukunft steuern: Seit dem 1. Januar 1999 sind Hamburgs Museen in »Stiftungen öffentlichen Rechts« umgewandelt geworden.[5] Mit der Modernisierung und Effektivierung der Struktur und der Aufgabenerfüllung hoffen diese Häuser, angesichts staatlicher stagnierender Mittel, wirtschaftlicher agieren zu können. Von diesem bundesweit bisher einmaligen Modell verspricht man sich mehr Flexibilität, größere Handlungsspielräume und längerfristige Planungsmöglichkeiten.

Bisher gibt es nur in den Niederlanden eine vergleichbare Entlassung der Museen in die Eigenverantwortung; dort allerdings mit der aufputschenden Finanzspritze eines Stiftungskapitals. Hier hatte der Rechnungshof den desolaten Zustand der Depots und Archive moniert, von Verschwendung von Volksvermögen gesprochen und Abhilfe angemahnt. Seither wurden mit 40 Millionen Gulden im Jahr die Häuser renoviert, Archive und Depots aufgearbeitet und derart saniert in die Selbständigkeit entlassen.[6] Angeregt durch das niederländische Modell hatten bereits 1995 die sieben Hamburger Museumsdirektoren ihren Wunsch nach Verselbständigung an die Kulturbehörde herangetragen. Doch der auch von den Hamburger Direktoren erhobenen und vom Personalrat[7] geteilten Forderung, vor einer Verselbständigung vorhandene Defi-

Gefährliche Liebschaften?

zite im Bereich der Sammlungen, der Gebäude und der Ausstattung zu ermitteln und durch zusätzliche Zuwendungen (›Mitgift‹) abzustellen, wurde in Hamburg nicht entsprochen. Die Altlasten bleiben.

Harmonisch und problemlos ist die Verselbständigung der Museen im Vorfeld allerdings auch in anderer Hinsicht nicht gelaufen. So gab es jede Menge Vorbehalte der neuen Konstruktion gegenüber – vor allem von Seiten der Beamten, die inzwischen – zu gleichen Konditionen – Angestelltenstatus haben. Die Entscheidung für diese Rechts- und Organisationsform ist das Ergebnis langwieriger Verhandlungen. Diskutiert wurden im Vorfeld auch die Möglichkeiten der Umwandlung in GmbHs, Landesbetriebe, Stiftungen privaten Rechts sowie das Neue Steuerungsmodell unter Beibehaltung der bisherigen Rechts- und Organisationsform. Den Ausschlag für die Stiftung öffentlichen Rechts gab letztlich der Vorteil großer Eigenständigkeit der Museen einerseits sowie der Verbleib der Beschäftigten im öffentlichen Verbund andererseits.

Weder Privatisierung noch Kommerzialisierung noch in erster Linie Sparmaßnahmen, sondern Optimierung ist das proklamierte Ziel der Hamburger Reform. Sie löst zwar nicht die finanziellen Probleme, aber den Museen wird durch die Einrichtung eines Globalhaushaltes Handlungsfreiheit eingeräumt. Mehr finanzielle Flexibilität soll den Häusern die Möglichkeit verschaffen, ihren kulturellen Auftrag effektiver wahrzunehmen, ihre Ressourcen besser zu nutzen, wirtschaftlicher zu arbeiten und sich attraktiver zu präsentieren. Auch für Sponsoren erhofft man sich daher eine größere Attraktivität. Von den Stiftungen verspricht man sich weiter eine größere Planungssicherheit, da die Finanzen über Jahre hinweg eigenverantwortlich kalkuliert werden können.

Ein dem Direktor gleichgestellter kaufmännischer Geschäftsführer – beide bilden den Vorstand – soll die finanziellen Geschicke des jeweiligen Museums in unternehmerische Bahnen lenken. Seine eigenen binnen zwei Jahren ebenfalls, denn dann muss er sein Gehalt im Haus erwirtschaften. Bis dahin subventioniert der Staat die zusätzlichen Stellen. Von den kaufmännischen Geschäftsführern werden viele Innovationen erwartet. Für sie eröffnet sich ein breites Betätigungsfeld, das bisher nur in Ansätzen bestellt wurde: neben der Leitung des Personalwesens sind Sponsoren- und Kooperationspartner zu akquirieren, innerbetriebliche Strukturverbesserungen sind herbeizuführen, die Straffung der Organisation ist zu betreiben und Kostenstellen- und Wirtschaftspläne sind zu erstellen. Die Umstellung der kameralistischen auf die kaufmännische Buchführung ist vorzunehmen. In alle Abteilungen – d.h. nicht nur in die Verwaltung, sondern auch in die wissenschaftlichen Ressorts – soll kaufmännisches Denken einziehen. Zusätzlich sollen sich die Geschäftsführer Aufgaben widmen, für die bisher wenig Kapazitäten frei waren; das Spektrum reicht hier von der besseren Vermarktung der Häuser über den Verkauf von Bildrechten, dem

Verleih von Exponaten, der Erhöhung der Veranstaltungsfrequenz, der Vermietung von Räumen bis hin zur Steigerung des Umsatzes der Museumsgastronomie und des Museumsshops.

Am Publikum werden solche Maßnahmen nicht unbemerkt vorübergehen, denn die Hamburger Museen möchten sich in Zukunft mehr als Dienstleistungsbetriebe verstehen. Für den Besucher spürbare Änderungen werden jedoch voraussichtlich erst mittel- und langfristig erreicht.

Inzwischen haben die Stiftungsräte aller einzelnen Häuser ihre Doppelspitze für eine Amtsperiode von zunächst fünf Jahren berufen. Den Vorsitz im jeweils zehnköpfigen Stiftungsrat – der als Kontrollorgan die Entwicklung in jedem Museum beaufsichtigt – hat sich die amtierende Kultursenatorin bzw. der Präses der Kulturbehörde vorbehalten. Die Stiftungsräte sind weiter mit je drei gewählten Vertretern aus der Reihe der Beschäftigten sowie mit Mitgliedern der Freundes- und Förderkreise besetzt, die anderen Mitglieder werden von der Kulturbehörde bestellt.

Die Stiftung als neue Gesellschaftsform soll den Museen den Weg ebnen, sich zu einem zeitgemäßen, wirtschaftlich agierenden Betrieb zu verjüngen: weg vom kameralistischen System, von Stellenplänen und Beamtentum – hin zur Rücklagenbildung, und auch die Aufnahme von Bankkrediten, beispielsweise für bauliche Maßnahmen, Ausstellungsprojekte, Finanzierung von Katalogen oder Ankäufe, ist nicht mehr tabu – was allerdings, wie Dürkoop[8] feststellt, bei vermögenslosen Stiftungen etwas schwierig sein dürfte. Denn die Sammlungen und Gebäude verbleiben im Besitz der Freien Hansestadt Hamburg, die bauliche Unterhaltung untersteht weiterhin der öffentlichen Hand. Auch die Verwaltung des Personals verbleibt trotz Personalhoheit der Häuser bei der Behörde. In wessen Eigentum Neuzugänge der Sammlungen gehen – der Behörde und damit in Staatseigentum oder der Stiftungen – ist ein Thema, das noch nicht abschließend geklärt ist. Und noch ein Novum: Sammlungen, die in das Eigentum der Stiftungen eingehen, wären prinzipiell veräußerbar.

Ob die neu strukturierten Museen besser für die Anforderungen gerüstet sind, die heute und in Zukunft an einen modernen Kulturbetrieb gestellt werden, darüber kann hingegen nur die Zukunft entscheiden.

Als Subventionsempfänger finanzieren sich die Hamburger Museen wie bisher zu ca. 80% durch Zuwendungen der öffentlichen Hand; sie sind deshalb nach wie vor Unwägbarkeiten ausgesetzt. Die Hamburger Reform – also kein Optimierungsprojekt, sondern ein neu aufgelegtes Sparmodell? Denn mit der Verselbständigung der Hamburger Museen dürfen diese zwar nun selbst bestimmen, ob sie die zugeteilten Subventionen lieber für Personal oder Werbung oder den Erhalt der Sammlungen oder für neue Sonderausstellungen ausgeben. Die neue Freiheit bedeutet aber in der Regel lediglich eine Neuvergabe der

Mangelwirtschaft. Hinzu kommt, dass den Häusern im Zuge der Verselbständigung neue Kosten im Verwaltungsbereich entstehen, nicht zuletzt durch den Einsatz einer zusätzlichen kaufmännischen Leitung.

Wer nach den Regeln von Gewinn und Verlust wirtschaften muss, ist für neue Einnahmequellen aufgeschlossen. Die Kehrseite einer verstärkten Tendenz, sich als Wirtschaftsbetrieb zu verhalten, und einer allzu großen Publikumsausrichtung oder einer Sponsorenkultur, in der es oft weniger um Inhalte als um den Transfer der musealen Aura auf die Welt des Ökonomischen geht, könnte allerdings in der Vernachlässigung und der Hintanstellung des kulturellen Auftrags liegen. Konservatorische Pflege und Aufbau der Sammlungen, wissenschaftliche Betreuung und Arbeit könnten zu kurz kommen gegenüber Ausstellungsprojekten, von denen man sich viele Besucher, sprich Einnahmen, verspricht.

Die Verlockung scheint groß, sich auf populistische Ausstellungen zu stürzen, in deren Rahmen man ein attraktives Begleitprogramm anbieten kann. Auf dem hart umkämpften Freizeitmarkt möchte kaum mehr ein Museum seine Zielgruppen beschränken. Es muss immer alles für alle – für den Allgemeingebildeten wie den Kenner, aber auch den sogenannten Oberflächlichen – sein. Denn der Erfolg schlägt sich in der Einschaltquote, sprich den Besucherzahlen, nieder – und die Museen müssen sich rechnen.

Für das Völkerkundemuseum stellt sich angesichts dieser aktuellen Entwicklung auch hier wieder die Frage: »Wie also soll man das Fremde ausstellen, (ohne) dabei zur oberflächlichen Multi-Kulti-Schau [...] zu werden, die alles, [...] kurzerhand in einer benettonbunten Verständniswolke verpuffen läßt?«[9]

Vor einer Verflachung des Angebotes oder einer Vernachlässigung der Sammlungen kann allerdings das auch im Leitbild des Hamburger Völkerkundemuseums fixierte Museumskonzept schützen. Es bleibt rückgekoppelt an die Bedeutung des Museums als Welt-Kultur-Archiv, das von wissenschaftlichen Kriterien geleitet wird und räumt dem kulturellen Auftrag weiterhin Priorität ein. Das Leitbild bestimmt die Inhalte und ihre Präsentation, die Entscheidung über die Wahl der Ausstellungen und letztlich auch den Grad der Öffnung gegenüber den Unterhaltungswünschen des Publikums.[10] Die verhaltens- und handlungsorientierten Leitbilder der Hamburger Museen wurden bereits im Vorfeld der Umstrukturierung erarbeitet. Sie weisen die jeweils spezifischen Aufgaben und Angebote der Häuser aus. Nach dem Vorbild der englischen und niederländischen »mission statements«[11] bilden diese Profile die interne Arbeitsgrundlage, die die Identifikation des gesamten Museumsteams mit einem gemeinsamen Ziel fördern sollen. Um gleichzeitig ein einheitliches Image nach außen zu vermitteln, werden auch Publikum und Sponsoren über den Inhalt des Leitbildes informiert.

Jedoch das Sponsoring wurde lange Zeit überschätzt. Das Einwerben von Sponsoren ist für Kunstmuseen bekanntermaßen einfacher als für die kulturgeschichtlichen Museen – auch die Völkerkundemuseen zählen ja nicht unbedingt zu den Hätschelkindern der Geldgeber. Demgemäss werden die Listen der Sponsoren bei Ausstellungen und Veranstaltungen immer länger, denn immer öfter ist es das ›Kleinvieh‹ in Gestalt der örtlichen Brauerei, der Sparkasse oder des Reisebüros X, das den sprichwörtlichen ›Mist‹ macht.

Seit sich die öffentliche Hand aus der Finanzierung der Kultur zurückzieht, scheint auch in Deutschland dem Mietmuseum die Zukunft zu gehören. Viele Museen vermieten ihre Räumlichkeiten für Empfänge, Filmaufnahmen und ähnliche Veranstaltungen. Die Verwandlung des Museums zum Mietmuseum ist, jeden Tag aufs neue, eine schwierige Gratwanderung. Ein Firmen-Essen oder Filmaufnahmen im Foyer tun niemandem weh. Dampfende Suppen in der Südsee-Abteilung oder eine Modenschau vor der exotischen Kulisse der Afrika-Abteilung: Hier wären die Grenzen des Schicklichen und konservatorisch Tragfähigen erreicht, wenn nicht gar überschritten. Eine integre Arbeit kann das Museum hingegen nur leisten, wenn es stark genug ist, um auch »nein« sagen zu können – selbst wenn Geld und Publicity locken.

Doch auch Optimismus ist angebracht. Dass die Verselbständigung nicht zwangsläufig, wie von vielen Kritikern befürchtet, mit dem Ausverkauf der Werte einhergehen muss, macht die Ausstellung *Einführung in das Museum für Völkerkunde, Teil I* deutlich, die seit Juni 1999 im Museum für Völkerkunde Hamburg gezeigt wird.

Diese Ausstellung bietet zum einen einen Einblick in 120 Jahre Museumsgeschichte und die verschiedenen Aufgabenbereiche des Museums. Dieser Streifzug durch die Ideengeschichte des Hauses hat jedoch nicht vordergründig historisierenden Charakter oder will gar eine Entwicklungsgeschichte eines wie auch immer gearteten Fortschritts aufzeigen. Im Gegenteil: Er zeigt beispielhaft, wie das Museum »das Fremde« via Ausstellungspraxis rezipierte, reflektierte und projizierte und welche didaktischen Strategien es jeweils anwendete. Indem das Museum seine eigenen (wechselnden) Projektionen als konstitutives Element in der Darstellung fremder Kulturen begreift, möchte es auch die Besucher auffordern, sowohl die Rhetorik der Museumsstrategien, als auch die eigenen Projektionen als Variante vieler möglicher zu überdenken.

Ergänzend stellen sich Beispiele aus den älteren und neueren Beständen aller Abteilungen wie beispielsweise der Nähmaschine einer Griechin, die als junge Frau nach Hamburg eingewandert war, Migrationsgepäck von Balinesen, Chinesische Hinterglasmalerei, einem Mami Wata Altar aus Togo mit europäischen Konsum- und Luxusgütern, Voudou-Fahnen, afrikanischen Colon-Figuren, europäischen »Mohrendarstellungen«, private Souvenirsammlungen aus dem 19. und 20. Jahrhundert u.v.m. explizit gegen die Erwartungshaltung vieler Besucher, in einem Völkerkundemuseum, die »unverfälschte« Tradition und die »reinen« Einheimischen zu sehen. Diese Gegenstände sind eine Folge verschiedener Wanderungen und beinhalten immer auch Bilder vom Fremden. Inmitten dieser scheinbar absurden, surreal anmutenden Zusammenstellung, inmitten dieses Nicht-Ortes ist der Besucher weder ein Einheimischer noch ein Fremder, sondern ein Wanderer wie alle anderen Menschen auch.

Anmerkungen

[1] Mann, Heinrich. 1972:6.
[2] Zips 1998.
[3] Zips 1998.
[4] Dem Edutainment, ein Neuwort aus Education (Erziehung) und Entertainment (Unterhaltung, Spaß), verpflichtete Konzepte versuchen unterschiedliche Wissenschaftsbereiche verspielt wie sachkundig zu vermitteln.
[5] siehe u.a. Cohen-Cossen 1998, Dürkoop 1998, Herstatt 1999, Lippold 1999.
[6] vgl. Dürkoop 1998, Herstatt 1999.
[7] Stellungnahme des Personalrates der Kulturbehörde 1997:6,7.
[8] Dürkoop 1998.
[9] Maak 1998.
[10] Leitbild des Museums für Völkerkunde Hamburg

1. Wir haben Respekt vor allen Kulturen. Wir verschaffen allen Kulturen Respekt.
2. Wir sind ein lebendiges Museum, das mit vielfältigen Aktivitäten alle Sinne anspricht. *Zusätzlich zu attraktiven Ausstellungen bieten wir Märkte, Musik, Tanz und Theater, Essen und Trinken. Wir vermitteln unsere Angebote erlebnisorientiert und kreativ.*
3. Wir bieten ein Forum für den partnerschaftlichen Austausch zwischen Menschen aller Kulturen. *Wir sind offen für gemeinsame Projektplanungen, externe Projekte und verstehen uns als Begegnungszentrum. Eurozentrische Sichtweisen wollen wir vermeiden.*
4. Als Welt-Kultur-Archiv sammeln, bewahren und erschließen wir Zeugnisse aller Kulturen, um sie zugänglich zu machen. *Wir sammeln, bewahren und pflegen eine breite Palette kultureller Äußerungen der Menschen; das verpflichtet zur Dokumentation der kulturellen Bezüge und zur materialgerechten Betreuung der Sammlung. Das Museum stellt ein Archiv einmaliger, unwiederbringlicher Zeugnisse menschlicher Kultur dar. Es bewahrt wichtige Informationen der Vergangenheit und Gegenwart mit dem Ziel, uns und künftigen Generationen Erkenntnisse und Problemlösungen zu ermöglichen. Daher präsentieren wir außereuropäische Kunst nicht als isolierte, »exotische« Objekte, sondern stellen sie in ihrem kulturellen Zusammenhang dar.*
5. Unsere Objekte in ihrer Qualität und Einzigartigkeit sind die unverzichtbare Grundlage unserer gesamten Arbeit. *Wir sammeln und verwenden aussagekräftige, kulturtypische Originale, mit denen wir sorg-*

fältig umgehen. *Bei der Beurteilung beziehen wir die Qualitätskriterien der jeweiligen Kultur mit ein.*

6   Wir bieten wissenschaftlich fundierte, verständliche Information unter partnerschaftlicher Einbeziehung der Eigensicht der jeweiligen Kultur. *Ausstellungen werden mit größter wissenschaftlicher, restauratorischer und didaktischer Sorgfalt vorbereitet und präsentiert. Unsere Besucher werden bei Ausstellungen und Veranstaltungen bewußt in ein Spannungsfeld verschiedener Sichtweisen geführt. Vertreter der jeweils dargestellten Kultur werden partnerschaftlich einbezogen.*

7   Mit einem qualitätvollen, attraktiven und breitgefächerten Ausstellungs- und Veranstaltungsangebot wenden wir uns an viele unterschiedliche Zielgruppen. *Wir wollen die aktuellen Interessen unserer Besucher kennenlernen und an ihre Bedürfnisse anknüpfen. Dabei wollen wir verblüffen, neugierig machen, neue Sichtweisen ermöglichen Auch bei diesen Angeboten bieten wir stets wissenschaftliche fundierte, verständlich präsentierte Informationen.*

8   Bei unseren vielfältigen Aktivitäten fühlen wir uns dem Bezug zur Aktualität verpflichtet. *Die Auswahl unserer Themen orientiert sich an heutiger Sicht. In unseren ethnologischen Fragestellungen stellen wir Bezüge zur Gegenwart und zur Lebenswelt unserer Besucher her.*

9   Der wirtschaftliche Einsatz und der Ausbau unserer Ressourcen sind wichtige Bestandteile unserer Arbeit.   Unsere fachliche Kompetenz und Sachkenntnis sind das wichtigste Kapital des Museums. *Durch kostenbewußtes Handeln wollen wir unsere finanziellen, personellen und räumlichen Ressourcen wirtschaftlich einsetzen und unser Kundenpotential aktivieren und erweitern. Zusätzlich zu staatlichen Mitteln und der Unterstützung durch Freunde und Förderer leisten wir einen unverzichtbaren Beitrag zur Finanzierung unseres Museums durch wirtschaftliche Aktivitäten.*

10   Wir sorgen dafür, daß unsere Besucher sich bei uns wohl fühlen und die Nutzer unserer sonstigen Angebote mit uns zufrieden sind. *Durch eine besucherfreundliche, familiengerechte Infrastruktur, gute Rahmenbedingungen und mit verständlichen Informationen sorgen wir für eine hohe Akzeptanz unseres Hauses. Dazu gehört auch, daß die Besucher für ihre Fragen kompetente Ansprechpartner finden.*

Die Leitbildaussagen der einzelnen Häuser sind im Anhang der Drucksache 16/1537 fixiert. Siehe: Bürgerschaft der Freien und Hansestadt Hamburg 1998.

[11] siehe Mazzoni 1997.

Literatur

BÜRGERSCHAFT DER FREIEN UND HANSESTADT HAMBURG – 16. WAHLPERIODE
    1998   *Mitteilung des Senats an die Bürgerschaft. Rechtliche Verselbständigung der Hamburger Museen.* Hamburg: Drucksache 16/1537, 13.10.1998. 46 S.

CHODERLOS DE LACLOS UND PIERRE AMBROISE FRANÇOIS
  1972   [1920] *Schlimme Liebschaften* (insel Taschenbuch 12). Leipzig: Insel. 484 S.

COHEN-COSSEN, CORINNA
  1998   Aus der Kameralistik entlassen. In: *Hamburger Abendblatt* (Hamburg), 16.12.1998.

DÜRKOOP, WILFRIED
  1998   Kunst des freien Wirtschaftens. Hamburgs staatliche Museen sollen selbständig werden. In: *Frankfurter Rundschau* (Frankfurt), 10.12.1998,

HERSTATT, CLAUDIA
  1999   Hamburger Museen selbständig. Umwandlung in Stiftungen ermöglicht zeitgemässes Management. In: *Kunstforum International* (Ruppichteroth) 146: 436-438.

LIPPOLD, BRITTA
  1999   Das Event ist die Kunst/ Die Kunst ist das ganz Besondere. In: *Hamburger Morgenpost* (Hamburg), 24./25.08.1999.

MAAK, NIKLAS
  1998   In der Fremde so nah. Die alte Idee vom »Museum der Weltkulturen« lebt wieder auf. In: *Süddeutsche Zeitung* (München), 26.1.1998.

MANN, HEINRICH
  1972   Einleitung. In: Choderlos de Laclos, 1972 [1920]: 5-20.

MAZZONI, INA
  1997   Marktplatz Museum. Ausverkauf der Werte oder Entdeckung der Zukunft. In: *Süddeutsche Zeitung* (München), 11.6. 1997. Stellungnahme des Personalrates der Kulturbehörde
  Ms.   [1997] *Zur Form der Verselbständigung der staatlichen Museen in Hamburg.* Hamburg: Manuskript. 9 S.

ZIPS, MARTIN
  1998   Der Mensch schaut nicht auf Kunst allein. Mehr Service, Souvenirs und Attraktionen: Der Museumsbesucher von heute will mehr als tolle Bilder. In: *Süddeutsche Zeitung* (München), 31.10./ 1.11.1998.

Peter R. Gerber

Das Völkerkundemuseum – ein ›Schaufenster‹ der Universität?

Die »Beziehung zwischen Universität und Museum in der Ethnologie« scheint im Falle des Völkerkundemuseums der Universität Zürich eine spezielle zu sein, was sich im Verlaufe der Tagung herausstellte. Eine kurze Geschichte der Ethnologie in Zürich soll deshalb im ersten Teil meines Artikels verdeutlichen, was das Spezielle dieser »Beziehung« ausmacht. Im zweiten Teil meines Beitrages werde ich einen besonderen Aspekt dieser Beziehung diskutieren, der als Attribut oftmals einem universitären Museum angeheftet wird. Dieses Attribut – »Schaufenster« – hat meines Erachtens jedoch weniger mit der Vermittlung von Wissenschaft als mit Politik zu tun.

Ein Rückblick

An der Universität Zürich fanden erste Berührungen mit der Ethnologie 1841 statt, als der damalige Professor für Geographie, Julius Fröbel, während zweier Semester nicht nur Geographie, sondern auch Ethnographie unterrichtete.[1] Nach einer über dreissig-jährigen Unterbrechung kam für das Wintersemester 1874/75 Wilhelm Wundt nach Zürich und lehrte Völkerpsychologie. Zehn Jahre später konnte sich der frühere Arzt Otto Stoll für die Lehrbereiche Ethnologie und Anthropologie habilitieren, und zwar an der Philosophischen Fakultät I; zwei Jahre später erwarb Stoll die venia legendi auch an der ETH, der Eidgenössischen Technischen Hochschule. Damit waren die beiden Hochschulen in Zürich die ersten in der Schweiz, die das Lehrgebiet Ethnologie anboten.

Otto Stoll gehörte denn auch zu den treibenden Kräften einer Gruppe von 17 interessierten Leuten aus Wissenschaft, Wirtschaft und Politik, die im November 1887 zur Gründung einer Ethnographischen Gesellschaft aufriefen. Drei Monate später, am 23. Februar 1888, fand die eigentliche Gründungsversammlung statt. In den Statuten wird im 1. Paragraph festgeschrieben: »Die Ethnographische Gesellschaft in Zürich stellt sich die Aufgabe, das Gesammtgebiet der Völkerkunde in theoretischer und practischer Hinsicht zu fördern. Um diesen Zweck zu erreichen, übernimmt sie in erster Linie die Schöpfung, Unterhaltung und Mehrung eines ethnographischen Museums [...]«. 15 Monate später konnte der erste Direktor der Sammlung, Otto Stoll, im Kuppelraum der Börse eine kleine ethnographische Sammlung eröffnen; jeden Mittwochnachmittag war die Ausstellung dem Publikum zugänglich.

Die Gründung einer Ethnographischen Gesellschaft lag damals im europäischen Trend, wie Sie aus der Geschichte der Ethnologie wissen. Zürich spielte dabei in der Schweiz nicht einmal die Pionierrolle, die Provinzstädte St. Gallen und Aarau gründeten ihre Gesellschaften schon 1878 und 1885. Diese nannten sich zwar »geographisch-commercielle Gesellschaften«, was ihre damalige Bedeutung für die regionalen Wirtschafts- und Handelskreise verdeutlicht, im Zentrum standen jedoch auch hier ethnographische Sammlungen.

Dass sich der erste Ausstellungsort für die Zürcher Sammlung im Börsengebäude befand, hat seine Bewandtnis darin, dass wie erwähnt einflussreiche Persönlichkeiten aus Wirtschaft und Handel bei der Gründung der Ethnographischen Gesellschaft mitwirkten. Als Zielpublikum wurden neben den Studierenden der Ethnologie, Anthropologie und Geographie denn auch speziell die jungen Kaufleute aufgeführt, die sich vor ihren Reisen nach Übersee möglichst mit den »Kulturzuständen anderer Völker« vertraut machen sollten. Selbstverständlich wollte man auch die Schülerschaft der Volks- und Mittelschulen ansprechen, vor allem über den Geographieunterricht.

Mit der Berufung von Otto Stoll 1891 auf den Geographischen Lehrstuhl an der Universität Zürich wechselte mit ihm auch die Ethnologie zu den Naturwissenschaften, das heisst in die Philosophische Fakultät II. Die Ethnologie blieb bis 1969 in dieser Fakultät und war der Geographie als Teilgebiet untergeordnet; Ethnologie war zugleich als Nebenfach für Studierende in der Philosophischen Fakultät I anerkannt.

Neun Jahre nach der Schaffung der Ethnographischen Gesellschaft wurde in Zürich auch eine »Geographische Gesellschaft« gegründet. Die Initiatoren stammten vornehmlich aus der Hochschulgeographie sowie aus militärischen Kreisen. Somit waren aber auch Gründungsmitglieder der Ethnographischen Gesellschaft, wie Otto Stoll, mit von der Partie. Und so war es nur konsequent, dass sich die beiden Gesellschaften zwei Jahre später, 1899, zur bis heute existierenden Geographisch-Ethnographischen Gesellschaft Zürich (GEGZ) vereinigten.

Wie erging es der ethnographischen Sammlung in dieser Zeit? Im ersten Jahrzehnt ihres Bestehens vergrösserte sie sich laufend mit neuen Sammlungen und auch mit Deposita privater Sammler, die man damals statutengemäss aufnehmen musste. Der besagte Kuppelraum in der Börse musste schon 1894 aus Platzgründen geräumt werden; ein neuer Raum in einem Gebäude, das allerdings feucht und nicht heizbar war, diente als Lager und Ausstellungsort.

Die Betreuung der Sammlung im Ehren- und Nebenamt wurde dem Vorstand der Ethnographischen Gesellschaft langsam zu viel, und deshalb beschloss man 1898, die Sammlung der Universität zu schenken, mit der Auflage, dass sie im geplanten neuen Universitätsgebäude einen gebührenden Platz erhalten und als Unterrichtssammlung weitergeführt werden sollte. Obwohl die Sammlung auch in den neuen Statuten der Geographisch-Ethnographischen Gesellschaft nochmals aufgenommen wurde, verkümmerte sie in den darauf folgenden rund 15 Jahren. Den von nun an dominierenden Geographen war die ethnographische Sammlung zu wenig wichtig. Zudem wartete man den Entscheid der Kantonsregierung ab, ob sie die Sammlung annehmen und der Universität überlassen wollte. Es dauerte rund zehn Jahre, bis die Regierung 1908 die Sammlung als Geschenk tatsächlich akzeptierte. Offiziell wurde die Sammlung der Universität am Einweihungstag des neuen Hauptgebäudes am 18. April 1914 übergeben. Allerdings dauerte es noch zwei-einhalb Jahre bis zur Eröffnung der »Sammlung für Völkerkunde« am 13. Dezember 1916.

Der damalige Direktor der Sammlung, Hans Wehrli, war im Hauptamt Ordinarius für Geographie mit Einschluss der Völkerkunde und der Wirtschaftsgeographie. In seiner Amtszeit, die bis 1941 dauerte, wurde die Sammlung finanziell eher stiefmütterlich behandelt und nur gelegentlich mit nennenswerten Sammlungen erweitert. Wehrli begann 1917 immerhin mit der Anlegung einer Handbibliothek und sammelte auch systematisch Photos und Dias.

In seiner Nachfolge begann sich die Ethnologie ganz langsam zu emanzipieren. Der thematisch umfassende Lehrstuhl Geographie wurde aufgeteilt in den nach wie vor breiten Lehrbereich Geographie sowie in das Fachgebiet Völkerkunde, das vom neuen Direktor der Sammlung vertreten wurde. Die Sammlung blieb zwar weiterhin dem Geographischen Institut unterstellt, wurde aber administrativ und finanziell weitestgehend unabhängig. Der neue Leiter, Alfred Steinmann, löste die Sammlung auch inhaltlich immer mehr von der Geographie, indem er von rein geographischen Gliederungen wegkam zu typisch ethnologischen Sachgliederungen wie Religion, Kunst, Tanzdramen und Musik.

Nach über zwanzig-jähriger Tätigkeit zog sich Alfred Steinmann 1963 als Direktor aus der Sammlung für Völkerkunde zurück. Als sein Nachfolger wurde der Religions- und Kunstethnologe Karl Henking gewählt. Mit dem von ihm selbst erweiterten Lehrangebot an der Universität Zürich widmete sich der neue Direktor einem hochgesteckten Ziel, nämlich dem Aufbau eines von der Geographie unabhängigen »Ethnologischen Institutes«. Gleichzeitig forcierte er den Ausbau der Sammlung in finanzieller, personeller und räumlicher Hinsicht zu einem eigentlichen Museum, das jedoch als Teil des zukünftigen Institutes in der Universität bleiben sollte.

Zur Erreichung dieses doppelten Zieles mussten die Behörden von Kanton und Universität überzeugt werden, die ihm nach jahrelangem Hin-und-Her im Grundsatz zustimmten. Zuerst ging man daran, die Sammlung zu einem öffentlichen Museum umzugestalten. Als Ende der sechziger Jahre im Turm des Hauptgebäudes zwei neue Lifte eingebaut wurden, ergriff man die Gelegenheit, die dadurch tangierten Räumlichkeiten der Sammlung zu renovieren. Und zwischen 1968 und 1970 wurde der Stellenumfang von 150% auf 875% erweitert, unter anderem auch mit Stellen für das Sekretariat, die Bibliothek, das Fotolabor und für die Museumsaufsicht. Fünf Stellen wurden für vier Kuratoren und zwei Teilzeit-Assistenten eingerichtet. Die Neueröffnung als »Völkerkundemuseum der Universität Zürich« war auf 1972 vorgesehen.

Diese erfreuliche Entwicklung wurde ohne Zweifel indirekt durch den gesamtschweizerischen Trend unterstützt, der sich ab Ende der sechziger Jahre in der Erstarkung und Verselbständigung der Ethnologie als eine von der Geographie unabhängige Disziplin manifestierte. Nach einer denkwürdigen, vorbereitenden Versammlung im Sommer 1970 wurde schliesslich ein Jahr später, am 12. Juni 1971, die »Schweizerische Ethnologische Gesellschaft« (SEG) gegründet. Die SEG wurde drei Jahre später Vollmitglied der Schweizerischen Akademie der Geistes- und Sozialwissenschaften. Die Gründung der SEG fand unter massgeblicher Beteiligung junger Zürcher Ethnologen statt, alle Schüler und Schülerinnen von Karl Henking. Die von ihm unterstützte Öffnung der Ethnologie für aktuelle Fragen des Kulturwandels und der Probleme der Dritten Welt zogen immer mehr Studierende an, obwohl bis zum Sommersemester 1971 Ethnologie nur als Nebenfach studiert werden konnte. Bis zu diesem Zeitpunkt betreute Karl Henking wie seine Vorgänger allein den gesamten Unterricht in der Ethnologie im Rahmen des Geographischen Institutes; erst ab 1968 konnte er im Lehrbetrieb von zwei Assistenten unterstützt werden.

Das zweite Lebensziel von Karl Henking, der Aufbau eines von der Geographie unabhängigen Ethnologischen Institutes, erfüllte sich ebenfalls, allerdings nicht ganz in seinem Sinne. Nicht er selbst wurde Vorsteher der neuen Institution, die den Status eines Seminars erhielt, sondern nach einem ordentlichen Berufungsverfahren Lorenz Löffler, der im Sommersemester 1971 als neuer Ordinarius antrat. Mit der Schaffung eines »Ethnologischen Seminars« wechselte die Ethnologie von der Philosophischen Fakultät II wieder zurück zur Philosophischen Fakultät I. Parallel dazu wurde im Oktober 1971 offiziell die noch lose bestehende Verbindung des neuen Völkerkundemuseums zur Geographie aufgelöst.

Dass die Ethnologie an der Universität Zürich in Form des Seminars und des Völkerkundemuseums auftritt, war und ist keine Selbstverständlichkeit. Als die Universität Zürich 1914 die Sammlung erhielt, war dies mit der Bedingung verknüpft, dass der jeweilige Lehrstuhlinhaber im Bereich Ethnologie gleichzeitig die Leitungsfunktion für die Sammlung für Völkerkunde zu erfüllen habe. Damals war die Ethnologie, wie schon erwähnt, der Geographie angehängt.

Das Völkerkundemuseum – ein ›Schaufenster‹ der Universität?

Aufgrund dieser allgemeinen Regel, die auch für andere Lehrsammlungen gilt, hätte der Ordinarius des neuen Lehrstuhls für Ethnologie an der Philosophischen Fakultät I gleichzeitig die Direktion des Völkerkundemuseums übernehmen sollen. Lorenz Löffler verzichtete allerdings aus zwei Gründen darauf: 1. wollte er sich auf den Aufbau des neuen Seminars konzentrieren und 2. wollte er dem bisherigen Direktor, Karl Henking, »sein« Museum, die Frucht eines acht-jährigen Einsatzes und einer zielstrebigen Aufbauarbeit, nicht wegnehmen. Henkings Position wurde denn auch gleichzeitig verbessert, er wurde vom Assistenzprofessor zum ausserordentlichen Professor befördert.

Was das Seminar dem Museum sozusagen wegnahm, war einzig die Verantwortung für den Lehrbereich. Das Seminar allein verfügt seit Beginn an über alle Lehrveranstaltungen, das heisst, wenn ein Mitarbeiter des Museums eine Lehrveranstaltung durchführt, wird er für diese Funktion vom Seminar beauftragt. Dies führt oftmals zu Verwirrungen, weil der Eindruck erweckt wird, das Seminar biete zum Beispiel Museologie an, was aber nur formell stimmt. Die Initiative ging nämlich ursprünglich vom Museum aus, und der viersemestrige Kurs wird von Museumsmitarbeitern respektive -mitarbeiterinnen gegeben; zudem trägt das Museum die zusätzlichen Finanzen für die Praktika.

Im Verlauf der siebziger Jahre wurden die Lehrgebiete praktisch, jedoch nicht formell, auf die beiden Institutionen aufgeteilt. Das Museum deckt im Lehrbetrieb seit 1971 die Bereiche Religionsethnologie, Kunstethnologie und Ethnohistorie ab, 1974 folgte die Museologie, 1980 die Ergologie-Technologie und 1991 noch die Visuelle Anthropologie, ein Spezialgebiet unseres derzeitigen Direktors, Michael Oppitz.

Als Oppitz 1991 zum Nachfolger von Henking berufen wurde, hatte die Fakultät zuvor beschlossen, das bisherige ad personam Extra-Ordinariat aufzuwerten in ein permanentes Ordinariat, so dass wir nun die folgende Situation haben: Am Seminar gibt es ein Ordinariat, ein Extra-Ordinariat, eine Oberassistenz, besetzt gegenwärtig von einer habilitierten Privatdozentin; zudem sind zehn Teilzeit-Assistenten und -Assistentinnen mit Lehrverpflichtungen und weitere Lehrbeauftragte tätig. Am Museum gibt es, wie erwähnt, ebenfalls ein Ordinariat und eine Oberassistenz, besetzt mit einem habilitierten Privatdozenten, der gleichzeitig Kurator ist; zudem sind weitere fünf Kuratorinnen und Kuratoren mit Teilzeitpensen (40-80%) angestellt, die zum Teil regelmässig, teils temporär Lehrveranstaltungen anbieten; eine Museums-Teilzeit-Assistenz und zwei weitere Teilzeit-Assistenzen im Bereich visuelle Anthropologie mit Lehrverpflichtungen kommen noch dazu.

Für die Studierenden präsentieren sich die beiden Institutionen nicht einfach als alternative Lehrinstitutionen; sie haben sich dem Lehrprogramm und den Studienrichtlinien zu unterziehen, die das Seminar festgelegt hat. Diese Richtlinien und das Lehrangebot pro Semester werden in einem Mitbestimmungsverfahren festgelegt, das seit Löfflers Ära am Seminar existiert. Im Verlaufe der Zeit hat es sich von einem drittelparitätischen Modell zu einer mehr qualifizierten Mitbestimmung gewandelt. Das Museum wurde dabei immer miteinbezogen. Das gesamte ethnologische Lehrangebot wird also gemeinsam und in Abstimmung zueinander von beiden Institutionen angeboten. Beide Institutionen verfügen über je eine Bibliothek, in denen sich die unterschiedlichen Lehrgebiete immer deutlicher spiegeln. Von Anfang an bestand (und besteht immer noch) eine gewisse Zusammenarbeit, die sich auch darin äussert, dass die beiden Bibliotheken seit 1991 im elektronischen Bibliotheksverbund in Zürich als Einheit (allerdings mit unterschiedlichen Signaturen) auftreten. Die Bibliothek des Museums ist zudem eine öffentliche, das heisst, jedermann und jedefrau kann Bücher ausleihen.

Ein »Schaufenster« für die Wissenschaft oder für die Politik?

Soweit die geraffte Geschichte der Ethnologie in Zürich. Dieser längere Vorspann scheint mir, wie eingangs betont, Voraussetzung zu sein, um den zweiten Teil meines Beitrages zu verstehen. Mein Titel beinhaltet ja die Frage, inwieweit das Museum die Funktion eines Schaufensters der Universität erfüllt. Wie inzwischen deutlich geworden sein sollte, war die ethnographische Sammlung von Beginn an mit einem Fuss in der Universität präsent, und sie ist deshalb nicht ohne Grund zu einem öffentlichen universitären Museum aufgewertet worden.

Meines Erachtens muss der eigentliche Zeitpunkt der Umwandlung der Sammlung zu einem Museum und die gleichzeitige Schaffung des Seminars, das heisst die Zeit zwischen 1968 und 1971, nochmals betrachtet werden: Es war nicht nur die Zeit einer sich emanzipierenden Ethnologie, wie vorhin beschrieben, es herrschte vor allem eine wirtschaftliche Hochkonjunktur: grossartige Projekte aller Arten sprossen wie die Pflanzen im Frühling, neben Autobahnen und Flughäfen wollte man sogar die Universitäten ausbauen... Dazu kam, dass der damalige kantonale Bildungsminister ausserordentliche Spendierlust zeigte und beispielsweise dem neuen Ordinarius Löffler gleich vier Assistenzen bewilligte, obwohl eine einzige Assistenz die Regel war.

Diese Periode war auch durch eine spezielle Aufbruchsstimmung gekennzeichnet: Die Universität begann sich zu demokratisieren, gleichzeitig stieg jedoch der öffentliche Legitimationsdruck. Das Zürcher Stimmvolk hatte 1971 über einen Pauschalkredit von über 500 Millionen Franken für den etappenweisen Ausbau der Universität abzustimmen. In diesem Zusammenhang tauchten erstmals Begriffe wie »Schaufenster« und »Öffentlichkeit« auf. Auf die Frage, was die Öffentlichkeit davon habe, wenn sie mit Steuergeld die Univer-

Das Völkerkundemuseum – ein ›Schaufenster‹ der Universität?

sität ausbaut, an der doch nur Elfenbeintürme existieren, begannen die Verantwortlichen in der Regierung und in der Universitätsleitung ein neues Element in ihre Antworten einzuflechten: Neben all den Forschungen, die sich segensreich auf unseren persönlichen Alltag auswirken – man denke nur an die Teflonpfanne –, und neben dem Universitätsspital, das doch allen Kranken offen stehe und Spitzenmedizin anbiete, ja neben all dem bestünden doch an der Universität etliche Sammlungen und Museen, die sogar mit Gratiseintritt besucht werden können. Hier würden die Ergebnisse der Forschung einer breiteren Öffentlichkeit präsentiert, sei es in der Anthropologie, der Archäologie, der Botanik mit dem Botanischen Garten, der Medizingeschichte, der Völkerkunde sowie der Zoologie mit Museum und Zoo.

Die Aufwertung der ethnographischen Lehrsammlung zu einem öffentlichen Museum fand also gerade im richtigen Zeitpunkt statt, jedenfalls aus der Sicht der Regierung. Konsequenterweise wurde der Botanische Garten an einen neuen und bedeutend grösseren Standort verlegt, die archäologische, die anthropologische und die medizinhistorische Sammlungen räumlich renoviert und teilweise ausgebaut und zu öffentlichen Museen umfunktioniert.

Damals waren fast alle Sammlungen und Museen in separaten Häusern untergebracht, mit Ausnahme der Medizinhistorischen Sammlung und des Völkerkundemuseums, die man im Hauptgebäude der Universität zu suchen hatte. In der Tat: Der Besucher/die Besucherin musste sich durch die Scharen von Studenten zwängen und fand mit Glück den Eingang zum Museum. Unhaltbare Zustände, weshalb schon bei der Eröffnung des Museums am 2. Mai 1972 auch den Behörden klar war, dass für das Museum ein besserer Standort zu suchen sei. Der wurde bald darauf in den Gebäuden der Botaniker im alten botanischen Garten gefunden. Obwohl ab 1973 die sogenannte Ölkrise sich auf die Staatsfinanzen auszuwirken begann, bewilligte der Kantonsrat im Dezember 1976 einen Kredit, der es erlaubte, die aus dem letzten Jahrhundert stammenden Gebäude zu renovieren und für den neuen Zweck umzubauen.

Während der Projektierungsphase wurden die Museumsleitung und die Mitarbeiter von behördlicher Seite aufgefordert zu erklären, was sie unter einem universitären Museum verstünden und welche Tätigkeiten sie darin auszuüben gedächten.[2] Ich zitiere aus dem Gedächtnis einen Vertreter des Hochbauministeriums, der anlässlich einer Sitzung im August 1975 sagte: »Wenn das Museum fertig umgebaut ist, dann wollen wir etwas zu sehen bekommen. Das Museum dient schliesslich der Öffentlichkeit, und diese hat es bezahlt.« Und er liess durchblicken, dass er von uns Qualitätsarbeit erwarte, denn schliesslich seien wir ein »Schaufenster der Universität«.

Das Wort »Schaufenster« blieb bei den Behörden noch für Jahre ein beliebter Begriff, oder es wurde sinngemäss umschrieben. Zur Eröffnung des neuen Stand-

99

ortes im November 1980 schrieb zum Beispiel der damalige Bildungsminister im Geleitwort zur Eröffnungspublikation: »Wir wünschen dem Völkerkundemuseum am neuen Ort gutes Gedeihen zum Wohle der Universität und der weiteren Bevölkerung.«[3] Wir haben also nicht nur der Öffentlichkeit zu dienen, sondern auch der Universität, dass es ihr immer wohl ergehe...

Neun Jahre später, als wir im Museum hundert Jahre des Bestehens der ethnographischen Sammlungen feierten, steigerte sich der Rektor der Universität in seinem Geleitwort in der Jubiläumsschrift zu den Worten, er verstehe das Museum »als ein instruktives ›Schaufenster‹ universitärer Forschung«, ein Schaufenster, das »als solches eine wichtige Vermittlerfunktion zwischen Universität und Öffentlichkeit wahrnimmt.«[4] Wenn er damit meinte, dass wir mit unserer Arbeit wissenschaftliche Forschung in verständlicher Form und Sprache einer breiteren Öffentlichkeit vermitteln, kann ich dem sehr wohl zustimmen. Wie weit jedoch der Grossteil universitärer Forschung dem Publikum instruktiv respektive verständlich ist, bleibe dahingestellt...

1989 war für das Museum sicherlich ein wichtiges Datum, nicht nur der Rektor beehrte das Museum mit auffallender Beachtung, auch der Bildungsminister zeigte seine Präsenz, aber das will bei Politikern nicht viel besagen, denn positive Präsenz in den Medien ist immer gute Wahlhilfe... Dennoch konnte man beinahe den Eindruck gewinnen, als seien die Museen wahnsinnig wichtig für den Fortbestand der Universität, vor allem wenn sie eine gute »Performance« aufweisen. Was unser Finanzgebaren betrifft, hatten wir bei den Behörden einen guten Ruf erworben, das heisst, die jährlich bewilligten Betriebskredite wurden nicht überzogen und die geplanten Projekte auch tatsächlich realisiert. Dies ist offenbar in vielen Institutionen der Universität nicht der Fall, wie mir der Finanzkoordinator 1990 einmal erläuterte, als ich um einen Sonderkredit nachsuchte, um einen gutgehenden Ausstellungskatalog nachdrucken zu lassen. Da also unsere Performance stimmte, erhielten wir problemlos den Kredit. Oder war etwa ein anderer Grund für die Kreditbewilligung massgebend, etwa die Schaufensterfunktion, die wir ja mit einem vergriffenen Katalog nicht hätten wahrnehmen können? Ich zweifle daran, vielleicht hat dem Finanzkoordinator einfach meine Nase gepasst...

Meine Zweifel am Begriff »Schaufenster« wuchsen in den letzten zehn Jahren, von denen die meisten von einer deutlichen Rezession gekennzeichnet waren. Ein weiterer Faktor ist zu beachten: Mit einer in diesem Jahrzehnt durchgeführten radikalen Reform hat die Universität an Autonomie gewonnen, die staatlichen Behörden, insbesondere das Bildungsministerium, mussten Macht abtreten. Gleichzeitig wurden die Kredite knapper, die internen Prioritäten neu festgelegt. Dabei sickerten aus der Fakultät professorale Meinungen zu uns, dass die Museen zu große Betriebskredite hätten im Vergleich zu den »normalen«

Das Völkerkundemuseum – ein ›Schaufenster‹ der Universität?

Seminaren und ihr Nutzen sei kaum messbar, was immer das heissen sollte. Die neue Autonomie der Universität bedeutet auch, dass die Vorsteher der Seminare, Institute und Museen nun direkt miteinander über die Verteilung der Kredite verhandeln müssen. Früher sammelte das Rektorat die Finanzgesuche der einzelnen Institutionen, und die Regierung und das Parlament des Kantons bewilligten dann das Geld, meist gemäss Antrag. Heute erhält die Universität von Regierung und Parlament ein Globalbudget, das sie in Eigenverantwortung aufteilen muss.

Ein Indiz für die schwindende Bedeutung der Museen zeigt folgende Geschichte: Als im Sommer 1991 Michael Oppitz zum neuen Direktor des Museums gewählt wurde, versprach ihm der Bildungsminister eine zusätzliche Assistenten-Stelle und eine sogenannte Administratoren-Stelle, deren Umfang noch zu bestimmen war. Ende 1991 zeichnete sich das erste einer ganzen Serie von Staatsdefiziten ab, und die Kantonsregierung reagierte sofort mit einem Stellenstopp. Die Konsequenz war, dass 1992 nur die Hälfte der Assistentenstelle besetzt werden konnte, und auf die Administratoren-Stelle warten wir noch heute. Wenn aber das Museum eine so bedeutende »Vermittlerfunktion zwischen Universität und Öffentlichkeit wahrzunehmen hat« und »ein instruktives ›Schaufenster‹ universitärer Forschung« darstellt, wie es der Rektor 1989 formulierte, dann ist nicht nachzuvollziehen, warum wir nicht privilegierter behandelt werden. Aber solche Worte waren wohl eher Lippenbekenntnisse in einer Zeit, da das Geld vorhanden war oder politische Gründe eine positive Public Relation geboten.

Andere Disziplinen stehen heute bekanntlich im Rampenlicht, zum Beispiel die Informatik und die Kommunikationstechnologie, die Gen-Forschung und Biotechnologie. Dagegen werden die Sozial- und Kulturwissenschaften zurückgedrängt, ihr gesellschaftlicher Nutzen einmal mehr hinterfragt. Und wenn sich einzelne Disziplinen legitimieren müssen, sei es die Atomenergie-Forschung, die Krebsforschung oder neuerdings die Gen-Forschung, können unsere universitären Museen dazu wenig bieten, ihre Schaufensterfunktion hilft da nichts. In der Schweiz gingen die Gen-Forscher und Forscherinnen im Sommer 1998 auf die Strasse und in die Medien, um den wegen einer Verfassungsinitiative drohenden Stopp der Gen-Forschung zu verhindern.

Trotz dieser kritischen Beurteilung der grossartigen Schaufensterfunktion, die uns in den siebziger und achtziger Jahren zugeschrieben worden ist, sind die Museumsmitarbeiter und -mitarbeiterinnen nach wie vor überzeugt, dass die institutionelle Verbindung mit der Universität zum Vorteil gereicht, und zwar aus folgenden Gründen:

1. Die Universität, die Alma mater, gewährte und verleiht dem Museum immer noch einen gewissen Schutz gegenüber den politischen Behörden. Sie bietet mit

andern Worten eine gewisse Narrenfreiheit; so konnten wir des öfteren kritische und/oder politisch deutlich positionierte Ausstellungen oder Veranstaltungen organisieren, die ausserhalb der Universität nicht so leicht möglich gewesen wären.

2. Die Universität als Bildungsinstitution ist vor Finanzkrisen besser geschützt als eine rein kulturelle Institution. In der Tat waren die finanziellen Kürzungen relativ schmerzlos, weil der Betriebskredit vor der Rezession recht hoch war und weil die Kürzungen für alle universitären Institutionen im gleichen Verhältnis vollzogen wurden.

3. Seit 1971 besteht im Museum eine flache Hierarchie, verknüpft mit einem weitgehenden Mitbestimmungsrecht aller Mitarbeiter und Mitarbeiterinnen, inklusive dem technischen und administrativen Personal.

4. Eine ausschliessliche Verpflichtung, Ausstellungen zu realisieren, wie es in nicht-universitären Museen üblich ist, gibt es in unserem Museum nicht. Zu unserem weiten Aufgabenbereich gehören vor allem die universitäre Lehre, die objektbezogene Forschung, aber auch die museumsunabhängige Forschung, sowie die Organisation verschiedenster Veranstaltungen – Vorträge, Workshops, Dokumentarfilm-Tage, Tanz- und Musik-Aufführungen, Kurse für Kinder und Erwachsene.

5. Zu einem wichtigen Aufgabenbereich gehört unter anderem die nicht-universitäre Bildungsarbeit für die Lehrerschaft, Schulen und für die Kinder. Allerdings scheint es in Zürich immer wieder umstritten zu sein, ob wir diese Bildungsarbeit zu leisten haben, das heisst, es ist für mich nicht klar, ob sie akzeptiert wird oder nicht, und zwar sowohl bei den Behörden, der Universität wie auch der neuen Direktion. Dazu ein paar Indikatoren:

- Wir haben bis heute keine Stelle für Museumspädagogik, die wir erstmals 1975 beantragt hatten. Im Gegensatz dazu wurde 1979 im neuen Museumsgebäude ein spezieller Schul- und Werkraum eingerichtet, was durchaus erfreulich war. Aber anstatt ihn prioritär für museumspädagogische Aktivitäten nutzen zu können, wird er nun mehrheitlich als universitärer Seminarraum gebraucht.
- Als ich Ende der siebziger Jahre spezielle Sammlungs- und Recherchenreisen für die Produktion von Unterrichtsmitteln plante, verweigerte das Bildungsministerium die Finanzierung aus dem Betriebskredit, obwohl der damalige Direktor, Karl Henking, seine Unterstützung gab. Ab Mitte der achtziger Jahre gab es diesbezüglich keine Probleme mehr, zumal ich vergleichbare Gesuche als damaliger stellvertretender Direktor beantragte...

– Während der ehemalige Direktor die nicht-universitäre Bildungsarbeit aktiv förderte, ist sie dem neuen Direktor, Michael Oppitz, kein spezielles Anliegen. Meines Erachtens ist die nicht-universitäre Bildungsarbeit der wichtigste Teil der Schaufensterfunktion. Wer sich aber vornehmlich in Elfenbeintürmen bewegt, kann solcher Bildungsarbeit wohl wenig abgewinnen.

Ein Schlusswort

Lassen Sie mich zusammenfassen, was man in Zürich unter »Schaufenster der Universität« verstanden hat: Nach achtzig Jahren geringer Beachtung gewinnt die ethnographische Sammlung an der Universität für zwei Jahrzehnte die Aufmerksamkeit der Behörden, wird zum öffentlichen Museum aufgewertet und dabei politisch als »instruktives Schaufenster zum Wohle der Universität« instrumentalisiert. Im anschliessenden Jahrzehnt der Rezession muss das Museum erfahren, dass es wohlwollend geduldet ist und sich glücklich nennen darf, im Schutze der Alma mater vor grösseren Beschneidungen verschont geblieben zu sein, wo hingegen nicht-universitäre Museen in Zürich als blosse Kulturinstitutionen den Rotstift stärker zu spüren bekam.

Anmerkungen

[1] Ich stütze mich in diesem Rückblick auf die beiden Publikationen Jud 1989 und Münzer/Gerber 1989.
[2] Karl Henking hat sich dazu in der Broschüre zur Eröffnung des neuen Museums ausführlich geäussert, »Völkerkundemuseum« 1980: 11 ff.
[3] »Völkerkundemuseum« 1980: 2.
[4] Münzer/Gerber 1989: 5.

Literatur

JUD, PETER
   1989   100 Jahre Geographisch-Ethnographische Gesellschaft Zürich. In: *Geographica Helvetica* (Zürich) 3:113-151.

MÜNZER, VERENA UND PETER R. GERBER
   1989   *100 Jahre Völkerkundemuseum der Universität Zürich*. Zürich: Völkerkundemuseum der Universität. 112 S.

»VÖLKERKUNDEMUSEUM«
   1980   *Völkerkundemuseum der Universität Zürich*. Zürich: Direktion der öffentlichen Bauten und Direktion des Erziehungswesens. 32 S.

MARK MÜNZEL

Magd und Denker
Zu den kulturellen Unterschieden zwischen Universität und Museum

Als der Philosoph und Naturwissenschaftler Thales von Milet, »um die Sterne zu beschauen, den Blick nach oben gerichtet, in den Brunnen fiel«, soll ihn eine »artige und witzige thrakische Magd verspottet haben, daß er, was im Himmel wäre, wohl strebe zu erfahren, was aber vor ihm liege und zu seinen Füßen, ihm unbekannt bliebe.« So erzählt (der von Platon vorgestellte) Sokrates und fügt hinzu: »Mit diesem nämlichen Spott nun reicht man noch immer aus gegen alle, welche in der Philosophie leben.«[1]

Sokrates/Platon erzählt aus der Perspektive des Philosophen, und nimmt sogleich den Guck-in-die-Luft in Schutz, den man nur deshalb verlache, weil man seine Verachtung für das Gemeine spüre. Eine andere Deutung der Fabel führt gar an, der Astronom sei absichtlich in die Brunnentiefe hinabgestiegen, um durch den dunklen Schacht die Sterne auch am hellichten Tage sehen zu können, die Magd hätte das nur nicht begriffen.[2] Spätere Kritiker dieser Geschichte haben hingegen die Partei der Magd ergriffen, doch vielleicht hatten beide Recht, Magd und Philosoph.[3]

In dieser Geschichte werden Museums- wie Universitätsethnologen sich nur allzu gerne wiederfinden. Der Museumsethnologe mag sich mit der Dienstmagd identifizieren, die mit dem gesunden Menschenverstand der Praktikerin ein Leben bewältigt, in dem der nach den Sternen greifende Theoretiker nicht zurecht kommt. Der Universitätsethnologe wird sich eher mit dem Philosophen identifizieren, dessen wichtige Berechnungen die Masse nicht versteht. Die Fabel enthält noch weitere Hinweise. So ist die Praktikerin eine Frau, der Theoretiker ein Mann. Und auch im wirklichen Leben (im Museum) ist ja der Frauenanteil höher als am Himmel der Theorie (der Universität).

Dass der Gegensatz zwischen einerseits Praxis und Materie, andererseits Theorie und reinem Geist ein im Verlauf der europäischen Geistesgeschichte konstruierter ist, der sich u.a. bei und im Anschluss an Platon zeigt, habe ich in einer früheren Museumsdiskussion auf den Minderwertigkeitskomplex der Museumsethnologen bezogen, den vor mir schon andere kritisiert haben: Die Museumsethnologie bemüht sich vergeblich, »vom Makel des nur Materiellen, des Ungeistigen loszukommen«.[4] Birgit Suhrbier weist auf die Lücke zwischen »Massai« und »Matriarchat« in vielen ethnologischen Nachschlagewerken hin:

die »materielle Kultur« fehlt (wie übrigens auch die Museumsethnologie) oder wird nur erwähnt, wo sie »jenseits ihres manchmal durchaus schlichten materiellen Daseins wirken und mindestens einen Beitrag zur Entwicklung von etwas *Höherem, Geistigem* leisten« kann.[5] Es ist immer noch der alte Platon, der Realitätssinn und wirkliches Leben den Unterschichten, der Magd zuweist und von der reineren Geistigkeit im Himmel der Theorie trennt. Die Museumsethnologin ist die Frau der Praxis. Sie kennt das wirkliche Leben, sie spricht mit den Menschen draußen im Land, ist stolz auf diese Praxisnähe, aber insgeheim hat sie doch (im heutigen Museum, anders als die thrakische Magd der Antike) einen gewaltigen Respekt vor jenen Männern, die an der Universität das reine Denken pflegen.

Es ist die Trennung, die ich kritisiere. Kürzlich wurde in Marburg eine ethnologische Magisterstelle ausgeschrieben, zu deren Profil v.a. museumsethnologische Qualifikation gehörte. Es gab viele Bewerbungen. Kurz darauf wurde noch einmal eine fast gleiche Stelle ausgeschrieben, mit wiederum fast dem gleichen Ausschreibungstext, wiederum mit der Anforderung museumsethnologischer Qualifikation, jedoch mit dem einen kleinen Unterschied, dass diesmal auch »Kenntnis der neueren theoretischen Diskussion« gefordert wurde. Diesmal meldeten sich nur ganz wenige. Hätte das Ausschreibungsprofil diesmal (umgekehrt zum ersten Mal) »Kenntnis der neueren theoretischen Diskussion« ohne den Zusatz museumsethnologischer Qualifikation gefordert, hätten sich sicherlich wiederum sehr viele gemeldet. Jedoch museumsethnologische *und* Theorie-Qualifikation gehören offenbar nicht zusammen. Ans Museum geht, wer keine Theorie betreiben möchte; an die Universität, wer sich nicht materiell verunreinigen will.

Zwei Subkulturen

Innerhalb der gemeinsamen mitteleuropäischen Kultur und deren Subkultur Wissenschaft bilden Museum und Universität nochmals zwei Subkulturen, die sich in vielfältiger Weise in ihrer kulturellen Praxis, ihren Ritualen und Sozialisationsmechanismen unterscheiden. Aus dem ethnologischen Kulturvergleich wissen wir, dass er stets mit Äußerlichkeiten beginnt, von denen aus im weiteren Verlauf des Forschungsprozesses nur manchmal zu grundlegenderen Differenzen vorgestoßen werden kann. Die Unterschiede zwischen Museum und Universität sind (ähnlich denen zwischen Ethnien) so allgemein bewusst und doch so wenig erforscht, dass ich es notwendig finde, zunächst ganz am Anfang anzufangen, bei den ganz äußerlichen Unterschieden, ehe weitere Forschung tiefer schürfen kann.

Bei meinen Wanderungen zwischen den beiden Subkulturen (ich war 16 Jahre lang Museumskustos, gleichzeitig Lehrender an der Universität, und bin nun seit zehn Jahren Universitätsprofessor und gleichzeitig Leiter einer völkerkundlichen Sammlung) habe ich am eigenen Leib zuerst den Unterschied im Zeitmanagement bemerkt. Eingespannt in den Zeitrhythmus des Museums, empfand ich die spätabendlichen Anrufe meiner Freunde von der Universität als ebenso störend wie diese meine Anrufe zu früher Morgenstunde. Die Arbeitszeiten am Museum pflegen meist früher zu beginnen als an der Universität, und auch früher zu enden. In vielen Museen sollte man spätestens um 9 Uhr am Arbeitsplatz sein, und auch ein Arbeitsbeginn etwa um halb acht ist nicht ungewöhnlich. An der Universität hingegen beginnt kaum ein ethnologisches Seminar vor 9 Uhr. Der Feierabend beginnt am Museum bisweilen schon um halb vier, an Normaltagen jedenfalls selten später als 18 Uhr, wenn an der Universität erst die Zeit der Kolloquien anfängt. Das hat Auswirkungen auf den Schlaf- und Wachrhythmus.

Relevanter noch als der Tagesrhythmus ist wohl die Einteilung größerer Zeiträume. An beiden Arbeitsstätten wechseln Hektik und Ausruhen einigermaßen rhythmisch ab, doch dehnt sich die museale Hektik über den gewöhnlich viel längeren Zeitraum der Ausstellungsvorbereitung und wird nach der Ausstellungseröffnung von einer oft mehrjährigen Erholungsphase (zumindest für den betroffenen Kustos, zumal in einem größeren Museum, wo mehrere Kustoden sich abwechseln) abgelöst. An der Universität hingegen wechseln Semester und Semesterferien einander in einem viel kürzeren, nämlich drei- bis viermonatlichen Wechsel ab.

Das nach außen sichtbarste Produkt der Museumsarbeit, die Ausstellung, braucht gemeinhin eine lange Anlaufzeit. Soll es mehr als eine (in Museumskreisen minderbewertete) Leihausstellung von Fotos werden, muss die Planung oft zwei oder drei Jahre vor Ausstellungsbeginn anlaufen, die genauen Termine müssen bspw. wegen der Ausleihverhandlungen gewöhnlich schon ein Jahr im Voraus festliegen. Das nach außen sichtbarste Produkt der Universitätsarbeit hingegen, das Seminar oder die Vorlesung, wird im universitären Rhythmus üblicherweise erst etwa sechs Monate vor Termin festgelegt, und allein schon der Zwang, einen Kommentar zur geplanten eigenen Veranstaltung sechs Monate vorher für das kommentierte Vorlesungsverzeichnis abzugeben, wird von vielen Dozenten als unerträglich langfristiger Vorausplanungsdruck empfunden. Viele Seminare dürften erst einige Wochen vor Beginn fertiggeplant werden.

Dieser Unterschied in den Fristen, zunächst aus Eigenarten des zu Planenden entstanden, wird oft noch durch Modi der Finanzplanung verstärkt. Hier lässt sich freilich schwer verallgemeinern, da die Praxis der Etatbeschlussfassung von Träger zu Träger differiert. Für die Mehrzahl der Museen immerhin dürfte gelten, dass ein Jahreshaushalt schon zu Beginn des Vorjahres in den großen

Zügen geplant werden muss, wohingegen ein Universitätsinstitut nicht selten erst gegen Februar des Jahres erfährt, wie der reguläre Haushalt für dieses schon begonnene Jahr ungefähr aussieht. Größere Projekte muss ein Museum oft schon im drei- bis fünfjährigen Vorhinein anmelden. Hingegen werden Universitätsinstituten Sondermittel oft noch später als der reguläre Haushalt zugeteilt, so war etwa die - überwiegend aus Mitteln der eigenen Universität erfolgte - Finanzierung der Tagung, für die der vorliegende Beitrag verfasst wurde, erst wenige Tage vor Tagungsbeginn gesichert, schon der Antrag konnte erst wenige Monate zuvor gestellt werden.

Die Kurzfristigkeit wurde an manchen Universitäten, so in Hessen, in den letzten Jahren zeitweise noch dadurch verschärft, dass der Finanzminister mithilfe überraschender Haushaltssperren regierte, wodurch die Nutzung des an sich festgelegten Haushaltes zur Lotterie wurde. Wer seine Ausgaben ordentlich über das Jahr verteilen wollte, hatte das Nachsehen gegenüber demjenigen, der eingehendes Geld sogleich ausgab, ehe der Finanzminister wieder zuschlagen konnte. So etwas erzeugt eine Mentalität der raschen Improvisation ähnlich wie in Inflations-geschüttelten Ländern, wo man Geld besser sofort ausgibt als damit zu planen. Inzwischen hat sich hier zumindest in Hessen etwas durch gewisse Garantien für das laufende Haushaltsjahr geändert. Auch die längerfristige Planung über mehrere Haushaltsjahre wurde insoweit ermuntert, als die früher chaotisch hereinbrechenden Stellenkürzungen in mittelfristige Kürzungsversprechen kanalisiert und damit voraussehbarer wurden. Doch die einmal erlernte Angst vor dem, was schon das nächste Jahr bringen mag, sitzt tief und erschwert an der Universität noch immer ein Denken über das nächste Semesterende hinaus. Die jetzt beginnende Umstrukturierung der Universitätshaushalte, mit Neuheiten wie Globalhaushalt und erweiterter zeitlicher Übertragbarkeit, mag das in Zukunft ändern, ist aber in ihren Auswirkungen noch so unbekannt, dass sie die planungshemmende Zukunftsangst vorerst eher noch verschärft.

Diese Universität wirkt im Vergleich eher wie eine Kultur, deren Angst vor dem unvermittelten Hereinbruch feindlicher Geisterhorden aus der Erfahrung unkontrollierbarer Naturkatastrophen und Epidemien entstanden sein mag und sich in einer frenetischen schamanischen Aktivität niederschlägt. Das Museum hingegen kennt solche Katastrophen allenfalls beim Wechsel des heiligen Königs, dessen Abgang und Nachfolge in einer Phase des Chaos und Schreckens erfolgt, am Ende aber wieder in Ruhe und hierarchische Ordnung, in ewige Wiederholung der alten Rituale mündet.

Insgesamt scheint mir der Zeitrhythmus am Museum langweiliger, an der Universität kurzweiliger zu sein. Man kann das auch so ausdrücken (aus der Perspektive des Museums auf die Universität blickend habe ich es oft so empfunden), dass die Universität kurzatmiger ist und nicht richtig zur Ruhe kommt; oder aber auch so (so habe ich es umgekehrt aus der Perspektive der Universität auf das Museum oft gesehen), dass das Museum zu geruhsam ist.

Hierzu passt auch ein weiterer Unterschied. Der Kernbereich der meisten Völkerkundemuseen ist bei allem Ausstellungsbetrieb doch noch immer die Dauerausstellung. An der Universität hingegen wäre die permanente Dauervorlesung, etwa in Form der Wiederholung des gleichen Themas Semester für Semester, nicht möglich. Selbst auch nur einmalige Wiederholungen von Art eines Seminars »Einführung in die Ethnologie Afrikas, II« kommen zwar vor, finden aber erfahrungsgemäß keinen Zuspruch. Schon die ungefähre Wiederholung eines Themas nach zwei Jahren stößt auf Kritik. Natürlich würde auch am Museum die Wiederholung der gleichen Wechselausstellung nach zwei Jahren Spott ernten, aber eben nur der gleichen Wechsel-Ausstellung, während eine Dauerausstellung über fünf Jahre oder länger niemandem schlechtes Gewissen bereitet. Auch hier wieder zeigt die Universität eine strukturelle Tendenz zum rascheren Wechsel, die vom Museum her wie eine hektische Jagd nach immer Neuem wirken mag.

Mit diesen Kurzbemerkungen möchte ich nur darauf hinweisen, dass die Differenz zwischen Museum und Universität nicht nur in unterschiedlichen Aufgaben und Zielgruppen liegt, sondern dass diese auch verschiedene kulturelle Lebensformen bedingen.

Die Krise des Völkerkundemuseums in den 70er Jahren

Aus Gründen meiner Biographie ist für mich die schon etwas länger zurückliegende Museumsdiskussion der siebziger Jahre immer noch ein besonders prägnantes Beispiel des Zusammenstoßes der zwei Subkulturen. Jene Diskussion ist heute nicht mehr aktuell, aber zur Illustration geeignet, während jüngere Krisen gerade dadurch, dass sie aktueller sind, sich noch nicht so leicht aus der zeitlichen Distanz beschreiben lassen. Nach bald dreißig Jahren kann ich mein damaliges Engagement, auf das ich bis heute stolz bin, doch auch etwas kritischer sehen.

Die nach meiner Erinnerung zuerst durch Rüdiger Vossen und Hans Fischer zur Diskussion in der museumsethnologischen Öffentlichkeit gebrachte Krise des Völkerkundemuseums führte in den 70er Jahren zu einer Reihe von Alternativversuchen, dokumentiert nicht nur in ephemeren Ausstellungen, sondern auch – für die Museumsethnologie nicht unbedingt typisch – in schriftlichen Äußerungen.[6] Zentrale Forderungen waren damals:

* Einbeziehung der Aktualität, d.h. nicht nur des ethnographischen Präsens mittels Traditionsschaustücken aus frühkolonialer Zeit, sondern auch der »Dritte-Welt-Problematik«.

* Deren kritische Vermittlung unter Einbeziehung eines kolonial- und herrschaftskritischen Blickes auf die Geschichte, d.h. nicht nur Idealisierung einer so harmonischen wie exotischen Kultur, sondern auch Darstellung innerer und äußerer Widersprüche und Konflikte.
* Nicht direkt eine programmatische Forderung, aber doch Teil des Gesamtprogramms war eine Akzentverschiebung von bis dahin im Völkerkundemuseum besonders gerne gezeigten Themen wie Handwerk, Kunst und Religion zu Themen der sozialen und politischen Ordnung.

Heute ist ein Teil der damaligen Ziele längst erreicht, ja seinerseits fast schon wieder Bestandteil eines Kanons, der zum Widerspruch reizt. Dass auch die aktuelle Situation der Dritten Welt Gegenstand auch kritischer musealer Darstellung sein soll, ist heute mehr oder weniger Gemeingut der westeuropäischen Museumsethnologie. Etwa eine Ausstellung von Amnesty International in einem traditionsreichen Völkerkundemuseum wird überhaupt nicht mehr als Widerspruch empfunden. Ebenfalls durchgesetzt hat sich, wenngleich flächendeckend eigentlich nur bis in die frühen achtziger Jahre, und seitdem zunehmend wieder zurückgenommen, die Themenverschiebung zu Fragen der Sozialordnung.

Jene Museumsreformbewegung der siebziger Jahre war stark von der Universität her geprägt.

Das wird mehr oder weniger für die meisten Reformbewegungen in wissenschaftlichen Museen gelten. In unserer gerontokratischen und gleichzeitig von einem Jugendlichkeitsmythos geprägten Gesellschaft, in der die Alten herrschen, aber alle jung sein wollen und jugendliche Neuerungen deshalb von mythischem Wert sind, bilden Unruhen und Reformen ein Einlassritual der Jungen in die Welt der Alten. Gerade aus der Ausbildung, nämlich von der Universität an ein wissenschaftliches Museum gekommen, verschaffen sie sich Gehör, indem sie im Namen der Jugend auf Wandel pochen, und dieser besteht in der Umsetzung dessen, was sie an der Universität gelernt haben. Da die neu Ausgebildeten, Jüngeren immer gerade von der Universität kommen, werden am Museum immer wieder die Ideen gerade der Universität für Reform und Zukunft stehen.

Hier liegt wohl ein wichtiger Baustein des bekannten Minderwertigkeitskomplexes des Museums gegenüber der Universität. »Völkerkunde-Studenten und Doktoranden«, also reine Universitätsschüler, bezeichneten sich 1974 in einem Aufruf der Museumsdiskussion als die »neue Generation der Völkerkundler für das neue Völkerkundemuseum«.[7] Zwar haben in diesem konkreten Fall m.W. nur zwei der siebzehn Unterzeichnenden später eine Museumslaufbahn eingeschlagen (zwei andere wurden Universitätsprofessoren, zwei weitere gingen in entfernt mit Ethnologie verknüpfte Berufe, die übrigen fanden ganz andere Wege, bzw. ich habe sie aus den Augen verloren), aber der Grundgedanke stimmte und wurde von den Alten auch nicht in Frage gestellt: Die Universität bedeutet in der Praxis der Personalentwicklung der Museen die Jugend. Der altgediente Museumsmann, der mehr vom Museum versteht als der junge Universitätsabsolvent, ist sich zwar seiner fachlichen Überlegenheit gewiss, weiß aber auch, dass er von dem jungen Universitätsschüler abgelöst werden wird, dessen Ideen die Zukunft bestimmen werden.

Insofern ist es nicht verwunderlich, dass auch die ethnologische Reformbewegung der siebziger Jahre Ideen auf einer Einbahnstraße von der Universität ins Museum schickte. So war etwa die Hinwendung zu Themen der sozialen und politischen Ordnung im Grunde einfach der Nachvollzug eines Paradigmenwechsels in der universitären Ethnologie der sechziger Jahre. Die an der Universität, und natürlich nicht am Museum, entwickelte »zeitweise nahezu komplette Absage der sozialwissenschaftlich orientierten Ethnologie an materielle Kultur«[8] dürfte, als sie mit derart ausgebildetem Nachwuchs das Völkerkundemuseum erreichte, der tiefere inhaltliche Grund für dessen Krise gewesen sein.

Um sie zu überwinden, wurden kaum im Museum an sich naheliegende neue Gegenstände herangezogen, sondern vielmehr neue Theorien aus dem Hörsaal ins Museum transportiert. Ich erinnere mich an eine Ausstellung über »Funktionalismus« (eine damals für viele deutsche Ethnologen neue Theorie), die mit richtigen universitären Referaten über den Funktionalismus vorbereitet wurde und Schaubilder wie aus einem Lehrbuch der Ethnologie, aber kaum Gegenstände zeigte.

Wandtext und Wechselausstellung

Während jene Museumskrise insgesamt schon ausführlich dokumentiert wurde, blieb ein Aspekt, der eigentlich doch an einem so medialen Ort wie dem Museum eifrigst diskutiert werden sollte, zumindest in der schriftlichen und damit bleibenden Erörterung relativ unbeachtet, nämlich die Frage des Ausdrucksmediums des Museumsethnologen. Übermittelt er seine Botschaft mehr durch die Ausstellung von Objekten oder etwa mehr durch Texte?

Zu Beginn der siebziger Jahre wurde dies einige Male leidenschaftlich angesprochen und rasch als ein Punkt erkannt, in dem sich Mediales und Inhaltliches kreuzen. Dann aber wurde es still darum. Die letzte mir bekannte grundsätzliche (und nicht nur technische) Äußerung, der offenbar ein Bewusstsein vom Zusammenhang zwischen Textfülle und Inhalt zugrunde lag, war schon ein Nachzügler einer kurzen, rasch wieder verstummten medialen Diskussion: Unter Bezugnahme insbesondere auf eine von mir mitgestaltete Peru-Ausstellung in Frankfurt/Main schrieb Horst Nachtigall in den späten siebziger Jahren, das »Übermaß an schriftlicher Information« zwinge den Besucher, »in einem Kojen-Slalom ein an die Wände geschlagenes, gesellschaftskritisches Lehrbuch in sich aufzunehmen«.[9] Das Verstummen solcher Kritik an der Textlastigkeit, ebenso wie ihrer Verteidigung, ist zwar einfach damit erklärt, dass die Ausstellungen wieder weniger wortreich wurden, doch ist die Grundfrage des Verhältnisses von medialer Form und transportiertem Inhalt damit noch lange nicht gelöst. Sie bleibt vorerst durch vordergründige technische Fragen der Präsentierbarkeit und durch den unreflektierten Spieltrieb vor Knopfdruckanlagen und Online-Infos verdeckt.

Auch in der damaligen kurzen Diskussion wurde kaum (und m.W. nur in mündlichem Schimpfen gestandener Museumsleute) reflektiert, dass die Textlastigkeit Teil der Übernahme universitärer Gepflogenheiten in Technik und Ablauf des Einsatzes musealer Medien war.

Unterschiedlich mächtig, aber doch fast überall in den sich reformierenden Museen drang der Wandtext vor. Das, was bis dahin im Museum verächtlich als »Flachware« bezeichnet worden war, das geschriebene Wort vor allem, und in geringerem Maße das flache Bild, wurde zum wesentlichen Informationsträger. Bisweilen wurde der Ausstellungstext selbst zum eigentlichen Ausstellungsobjekt. Das kann man etwa daran erkennen, dass in Ausstellungskritiken oft mehr auf die Texte als auf die Objekte Bezug genommen wurde. Man ging in eine Ausstellung, um zu lesen. Auch nach der Rücknahme des Vorranges des Textes vor dem Objekt seit den späten siebziger Jahren ist die typische völkerkundliche Ausstellung doch nie mehr zu dem wortlosen Ausdruck der Zeit vor der Invasion des Wandtextes zurückgekehrt, sondern sie lebt auch heute weiterhin wesentlich vom Text.

Hierin sehe ich die Übertragung eines Ausdrucksmittels der universitären Subkultur, nämlich des Referats, in die museale Subkultur.

Der Studierende liest ein Buch, fasst es in Form eines Referats zusammen und liest dieses dann den Kommilitonen vor. Auf diese Weise vermittelt er das ethnologische Wissen seinem studentischen Publikum. Der nach solchem Studium ans Museum gelangte Universitätsabsolvent liest ebenfalls ein Buch, fasst es in Form eines Wandtextes zusammen und eröffnet damit eine Ausstellung. Auf diese Weise vermittelt er das ethnologische Wissen seinem Museumspublikum.

Im fortgeschrittenen Studium beginnt der Studierende auch selbst mit kleineren Forschungen. Er macht sich Gedanken über die Literatur, die er nicht nur zusammenfasst, sondern auch kritisch durchdenkt, und unternimmt eigene Recherchen. Dann schreibt er ein Referat, liest es seinen Kommilitonen vor und vermittelt auf diese Weise seine ethnologische Forschung seinem studentischen Publikum. Ans Museum gelangt, unternimmt er dann wiederum eigene Recherchen, fasst Literatur wiederum nicht nur zusammen, sondern durchdenkt sie auch kritisch, und am Ende resümiert er das Ergebnis seiner Überlegungen und Forschungen in Wandtexten und vermittelt so seine Ethnologie seinem Museumspublikum.

Wenn ich hierin die Übertragung eines universitären Mediums ins Museum sehe, so meine ich damit nicht die Tatsache, dass beide, Universitäts- wie Museumsleute, lesen und forschen, sondern dass beide sich dann des Referats als Mitteilungsmedium bedienen. Denn der Wandtext, wie er sich seit den siebziger Jahren entwickelt hat, ähnelt, auch wenn er heute wieder kürzer geworden ist, immer noch mehr einem studentischen Referat als den alten Vitrinenbeschriftungen.

Was die Tatsache anbetrifft, dass der Wandtext heute wieder kürzer geworden ist, so wäre zu fragen, ob nicht auch das mit dem universitären Referat zu tun hat, das nämlich nach meinem Eindruck seit damals ebenfalls kürzer wurde. Hier bewege ich mich allerdings auf ungesichertem Terrain. Die ethnologische Forschung über die Subkultur der Universität ist nicht entwickelter als jene über die Subkultur des Museums, und ich kenne keine Untersuchung über die Entwicklung des universitären Referats. Da ich selbst seit den sechziger Jahren zunächst mehr zufällig und unsystematisch, in den letzten fünfzehn Jahren systematisch Referate sammle, und kürzlich von meinem Marburger Vorgänger freundlicherweise eine große Anzahl von ihm seit den späten sechziger Jahren viel systematischer gesammelter Referate überlassen bekam, kann ich nun schon vermuten, dass sich in dem mir vorliegenden Material starke Veränderungen und brüske Entwicklungen der Referatskultur feststellen lassen. Doch habe ich vorerst nur einen flüchtigen Überblick über einen etwas zufälligen Ausschnitt dieses Kulturbereichs gewonnen.

Die Veränderungen der Referatskultur scheinen (nach meinem Eindruck aus dem erwähnten, unvollständigen Material) teils lokal, auf die jeweilige Universität begrenzt erklärbar zu sein, wie etwa durch Änderungen der Studienordnung, teils durch technisch-medialen Wandel wie etwa den Übergang vom Schreibmaschinenmanuskript zum Matritzenabzug, von diesem zur Fotokopie und endlich zum Computerausdruck. Teils dürften sie aber auch Ausdruck genereller Änderungen der universitären Atmosphäre sein, etwa der Abkehr von der ausführlichen Diskussion und der Hinwendung zum TV-Spot.

Die Wandlungen des musealen Wandtextes in den letzten Jahrzehnten, seine mehr oder weniger ausgeprägte Reduzierung, ja manchmal Verkümmerung, scheint mir möglicherweise zeitlich etwas versetzt auf Wandlungen des universitären Referats zu folgen, das nun ebenfalls in eine Phase der Reduzierung, ja manchmal Verkümmerung zugunsten Erlebnis- und Event-bezogener Formen eingetreten ist.

Man kann das auch so sehen, dass beide Ausdrucksformen, universitäres Referat und musealer Wandtext, sich deshalb ähnlich entwickeln, weil beide Produkte des jeweiligen Zeitgeistes sind. Ich vermute aber, dass es sich nicht um eine Parallel-Entwicklung handelt, sondern um eine zeitlich versetzte, bei der zuerst das Referat sich wandelt, dem der Wandtext möglicherweise dann nachfolgt, wenn Universitätsabsolventen der neuen Referatsgeneration im Museum Einfluss gewinnen.

Ein weiterer Bereich, in dem die Universität das Museum beeinflusst haben dürfte, ist die Permanenz und Abfolge von Ausstellungen.

Seit den sechziger Jahren, dann zunehmend in den Siebzigern, zunächst noch als umstrittene Reform, heute selbstverständlich hat die Wechselausstellung die Dauerausstellung zurückgedrängt. Das hat einen Grund in dem Druck, unter dem die Museen stehen, Öffentlichkeit zu erregen. Wechselausstellungen zu aufregenden oder doch wenigstens aktuellen Themen bringen Aufmerksamkeit und setzen sich in Medienberichten (und damit, so der Mythos, in Erfolg) um, was direkt die Zuteilung von Geldern fördern kann. Diese Gelder wiederum werden dann oft erneut in Wechselausstellungen investiert. Der Ausstellungsrummel ist typisch für unsere mediale Rummelwelt, hat also nicht in erster Linie speziell mit der Universität zu tun.

Es gibt auch kaufmännische Gründe. Wechselausstellungen mit ihrer befristeten Laufzeit erlauben befristete Finanzplanung. Für eine nur vorübergehende Ausstellung kann man Mitarbeiter befristet einstellen und dann wieder entlassen. Die Verlagerung von Personalmitteln aus den Dauerstellen in befristete ist eine haushaltspolitische Tendenz, die an Museen wie an Universitäten von außen, von den Schatzmeistern diktiert wird. An der Universität wird der Drittmittelbereich (Forschungsprojekte, befristete Stiftungsdozenturen, Sonderforschungsbereiche u.ä.m.) zunehmend gewichtet, und dem entspricht am Museum die zunehmende Gewichtung des Sonderausstellungsbereichs. Der Katalog zur Sonderausstellung ist ein kurzfristiges Projekt, das sich rasch verkauft und rasch vergessen wird, so wie an der Universität der Abschlussbericht zum Forschungsprojekt. In den letzten Jahren ist noch eine Verkürzung der Laufzeit zu beobachten: Am Museum von der immerhin oft über ein Jahr währenden Ausstellung zu one night stands wie der »Nacht der Museen«, an der Universität vom zweijährigen Forschungsprojekt zur medial wirksameren, wissenschaftlich meist noch weniger nachhaltigen Tagung.

Auch wenn die Hauptgründe hierfür außerhalb des Museums wie der Universität liegen, frage ich mich doch, ob die rasche Akzeptanz des Wechselbetriebes am Museum nicht von einer universitären Geisteshaltung beeinflusst war. Das Hasten von Thema zu Thema, von denen keines ganz folgerichtig auf dem anderen aufbaut, und die sich nie endlich zu einem Gesamtüberblick zusammenfügen, ist ein bekanntes Grundproblem universitärer Lehrveranstaltungen, die zwar eigentlich einen Lehrplan bilden sollten, dies aber in den allerwenigsten Fällen tun - was dann als »exemplarisches Herausgreifen zentraler Themenbereiche« einigermaßen hilflos verteidigt wird. Gerade dieses eher schwache Charakteristikum universitärer Lehre haben die Museen übernommen, auch sie lassen nun eine Veranstaltung auf die andere folgen, nicht aufeinander aufbauend, sondern jeweils »exemplarisch« etwas ganz Anderes »herausgreifend«.

Und da verwundert es nicht mehr, dass zur Sonderausstellung auch das Referat (in Form des Wandtextes) gehört.

Kann die Magd selber denken?

Das Ziel meines Beitrags ist nicht griesgrämige Kulturkritik. Die Eventkultur hat mit der schamanischen der Evenken eine Faszination durch Inszenierung individueller Auftritte und Beschwörung des Exotischen gemeinsam, die ich nicht nur kritisiere, sondern durchaus auch selbst genieße. Indem ihre Schamanen die dem Museum immanente Gefahr der Erstarrung gebetsmühlenartig als Mythos beschwören und sich als Heiler gegen den bösen Geist der Langeweile empfehlen, helfen sie durchaus, ihn zu bannen. In ähnlicher Weise kann ja auch die Universität von der gebetsmühlenartigen Beschwörung des Mythos ihrer Stagnationskrise durchaus Impulse bekommen.

Ich möchte mich nur um eine Schärfung des Bewusstseins dessen bemühen, was wir tun. Das Völkerkundemuseum steht (zumindest in Mitteleuropa) im Schatten der Universität, was sein wissenschaftliches Selbstvertrauen angeht. Es übernimmt universitäre Moden und hat in den letzten Jahrzehnten, anders als zu Beginn des 20. Jahrhunderts, keine eigenständigen wissenschaftlichen Impulse ausgestrahlt. Seine Reformbewegungen waren darauf ausgerichtet, mithilfe der Übernahme von Universitätsideen und -methoden die nicht-universitäre Öffentlichkeit zu gewinnen.

Die Geringschätzung mancher Universitätsethnologen für das Museum ist danach eigentlich ganz verständlich, aber wir sollten uns an der Universität auch fragen, ob das, was wir heute am Völkerkundemuseum kritisieren – seine geringe wissenschaftliche Produktion, die durch ein Gieren nach raschen Publikumseffekten ersetzt wird, seine Kurzatmigkeit und Beflissenheit gegenüber politischen Einflussnahmen – nicht vielleicht einfach die Fratze unseres eigenen Spiegelbildes ist.

Am Museum wiederum sollten wir uns fragen, ob an diesem eigentlich ja klassischen Ort der ethnologischen Wissenschaft, die bekanntlich im 19. Jh. erst von den Museen an die Universität gelangt ist, nicht auch heute wieder eine eigenständige museumsethnologische Wissenschaft möglich sein könnte.

Diese kann sicherlich nicht allein im Vermessen von Objekten bestehen, auch nicht im noch so nützlichen Aufarbeiten von Sammlungslisten. Das sind wichtige Vorarbeiten lagertechnischer Natur, so wie das sauber lesbare Eintragen von Inventarnummern ins Hauptbuch, es ist aber noch nicht die Wissenschaft selbst. Forschung hingegen ist die Aufarbeitung der Geschichte von Sammlungen, analog zur Aufarbeitung der Geschichte ethnologischer Institute, doch kann auch Wissenschaftsgeschichte allein noch nicht die Wissenschaft ausmachen.

Die meisten Museumsethnologen antworten, in die Enge getrieben durch die Frage, was sie sonst noch wissenschaftlich können und wollen, mit dem Hinweis auf Untersuchungen über die Funktion von Objekten im Gesamtzusammenhang. Doch steht nicht auch das schon wieder unter dem Diktat der ganz Objekt-fernen Universitätsethnologie, indem es das Objekt zu einer symbolischen Spielfigur in funktionalistischen Netzwerkkonstruktionen macht? Sicher, man kann eine Ausstellung über Funktionalismus entwickeln und dort einen Sattel als Hinweis auf die funktionale Rolle eines Königs ausstellen, weil der seine Funktion hoheitsvoll reitend ausübt. Nur wird der Sattel dabei beliebig austauschbar, z.B. gegen eine Krone oder eine Sandale oder den Halsring eines Sklaven.

Weiterführend erscheint mir da etwa der Ansatz von Miklós Szalay, der auf die geheime Kraft eines königlichen Gegenstandes (nicht eines beliebigen wie des Sattels oder der Sandale, sondern eines nicht austauschbaren) hinweist: »[...] ein verwaister Thron ruft nach einem König, ein Präsidentensessel will wiederbelegt, ein vakanter Lehrstuhl wiederbesetzt werden.«[10] Die Bedeutung eines Gegenstandes wird nicht aus irgendeiner anderen Forschung eingesetzt, sondern aus der Beschäftigung mit dem Objekt selbst abgeleitet. Auch die materielle Beschaffenheit eines Objekts, seine sinnliche Realität, vielleicht sogar seine Schönheit (horribile dictu aus der Sicht der Universitätsethnologie, die in ihren Schlichtbauten der sechziger und siebziger Jahre keine Ästhetik entwickeln mag) können Anstoß für wissenschaftliche Forschung sein.

Der Dialog mit dem Objekt, die Frage, wie wir uns in es versenken und daraus etwas lernen können, erscheint Universitätsethnologen deshalb so absurd, weil sie fast nie mit Objekten, sondern fast immer nur mit Gesellschaftsstrukturen und nicht-gegenständlicher Symbolik dialogisieren, letztlich weil die deshalb ja »Geistes«wissenschaftler Genannten seit Platon Materie nicht für ein philosophisches Thema, sondern nur für das Anathema der Philosophie halten.

Wir wissen, dass von uns erforschte fremde Kulturen jenen Neoplatonismus nicht immer akzeptieren. Vielmehr wird dort eine Ausstrahlung des Objekts durchaus akzeptiert, ja ist das Artefakt eine Ausdrucksform, die unserem universitären Referat durchaus als ebenbürtig oder gar überlegen angesehen wird. Wenn wir uns dieser fremden Denkweise annähern, in der Dinge Worte nicht nur begleiten, sondern manchmal sogar ersetzen, können wir vielleicht sogar in einen Dialog mit jenen exotisch fremden Menschen eintreten, die mehr Interesse an Masken als an Referaten haben. Dann könnten der Philosoph und die thrakische Magd sich nicht nur auslachen, sondern auch zusammenarbeiten.

Anmerkungen

[1] Platon 1958: 140 (Theaitetos, 174 a).
[2] Blumenberg 1987: 18. Erstmals auf diese Interpretation wies mich Wilfried von Bredow hin.
[3] Zur Rezeptionsgeschichte der Geschichte von der thrakischen Magd s. Blumenberg 1987.
[4] Günther Wiegelmann apud Johansen 1992: 2, aufgegriffen auch von Thiel 1993, s. auch Münzel 1993.
[5] Suhrbier 1998: 29.
[6] s. insbes. die Hefte der Schriftenreihe *Museum – Information – Forschung, Rundbrief der Arbeitsgruppe Museum in der Deutschen Gesellschaft für Völkerkunde*, Nr. 1-5, Bremen (Nr. 1 auch Lübeck) Mai 1973 – Juni 1976, dort insbes. Harms 1974 (mit einem nützlichen kurzen Literaturüberblick über die bis dahin gelaufene Diskussion), Vossen 1975. Informierte Rückblicke bei Ganslmayr 1990, Koloß 1990.
[7] in *Museum – Information – Forschung* (Bremen), 2: 26.
[8] Suhrbier 1998: 43.
[9] Nachtigall [o.J.]: 19, 20.
[10] Szalay 1993: 151.

Literatur

BLUMENBERG, HANS
    1987   *Das Lachen der Thrakerin: Eine Urgeschichte der Theorie* (stw, 652). Frankfurt am Main: Suhrkamp 162 S.

GANSLMAYR, HERBERT
    1990   Stillstand oder Wandel? Zur Entwicklung von Völkerkundemuseen seit den siebziger Jahren. In: KROEBER-WOLFF/ZEKORN (Hrsg.) 1990: 19-26.

HARMS, VOLKER
    1974   Anmerkungen zur Bildungsfunktion ethnologischer Museen. In: *Museum - Information - Forschung* (Bremen) 2: 15-23.

JOHANSEN, ULLA
    1992   Materielle oder materialisierte Kultur? In: *Zeitschrift für Ethnologie* (Berlin) 117: 1-15.

KOLOSS, HANS-JOACHIM
    1990   Völkerkundemuseen heute: Funktionen und Perspektiven in Theorie und Praxis. In: KROEBER-WOLFF/ZEKORN (Hrsg.) 1990: 11-17.

KROEBER-WOLFF, GERDA/ BEATE ZEKORN (HRSG.)
    1990   *Die Zukunft der Vergangenheit: Diagnosen zur Institution Völkerkundemuseum* (interim, 10; MIF-Rundbrief der Arbeitsgruppe Museum in der Deutschen Gesellschaft für Völkerkunde, 15). Frankfurt am Main: Museum für Völkerkunde 1990. 85 S.

MÜNZEL, MARK
    1993   Zur Verteidigung des Materiellen – Zu Ulla Johansens Verteidigung des Materialisierten. In: *Zeitschrift für Ethnologie* (Berlin) 118: 171-176.

NACHTIGALL, HORST
    [o.J.]   Die völkerkundliche Sammlung Marburg. Marburg: [o.A]. 50 S.

PLATON
    1958   Theaitetos. In: Ders. *Sämtliche Werke*. (Nach der Übers. v. Friedrich Schleiermacher hrsg. v. Ernesto Grassi. Rowohlts Klassiker der Literatur und der Wissenschaft, Griechische Philosophie, 5) Hamburg: Rowohlt, Bd. 4: 103-181.

SCHMIED-KOWARZIK, WOLFDIETRICH UND DIRK STEDEROTH (HRSG.)
    1993   *Kultur – Theorien: Annäherungen an die Vielschichtigkeit von Begriff und Phänomen der Kultur* (Kasseler Philosophische Schriften, 29). Kassel: Gesamthochschule Kassel. 193 S.

SUHRBIER, BIRGIT M.
    1998   *Die Macht der Gegenstände: Menschen und ihre Objekte am oberen Xingú, Brasilien*. (Curupira, 6) Marburg: Curupira. 245 S.

SZALAY, MIKLÓS
    1993   Objektwelt, Gesellschaft, Kunst: Zur Symbolik afrikanischer Stühle. In: SCHMIED-KOWARZIK/STEDEROTH (Hrsg.) 1993: 123-154.

THIEL, JOSEF FRANZ
    1993   Der »Makel des Materiellen«. In: *Zeitschrift für Ethnologie* (Berlin) 118: 182-184.

VOSSEN, RÜDIGER
    1975   Versuch einer Standortbestimmung der Völkerkundemuseen und der Zieldiskussion. In: *Museum - Information - Forschung* (Bremen) 4: 7-11, Diskussion 12-20.

Feldforschung und Ausstellung

Josef F. Thiel

Öffentlichkeitsarbeit und Ausstellungen – und die Forschung?

Problemstellung

Als sich vor zwei Wochen die Direktoren der deutschsprachigen Universitätsinstitute des Faches Ethnologie trafen, meinte ein renommierter Kollege, die Forschung sei doch im Laufe der Jahre fast ganz von den Museen an die Universitäten gewechselt... Offensichtlich weil die Diskussion mit mir lief, wurde meine Haltung und Tätigkeit in der DFG und an der Universität als große Ausnahme gewürdigt. Tatsächlich aber wird die wissenschaftliche Arbeit der Museen oft von den Universitäten übersehen, wie auch umgekehrt. Der Vorfall ist nur eine Episode, aber, wie ich glaube, eine typische: die Museen haben sich, zumindest nach außen hin, von der wissenschaftlichen Forschungsarbeit weitgehend verabschiedet.

Seit man in Deutschland begonnen hat, die Direktionen der Museen und der universitären Institute zu trennen, hat sich immer stärker eine Zweiteilung der Ethnologie herausgebildet. Die beiden Fächer sind in ihrer Spezialisierung bereits derart weit fortgeschritten, dass die meisten Ethnologinnen und Ethnologen nicht mehr ohne weiteres untereinander austauschbar sind. Die wenigen Personen, die die Seiten gewechselt haben oder im anderen Fach teilweise tätig sind, - ich denke hier vor allem an Museumsethnologen mit Lehrauftrag - bilden aufs Ganze gesehen eine Minderheit. Wenn die beiden Fächer aber noch weiter auseinanderdriften, wird die Folge sein, dass jene, die an einem Museum arbeiten wollen, ihre Ausbildung dafür immer weniger an den Universitäten erhalten werden. Wohl bekommen sie dort eine ethnologische Grundausbildung, aber das ganze Museums-Know-How müssen sie sich anderweitig aneignen – die eine oder andere Ausnahme gibt es. - Hier möchte ich auch wieder einmal meine alte Anregung aufgreifen und für ein Lehrbuch der Museumsethnologie werben. Ansätze gab es wiederholt, fertiggestellt wurde es nie!

Ich habe mich in den letzten Jahren sehr dafür eingesetzt, dass die Museumsethnologen wieder stärker in die allgemeine Ethnologie zurückkehren, ich will sagen, dass sie wieder engeren Kontakt zu den Universitätsethnologen und zur Forschung erhalten. Ich glaube, Museen dürfen sich nicht vom akademischen Betrieb isolieren. Auch die Museen benötigen die akademische Jugend und deren

– bisweilen auch verquere – Ideen. Wir sollten diese auch als *Stimulantia* für die Museumsarbeit auffassen. Als vor Jahren ein großes Völkerkundemuseum eröffnet worden war, fuhren auch die Ethnologiestudenten von Bonn zu einem Besuch. Als ich sie nach ihrem Eindruck fragte, sagte mir die Sprecherin: »Es gibt unendlich vieles und Kostbares in diesem Haus zu sehen. Dass diese Völker aber auch essen und vor allem, was sie essen, darüber wird im ganzen Museum kein Wort verloren.«

Forschen im Museum

Ich weiß natürlich, dass ich mit meinen Ansichten viel Widerspruch erfahren werde. Ein Forschungsprojekt über die Zusammenarbeit von Universität und Museum, das bei der DFG eingereicht worden ist, ist u.a. mit der Bemerkung abgelehnt worden, dass es zwischen Museum und Universität keinen Gegensatz gebe. Die Universitätsprofessoren Brigitta Hauser-Schäublin, Christian Feest und Mark Münzel kämen doch ursprünglich aus den Museen. - Ich könnte ironischerweise weiterfahren und argumentieren: schließlich kommen alle Wissenschaftler der Museen ursprünglich aus Universitätsinstituten, also gibt es doch einen regen Austausch zwischen den Institutionen! Mir ist aber nur eine Professorin bekannt, die von der Universität an ein Museum wechselte.

Zur Vorbereitung auf diesen Vortrag bin ich meine DFG-Gutachten der letzten Jahre durchgegangen. Ich habe 252 DFG-Gutachten der Reihe nach durchgesehen: 210 Anträge kommen von Universitätsseite oder von Personen, die der Universität nahestehen. 42 Anträge kommen aus den Museen. Über die Hälfte der Anträge aus den Museen bemühen sich aber um Reisegelder für Kongresse oder Publikationen. Forschungsanträge im eigentlichen Sinne gibt es nur wenige, und wiederum nur von wenigen Personen, d.h. ein Forscher stellt nacheinander mehrere Anträge. Natürlich ist auch zu berücksichtigen, dass mein Gutachten-Ausschnitt recht partiell ist, aber vielleicht doch nicht untypisch für die allgemeine Forschungssituation an den Museen, denn gerade Anträge aus den Museen wurden mir zugeschickt. – Man kann diese relativ geringe Beteiligung auf verschiedene Weise deuten:

1. Möglichkeit: Die Museen machen kaum Forschungsarbeit im herkömmlichen Sinne.
2. Möglichkeit: Die Forschungsarbeit der Museen wird aus anderen Quellen als der DFG finanziert: Stiftungen, den Museen selbst bzw. den Städten oder Ländern.
3. Möglichkeit: Die Arbeit der Museen gilt nicht als Forschungsarbeit, denn als solche gilt in der Ethnologie (fast) nur die Feldforschung. – Als ich diesen 3. Punkt auf der eingangs genannten

Öffentlichkeitsarbeit und Ausstellungen – und die Forschung?

Tagung vor 14 Tagen erwähnte, war dies der DFG-Vertretung gar nicht recht. Es wurde darauf hingewiesen, dass nicht nur Feldforschung als wissenschaftliche Arbeit im Sinne der DFG gilt. Also kann man festhalten: Für die DFG können auch Forschungsanträge formuliert werden, die nicht mit Feldforschung zu tun haben. Ich finde, dies ist ein ganz wichtiger Punkt, denn Museen müssen sich vor allem hier mit ihren Forschungen einbringen.

Da die Museumsethnologen die Feldforschung ganz offensichtlich zur Zeit wenig betreiben, bleibt es nicht aus, dass sie von einer Reihe von Universitätsethnologen als Ethnologen zweiten Grades angesehen werden. Es werden natürlich auch innerhalb der Museen neue Ausstellungstrends diskutiert. Seit es aber MIF nicht mehr gibt, wird kaum noch darüber publiziert und dies somit auch so gut wie nicht von der Universität wahrgenommen. Seit das Geld auch an den Museen knapper wird, zeigt sich eine deutliche Akzentverschiebung bezüglich dessen, was eine gute Ausstellung ausmacht. Es scheint, dass für viele – darunter auch Fachkollegen - eine gute Ausstellung die ist, die viele Besucher bringt, auch wenn sie wissenschaftlich dürftig ist. Manche Museumsethnologen schließen sich diesem Trend willig an. So bleibt es nicht aus, dass Museumsarbeit mit Objekte abstauben und in Vitrinen aufstellen gleichgesetzt wird. - Ich habe folgende Geschichte schon öfter erzählt, dass nämlich ein bekannter Ordinarius von einem bei der Habilitation Gestrauchelten sagte: Für die Universität reicht es nicht, aber für das Museum reicht es allemal, und man fragte am Museum nach einer Arbeitsstelle nach. Wollte man böswillig sein, könnte man erwidern: Wie intelligent muss ein Ordinarius sein, wenn er 11 Jahre braucht, um festzustellen, dass sein Habilitations-Kandidat nicht für das Amt an der Universität taugt!

Doch lassen wir die Polemik beiseite und wenden wir uns der Forschungsarbeit zu. Wenn ich sehe, wie leicht heute Gelder für die Feldforschung zu erhalten sind, dann gewinne ich den Eindruck, dass sie wie eine heilige Kuh gehandhabt wird. Für andere Forschungsarbeiten gilt dies aber nicht in gleichem Maße, z.B. für Forschungen mit Museumsobjekten, mit Literatur und Archivalien, Bildern etc.

Wohlgemerkt: Ich halte sehr viel von einer guten Kenntnis der Feldsituation. Ich habe wiederholt gesagt und geschrieben: Auguste Comte oder Wilhelm Schmidt hätten sich Tausende Seiten ihrer voluminösen Bände sparen können, wenn sie auch nur einen Tag bei einer Ethnie im Felde zugebracht hätten. Hätte Comte den Fetischismus bzw. die Religion an Ort und Stelle in Afrika studiert, er wäre wohl nie dahin gekommen, den Fetischismus als Urepoche der Menschheitsgeschichte und Urform der Religion aufzustellen. Er kreist gleichsam in hohepriesterlicher Manier, wenn er wie *ex cathedra* verkündet: »[...] *dix sept ans de méditation continue sur ce grand sujet, discuté sous toutes ses faces, et soumis à tous les contrôles possibles, m'autorisent à affirmer d'avance, sans la moindre hésitation scientifique,* [...]«, dass eben der Fetischismus die Urreligion darstelle. Und hätte Wilhelm Schmidt auch nur einen Nachmittag dem religiösen Vollzug der Pygmäen beigewohnt, er hätte seinen Urmonotheismus eingestampft, denn er hätte gemerkt, dass zwischen dem *Tore* der Pygmäen und dem, was sich Schmidt unter Gott vorstellte, Welten liegen und deswegen auch nicht Monotheismus genannt werden kann. Beide hätten gemerkt, dass die Menschen ihre Religion *totaliter aliter* leben, als die Gelehrten sie am Schreibtisch entwerfen!

Die Feldforschung

Als ich aber in den vergangenen Wochen in Vorbereitung dieser Tagung meine Gutachten der letzten Jahre durchging, da verstärkten sich noch meine Zweifel ob der Qualität der Feldforschung der Gegenwart. Die meisten Feldforschungen dauern heute nur zwischen 3 – 5 Monate. Nur ausnahmsweise bleibt jemand länger an einem Stück im Feld. Das Jahr darauf geht man nochmals 2 – 3 Monate hinaus. Nur wenige Forscher sind ein Jahr und länger draußen. Eine antragstellende Person hatte zwar eine 6-monatige Feldforschung eingeplant, aber dazwischen waren 5-6 Flüge nach Hause angesetzt.

Noch schlimmer steht es mit dem Erlernen der Lokalsprachen. Mir sind eine Reihe von Ethnologinnen und Ethnologen bekannt, die nicht nur die Lokalsprache nicht kennen, sondern nicht einmal in der Lage sind, ihre Dolmetscher zu kontrollieren, ob sie wirklich übersetzen oder nur irgendetwas erzählen. Ja manchmal werden sogar die Interpretationssprachen wie französisch, russisch, spanisch etc. nur rudimentär beherrscht. Ein junger Mann z.B. geht damit hausieren, dass er nach sechswöchiger Feldforschung in einen Geheimbund aufgenommen worden sei, dabei konnte er die Lokalsprache überhaupt nicht und die Interpretationssprache nur radebrechen. Oder was soll man von einem Antrag halten, der eine Feldforschung von 6-8 Wochen vorsieht, die sich bei drei Ethnien abspielen soll, deren Lokalsprachen man nicht kennt, und das Thema »Hexerei« behandelt? – Aber lesen Sie einmal die Curricula vieler Bewerber durch, die strotzen von »Feldforschungsaufenthalten«, und meist handelt es sich doch nur um einen intensiveren Tourismus. Ich möchte dabei oft das lateinische Sprichwort zitieren: *Parturiunt montes, nascetur ridiculus mus* – Es kreißen die Berge ...

Was mir bei heutigen Feldforschungen auffällt, sind die ungeheuren Materialschlachten, die ins Werk gesetzt werden, die selbst eine Frobenius-Expedition in den Schatten stellen würden. Man braucht einen Jeep, eine Filmkamera, 1 – 2 Photoapparate, mehrere Kassettenrekorder, Notebook, das nötige Material hierzu, Dolmetscher, Abschreiber, Übersetzer u.dgl. Bei der knapp bemessenen Zeit im Felde frage ich mich, ob diese Ethnologen noch Zeit finden, um mit den Menschen vor Ort zu reden. Hier wird doch jede intime Forschungssituation derart vertechnisiert, dass diejenigen, die mit der modernen Technik noch wenig vertraut sind, geradezu kopfscheu gemacht werden!

Wer je eine längere Feldforschung gemacht hat, weiß, dass er seine besten Materialien von Menschen erhielt, zu denen er eine Art »Freundschaftsverhältnis« aufbauen konnte (ich spreche ausdrücklich nicht von »meinen Freunden«!). – Bisweilen ist es aber trotz bester Kontakte äußerst schwierig besondere Informationen zu erhalten. Lange Aufenthalte und gute Sprachkenntnisse sind durch nichts zu ersetzen. - Nachdem ich fast vier Jahre bei den Bayansi im Kongo gelebt hatte – davon drei Jahre an einem Stück - und immer nach dem Gottesnamen *Nkiir* suchte, - denn die nahe verwandten Badzing und östlichen Bayansi kannten ihn - hieß es immer, den Namen *Nkiir* verwendeten sie im Westen nicht. 1967 wurde ich an einem Nachmittag zu einer schwierigen Geburt gerufen. Als endlich das Kind da war, schrie es nicht. Die Frauen gossen Wasser auf den Savannenboden, rieben das Kind mit rotem Cayenne-Pfeffer ein und die älteste Frau legte es auf die befeuchtete Erde. Nun bildeten die Frauen einen Kreis um das Kind – die Männer sind zur Geburt in der Savanne nicht zugelassen - , stampften in einem gewissen Rhythmus einen Fuß auf den Boden und skandierten: *Nziame mpa mwaname* –*Nzambi,* gib mir mein Kind. *Nkiire mpa mwaname* – *Nkiir,* gib mir mein Kind!

Als ich später die Männer ob des *Nkiir* –Namens zur Rede stellte, meinten sie: Ach, das sei doch die Sache der Frauen. Sie seien eben nicht bei der Geburt in der Savanne zugelassen. – Ich vermute, dass die Frauen in diesem Falle als die besseren Traditionsbewahrer anzusehen sind. – Doch man sieht auch, dass man Jahre brauchen kann, um in wichtige Traditionen eingeweiht zu werden.

Meine Gutachtertätigkeit für die DFG hat mir doch sehr viele Illusionen an der Feldforschung der deutschen Ethnologie der Gegenwart genommen. Natürlich gibt es heute viel bessere technische Hilfsmittel als früher, und die Verkehrsmittel lassen anderes Reisen zu als vor Jahrzehnten. All das soll man selbstverständlich nutzen. Aber das Wesentliche der Forschung darf doch nicht aus den Augen verloren werden: Wir Ethnologen wollen Kulturen, Sprachen, Religionen so weit wie möglich von innen her verstehen. Da lese ich in Anträgen immer wieder von der Methode der »teilnehmenden Beobachtung«, dabei fehlen die Sprachkenntnisse vollkommen. Ich würde in so einem Fall eher von der Methode des »stummen Zuschauens« sprechen! - Früher haben wir über die »Faktensammlerei« so mancher Ethnologen gelästert. Heute haben wir es mit einem »subjektiven Impressionismus« vieler Ethnologen zu tun – für mehr als eine Impression reichen weder Zeit noch die lokalen Kenntnisse. Was hielten wir von Publikationen, die auf Grund derartiger Kenntnisse über unsere Kultur geschrieben würden?! – Fast nichts!

In diesen Tagen lese ich gerade mal wieder »Afrique ambigue« meines Lehrers Georges Balandier. Dieses Büchlein hat mich 1962 im afrikanischen Busch fasziniert. Es hat mir damals für vieles in Afrika die Augen geöffnet: Es beschrieb einen engagierten Zugang zu Afrika und nicht den unbeteiligten, ausschließlich auf Wissenschaftlichkeit bedachten der traditionellen Ethnologie. Balandier sagt aber auch in seinem Buch, dass der Zugang zu einer fremden Kultur über eine »*patiente compréhension*« gewonnen wird und eher das »Resultat einer Askese als einer wissenschaftlichen Technik« ist.[1] Und an einer anderen Stelle schreibt er: »Man kann sich von einem Ethnologen kaum vorstellen, der bestrebt ist, beste Kontakte aufzubauen, daß er seine Forschung mit großem technischen Aufwand durchführt, denn der würde ihn ja klassifizieren und isolieren. Er muß, im Gegenteil, seine Herkunft vergessen, indem er sich richtig anpaßt«.[2]

Ich könnte noch viele nützliche Stellen aus »Afrique ambigue« zitieren, aber auch bei allen guten Feldforschern nachschlagen, angefangen bei den Altmeistern wie Malinowski bis in die Gegenwart. Balandier meint, dass sich alle Schwierigkeiten, die im Laufe der Feldforschung wie bei der theoretischen Ausarbeitung entstehen, auf ein »*problème de communication*« zurückführen lassen.[3] Dass daran viel Wahres ist, habe ich 1964 selbst erfahren: Ich hatte 1964 mit dem bekanntesten Häuptling der Bayansi ein langes Interview über die politischen Strukturen der Bayansi gemacht. Ein Tonband lief mit. Ich schrieb es noch im Kongo ab, denn sprachliche Schwierigkeiten hatte ich keine. Als ich dann das Jahr darauf in Paris meine Diplomarbeit vorbereitete und das Interview ausarbeitete, merkte ich, dass ich viele inhaltliche Wendungen nicht verstand. Die Übersetzung machte keine Schwierigkeit, aber da gab es Anspielungen auf mir unbekannte Personen, auf Sprichwörter, Zeremonien, symbolträchtige Pflanzen etc., so dass ich mit dem Band wieder zum Kongo fuhr, um mir die Hintergründe erklären zu lassen... Eine fremde Kultur durchmisst man eben nicht in 7-Meilen-Stiefeln, sondern in langen und geduldigen Begegnungen.

Heute habe ich nicht selten den Eindruck, dass wir wieder in die frühe Reiseethnologie zurückfallen. Vielleicht ist es auch eine Folge der Massenethnologie, dass viele Feldforschungen oberflächlich erscheinen. Viele Ethnologen sind eben zu dieser von Balandier geforderten »Askese« nicht bereit. Es gibt aber auch heute jene andere Seite – auch bei jungen Forschern -, die tief in die fremden Kulturen eintauchen, aber sie sind eine Minderheit.

Museumsprojekte

Doch kehren wir zum Thema Forschung an den Museen zurück. Mich bewegen hier vor allem zwei Fragen:

Öffentlichkeitsarbeit und Ausstellungen – und die Forschung?

1. Wie lassen sich an Völkerkundemuseen Forschungsprojekte mit Objekten definieren, die über die alltägliche Arbeit der Kustoden hinausgehen und neue, bisher noch nicht gekannte Inhalte auftun?
2. Die zweite Frage ist: Sind die Träger der Museen überhaupt daran interessiert, dass die Museumsethnologen Forschungen betreiben? Und man kann daran die Frage anschließen: Wollen die Museumsethnologen dies überhaupt?

Ich hatte so manche Diskussion mit Kustoden zu führen, wenn es darum ging, dass sie für einen längeren Feldaufenthalt auch zwei Wochen Jahresurlaub dazunehmen sollten. Einige wollten sogar Überstunden im Feld geltend machen und sie zu Hause abfeiern. Ein solches Verhalten lässt nicht gerade auf einen großen Forschereros schließen. Vielleicht bringt es die relativ strikte Präsenzpflicht an den Museen mit sich, dass man Museumswissenschaftler nicht so leicht motivieren kann, über den 8-Stunden Tag hinaus noch wissenschaftlich tätig zu sein. Ich habe von höheren Museumsbeamten wiederholt gehört: »Die Stadt beutet mich und mein Wissen genug aus, ich bin nicht bereit, Mehrarbeit zu leisten.« – Ich möchte aber auch unterstreichen: Nicht alle Museumswissenschaftler eines Hauses denken so engherzig.

Meine Erfahrung ist, dass man nach einem 8-Stunden-Tag im Museum keine größeren wissenschaftlichen Arbeiten mehr auf die Beine stellen kann. Auch für umfangreichere Kataloge benötigt man die Abende und Wochenenden.

Ich glaube nicht, dass Museumsethnologen von vornherein weniger an Forschungsarbeit interessiert sind als Universitätsethnologen. Es ist wohl die tägliche Tretmühle der Präsenz und die scheinbar reinen Dienstleistungsaufgaben, die die Träger der Museen einfordern. Selbst ein Hilmar Hoffmann, weiland Kulturdezernent in Frankfurt, wollte nicht viel davon wissen, dass Museumsethnologen Forschungsreisen machen müssen. Seine Nachfolgerin, Frau Linda Reisch, war für wissenschaftliches Arbeiten aufgeschlossener.

Eine große Schwierigkeit an Museen ist, dass wir zahlreiche Berufssparten an einem Museum beschäftigen: vom einfachen Hausarbeiter bis zur Direktion – alle wollen gleichberechtigt und gleich behandelt werden. Von einem Wissenschaftler erwarte ich, wenn er eine Ausstellung vorbereitet, dass er seine Arbeit macht; wann und wo ist mir egal. Gleich aber regt sich in einem Haus der Gleichheitsneid, und es wird gefragt, warum darf der zu Hause arbeiten und nicht auch ich? In Museen arbeiten Leute, für die stirbt das Museum, wenn sie am Abend die Museumstür hinter sich schließen, für andere beginnt die Gedankenarbeit für das Museum erst in der Freizeit. Hier eine Gleichstellung zu fordern, ist ein Unding. Diesbezüglich haben es die Universitätsethnologen wesentlich besser.

Josef F. Thiel

Einige werden mir entgegenhalten wollen, ich baue hier gegen den Willen der Museen, einen Forschungspopanz auf. Forschungsarbeit sei an Museen doch gar nicht so wichtig. Hier solle man Ausstellungen machen und sie der Öffentlichkeit möglichst wirksam verkaufen. Heute sei das medienwirksame Vermitteln die wichtigste Aufgabe eines Museums. Meine Meinung hierzu ist folgende:

Ich bin sehr dafür, dass Völkerkundemuseen die Ethnologie popularisieren. Wie oft habe ich im Museum gesagt: »Macht nicht die Ausstellungen für die paar Ethnologen, die kommen und fast sicher die Ausstellung kritisieren werden. Denkt an die 99% der anderen Besucher. Die müssen die Ausstellung verstehen und gut finden.«

Ich bin sogar dafür, dass Wissenschaftler ihre Texte von Berufstextern umschreiben lassen, damit sie von den Laien besser verstanden werden. Meine persönliche Erfahrung ist, dass ich dann am fasslichsten wissenschaftliche Inhalte vermitteln kann, wenn ich sie mir voll und ganz erarbeitet habe, und sie mir selbst ganz klar sind. Man kann Ausstellungen durchaus anmerken, ob die Autoren dafür wissenschaftliche Forschung investiert haben oder nur mal schnell ein Modethema aufgegriffen haben. In einer Großstadt fanden in den letzten Jahren Großausstellungen mit aktuellen Themen statt. Aber jene Partien, die ich wissenschaftlich beurteilen konnte, waren wissenschaftlich, wenn überhaupt, nur mangelhaft durchgearbeitet. Auf diese Weise koppelt man Völkerkundemuseen vom Wissenschaftsbetrieb ab; wir werden dann wirklich zu Ethnologen zweiten Grades. Wir werden zu Popularisierern, Effekthaschern, bei denen nur mehr die Zahl der Besucher zählt. Natürlich hätten uns unsere Brötchengeber meist lieber so – als große »Zampanos« -, aber ich habe mich immer als Wissenschaftler und Museumsmann verstanden. Es könnte ja sein, dass die Zeit noch kommt, und die Jüngeren unter uns noch umdenken müssen. Wenn aber eine derartige Einstellung Mode werden sollte, dann werden auch unsere gut verwalteten Depots und unsere Bibliotheken überflüssig werden. Dies wäre aber der Tod der Museen als wissenschaftliche Institutionen.

Die größte Gefahr für die Forschungsarbeit in den Museen ist die tägliche Routinearbeit. Nach einem vollen Tagesprogramm ist man meist zu müde, um noch schöpferisch arbeiten zu können. Ich empfand meine Vorlesungstätigkeit an der Universität als einen guten Stimulus gegen die Alltagsroutine. Ich hätte viele Bücher und Artikel nicht gelesen, wenn ich sie nicht für Vorlesungen und Examensarbeiten benötigt hätte. Die Studenten setzten mich sozusagen unter Druck. An kleinen Museen – aber vielleicht auch an großen – fehlt oft das wissenschaftliche Gespräch, die geistige Anregung. Museumsethnologen, die nicht mehr in der wissenschaftlichen Diskussion stehen, laufen Gefahr, dass sie sich zwar jahraus jahrein mit »ihrer« Sammlung beschäftigen und diese besser kennen als irgend jemand, aber sie entwickeln sich in der Ethnologie nicht mehr weiter. Als Museumsethnologe muss man sich von der Idee lösen, dass Kulturen und Objekte statische und absolute Größen sind. Sie beantworten immer nur jene Fragen, die die Zeit an sie stellt, und diese Fragen ändern sich weiß Gott immer wieder.

Vor einigen Jahrzehnten haben selbst Ethnologen in afrikanischen Medizinbeuteln nur Schmuddelkram gesehen; heute wissen wir, dass sehr viel mehr dahinter steckt. Auf einer Karteikarte des Frankfurter Museums für Völkerkunde hat der spätere Professor Helmut Straube, Ordinarius in München, eine Figur als »Götze aus Westafrika« beschrieben. Was sagt heute ein Religionsethnologe über eine afrikanische Fetischfigur?

Deshalb mein Plädoyer dafür, dass auch Museumsethnologen in der Wissenschaftsdiskussion stehen sollen, und noch mehr: auch Forschungsarbeit leisten sollen. Es ist nicht nur die Angst, dass wir sonst Ethnologen zweiten Grades werden, sondern wir brauchen die Forschung, um wissenschaftlich korrekte und aktuelle Ausstellungen machen zu können. Wenn es nur mehr hausinterne Routine gibt, erstirbt die Dynamik eines Museums.

Forschungsprojekte an Museen

Ich habe meine erste, vorhin gestellte Frage – wie sich Forschungsprojekte an Museen formulieren und projektieren lassen - noch nicht beantwortet. Ich fürchte, ich kann sie auch nicht ohne weiteres beantworten. – Die Kenntnis der Feldsituation ist für jeden Ethnologen wichtig, ob an der Universität oder am Museum. Doch in unseren Depots ruhen derart viele Objekte, über die so gut wie noch nie wissenschaftlich gearbeitet worden ist, dass es lohnend wäre, sich mit ihnen eingehend zu beschäftigen. Als ich vor Jahren eine Ausstellung über afrikanische Fetische machte, stellte ich fest, dass wir über diese Objekte nur sehr mangelhaft Bescheid wissen. Die Symbolik der Paraphernalien ist absolut unbekannt. Manches ließe sich durch serielle Vergleiche und das Studium alter Texte eruieren. Hier gibt es im Museumsdepot Forschungsprojekte zuhauf, und sie bringen mehr ein als eine heutige Feldstudie über Fetische in Afrika.

Jeder von ihnen kann mir wahrscheinlich aus seinem Arbeitsbereich Forschungsthemen en masse benennen. Wichtig wäre, dass wir solche Anträge formulieren und einreichen. Auf diese Weise würden wir unterstreichen, dass auch die Museumsethnologie nicht ohne Forschung auskommt. Ich habe mich immer dafür eingesetzt, dass die Museen wissenschaftliche Institutionen bleiben sollen. Andernfalls laufen wir Gefahr, dass man darin keine Wissenschaftler mehr benötigt. Für die Direktoren ist man ja bereits dabei, eher auf Manager als auf Wissenschaftler zu setzen. Wird dies gut gehen?

Josef F. Thiel

Anmerkungen

[1] Im folgenden zitiert nach der Neuauflage von 1963. Balandier 1963: 7.
[2] Balandier 1963: 8.
[3] Balandier 1963: 9.

Literatur

BALANDIER, GEORGES
    1963   [1957] *Afrique Ambiguë*. Paris: Union Générale d'Èditions. 313 S.
COMTE, AUGUSTE
    1975   [1830] *Physique sociale. Cours de Philosophie, Leçons 46 à 60.*
                Présentation et notes par Jean-Paul Enthoven. Paris: Hermann. 797 S.

Claus Deimel

Feldforschung und ethnologische Ausstellung

Ich möchte hier kurz meine Erfahrungen während meines Studiums, meiner Feldforschungen und mehrer Ausstellungsprojekte zusammenfassen und eine Beziehung zwischen der Geschichte meiner Arbeit als feldforschender Ethnologe und meiner Museumsarbeit beschreiben. Darin enthalten wird insbesondere das Verhältnis der Universitätsausbildung zum Fach Materielle Kultur sein sowie Vorschläge dazu, was sicherlich bereits auf spätere Vorträge dieses Symposions verweist.

Zunächst zur Einleitung ein ethnographischer Bericht in 3 Situations-Bildern.

1. Bild

In einer Bibliothek, einer Fachbereichsbibliothek, der Universität in Frankfurt am Main im Jahr 1972. Ich bereite mein erstes Referat vor. Die Pygmäen im Ituri-Wald am oberen Kongo habe ich ausgewählt. Ich trage ethnographische Literatur unter dem Arm, die bekannten Werke über die Pygmäen, verfasst von Schebesta, Gusinde usw. An der Tür zur Bibliothek treffe ich auf ein Mitglied unserer Fachbereichsbasisgruppe (der übrigens später ein bekannter Musikethnologe sein wird). Er erklärt mir vorwurfsvoll, dass solche Literatur heute nicht mehr verwendet werden würde: »So etwas machen wir nicht mehr!« Dieser Satz ist mir noch genau in Erinnerung, weil, ich weiß auch nicht wieso, solche Maßregelungen mich regelmäßig zum Tun des Gegenteils veranlassen. Obwohl ich selbst Sprecher der revolutionären Basisgruppe Ethnologie bin, arbeite ich mich heimlich in die materielle Kultur der Pygmäen ein.

Aber mein Interesse für materielle Kulturen erlahmt danach wieder. Auch Vorlesungen über nordamerikanische Pfeilspitzen ermüden mich erheblich. Außerdem kann ich mich nicht für Darmparka und Harpunen von den Aleuten begeistern. Museen besuche ich nur unter Zwang. Es wirkt dort alles so tot. Ich möchte ein Museum mit revolutionären Texten vollhängen und alle Objekte an die betreffenden Völker zurückschicken.

Ein Erlebnis ist vielleicht erwähnenswert: In Tamanrasset, im Frühjahr 1972, tauscht ein Tuareg mir seinen Ziegenledersack gegen meine grüne US-Armeetasche. Die will er unbedingt haben. Ich stopfe meinen Schlafsack da hinein und trampe sozusagen als halber Tuareg aus Algerien nach Frankfurt zurück. Irgendwie erhebt mich das. Der Sack hängt von da ab in meinem Arbeitszimmer, begleitet alle meine Prüfungsvorbereitungen, meine Dissertation (die ich ohne Museumspraktikum abschließe) und hängt auch jetzt neben mir. Er weist Zeichen aus der Schrift der Tuareg auf und ist bestimmt sehr wertvoll geworden, zumindest für mich, als ein mit versteckten Gefühlen beladenes Objekt.

Während einer ersten längeren Studienreise zu den Tarahumara in Nordmexiko, das war 1973, bringe ich als einzigen Beleg ihrer materiellen Kultur einen zerbrochenen Holzlöffel mit nach Hause, den ich an einem Flussufer fand und der mir fortan als Fetisch dient, indem ich ihn anstelle eines Lesezeichens in meiner Karteikartensammlung benutze.

2. Bild

Das quälendste Kapitel meiner Dissertation ist jenes, das sich mit der Archäologie und der materiellen Kultur der Tarahumara in Nordwestmexiko befassen soll. Ich kann die einfachsten, sichtbarsten Dinge nicht beschreiben, wohl aber habe ich jede Menge Theorien parat. Sie haben aber mit den Objekten nichts zu tun, die ich vor mir habe und die ich beschreiben soll. Ich komme an die Dinge nicht heran, weil mir so vieles peinlich ist. Ich möchte den Menschen nichts wegnehmen, möchte sie nicht stören, denke an Raubgrabungen und Beutezüge der Vergangenheit und manchmal wäre ich am liebsten gar nicht hier.

Obwohl ich schon einige Male in der Sierra Tarahumara gewesen bin, suche ich keinen Zugang zu den Objekten, welche die Leute unmittelbar angehen und über die man vielleicht auch leichter Fragen stellen kann als über Religion und Besitzverhältnisse. Ich frage auch nicht, oder nur aus Zufall, nach den Namen von Pflanzen. Meine Sinne drehen sich um die abstrakten Dinge, die Götter, die Himmelsrichtungen, Motive zur Begehung der Riten, politische Verhältnisse. Mehr oder weniger alles, was die Materie berührt, selbst die Materialität der Riten, ihre Namen, ihre Formen, fällt bei mir weg. Ich suche nach dem Großen und Umfassenden, nach dem großen Konzept.

Nach meiner Dissertation erhalte ich eine Arbeitsbeschaffungsmaßnahme am Völkerkundemuseum in Hamburg. O Gott, ins Magazin muss ich. Lieber wäre ich an die Uni gekommen, Theorien machen. Mein Vorgesetzter ist, was die Grundlagen der Dinge angeht, recht konservativ. Ich soll erst mal lernen, die Dinge abzuzeichnen. Hiermit hätte noch jeder Ethnograph seine Karriere begründet. In dieser Lage kommt mir dann ein gewisses Zeichentalent zu Hilfe. Ich zeichne also ab, die Zeremonialpfeile der Huicholindianer, die Keulen der Karajá, Pfeilspitzen der Seri. Das macht mir dann doch Spaß. Ich halte einen Gegenstand lange in der Hand, befrage ihn sozusagen nach seinem Äußeren und interpretiere ihn anschließend mit einer Zeichnung. Dann suche ich nach

Namen, sammle Wörterlisten und erkenne, dass ich keinen Ritus beschreiben kann, ohne seine materielle Grundlage zu kennen. Also ganz faktisch an die Sache herangehen! Ich bringe das Ding zum Sprechen, indem ich seine äußere Form nachzeichne und in der jeweiligen Sprache nach ethnographischen Belegen suche. So entsteht aus dem Objekt durch meine zeichnerische Interpretation eine Darstellung. Ich und das Objekt. Dieser Vorgang ist nachvollziehbar, wenn er auch subjektive Gestaltung immer bleiben muss. Warum habe ich eigentlich Schwierigkeiten mit Banalitäten, mit denen zu anderen Zeiten keiner Schwierigkeiten gehabt hätte?

Während meiner nächsten Feldforschung beginne ich, Steine abzuzeichnen. Das ist eine therapeutische Maßnahme. Früher hatte ich stark unter Langeweile gelitten, die Stille der Sierra Tarahumara hatte mich halb verrückt gemacht und mehrfach war ich Indianern durch laute Selbstgespräche und seltsame Gesten aufgefallen. Jetzt zeichne ich den Stein ab, der vor mir liegt. Das macht mich unter anderem auch ruhig. Ich bin nicht mehr so nervös unter Leuten, für die Nervosität ein Anzeichen von Besessenheit ist. Das Abzeichnen muss den Tarahumara zwar auch noch seltsam vorkommen, immerhin aber kommen wir über diese Tätigkeit ins Gespräch: Wie heißt der Stein, wo kommt er noch vor, wozu wird er gebraucht, wie kommt seine Form zustande... ? Jetzt merke ich, dass man hauptsächlich über konkrete Dinge ins Gespräch kommt, die man in den Händen hält. Ich lerne, was materielle Kultur heißt. Es sind Geschichten über das Faktische.

Jetzt, nach zehn Jahren Studium, habe ich etwas gelernt. Nicht an der Universität, sondern hier, von den einfachen Bauern, lerne ich, die nicht lesen und schreiben können, aber einen Sinn haben für das Konkrete.

3. Bild

Ich erhalte, Anfang der neunziger Jahre, eine Arbeitsbeschaffungsmaßnahme in einem Volkskundemuseum in Glückstadt an der Elbe. Nur weil der Sachbearbeiter offenbar die Begriffe Völkerkunde und Volkskunde nicht auseinanderhalten kann, komme ich als Ethnologe in das dortige Detlefsenmuseum. Es liegt sozusagen direkt vor meiner Haustür. Meine Aufgabe soll sein, die Geschichte der Kultur der Gemüsebauern in der Kremper Marsch zu erforschen und eine Sonderausstellung zu planen. Ich werde also heimatkundlich mit ethnologischen Methoden, die ich bei den Tarahumara gelernt habe, arbeiten. Das ist eine gute Gelegenheit, wissenschaftlich, pädagogisch und auch persönlich ist es eine besondere Erfahrung. Der Leiter des Museums, ein pensionierter Lehrer, ist ein großer Kenner seiner Heimat. Er kennt nahezu jeden Gegenstand in und um Glückstadt. Würde ich ihm irgendeinen Hausstein in dieser Stadt benennen, dann hätte er mir mit einiger Sicherheit eine umfangreiche Geschichte über ihn zu berichten. Jeden Tag legt er mir in etwa zweistündigen Monologen sein lexikalisches Wissen über die Details seiner Heimat vor. Nur Verständnisfragen sind angebracht. Ich lerne die Heimat sozusagen als Molekülgeschichte kennen. Diskutiert wird nicht, macht auch keinen guten Eindruck hier bei ihm und bei den Bauern der Umgebung von Glückstadt, es sei denn es handelt sich um detailbezogene Verständnisfragen, z.B. Schaufelgröße, Hackenlänge, Saatabstände, Kistengrößen, Häufigkeit des Bückens bei Aussaat und Ernte der zahlreichen Kohlarten usw. Antworten gibt es natürlich nur im Krempermarsch-Plattdütsch, das sich noch erheblich, um nicht zu sagen fundamental, von meinem Hamburger Platt unterscheidet.

Ich häufe Detailwissen an, beobachte und dokumentiere die Feldarbeiten innerhalb eines Jahres, lasse mir den Anbauzyklus auf Plattdeutsch erklären und nehme solche Darstellungen sowie die Geschichte des Chinakohls in der Krempermarsch mit dem Tonband auf. Ich ertrage den Spott der Gemüsebauern über den Hamburger Indianerethnologen gelassen.

Meine Sonderausstellung: *Kätner. Gemüseanbau in den Wildnissen um Glückstadt*, gefällt den misstrauischen Bauern. Einige haben mir mit fehlenden Objekten ausgeholfen, sogar eine Feldlore haben sie herangefahren und im Ausstellungssaal montiert. Hier steht nun alles voll wie in einem Schuppen und die emischen Ordnungen sind heimatgetreu abgebildet. Man fände sich in der Ausstellung wieder, heißt es, lobt mich öffentlich und schenkt mir feinsten Glückstädter Kohl. Doch auch meine kleine Geschichte der Kartoffelkiste hat Aufsehen erregt, bei der ich auf eine Normierung aus der Zeit des Nationalsozialismus und ihre Entwicklung bis hin zur multifunktionalen Eurogemüsekiste verweisen konnte.

Bei wem erregt die Ausstellung Aufsehen? Bei den Alten natürlich. Wir haben es in dieser Gegend nämlich mit ausgeprägt gerontokratischen Strukturen zu tun. Wer sich dagegen auflehnt, hat verloren. Museumspädagogik gilt eher als Firlefanz, soweit sie über den klassischen Führungsvortrag hinausgeht. Die Heimat soll hochgehalten werden und der Verdienst einzelner Personen.

Ich lernte während dieser Feldforschung in der eigenen Heimat, in welcher Weise Informanten den Feldforscher instrumentalisieren können, bis hin zu ihrer Selbstdarstellung in einer Ausstellung. Dieser typische Vorgang ist bei einer Feldforschung weit weg von der Heimat wohl nicht so leicht ersichtlich, weil durch die räumlichen, zeitlichen und persönlichen Abstände zum Forschungsgegenstand Ursachen verschleiert werden können. Tatsächlich geben sich manche völkerkundlichen Ausstellungen über fremde Kulturen immer wieder gern als eigentlich heimatkundliche Darstellung, wobei die ethnozentrische Vorstellung von Heimat unbewusst dem Afrikaner, Indianer, Asiaten unterstellt wird. Jedenfalls ist es ein schwieriger Vorgang, von dem man erst einmal wissen muss.

Dass ich davon eine Ahnung erhielt, dafür danke ich den Gemüsebauern in den Wildnissen um Glückstadt und dem Arbeitsamt in Elmshorn.

Zu einer Theorie der ethnographischen Ausstellung

Nach diesen kurzen, weitgehend persönlich gefärbten Ausführungen, möchte ich versuchen, meine Erfahrungen in einen größeren theoretischen Rahmen zu stellen. Inwieweit wirkt sich Feldforschungserfahrung auf die Ausstellungstätigkeit und ihr Hintergrundgeschehen, Sammlung, Konservierung und Überlegungen zur Präsentation, aus? Und ist eine Feldforschung überhaupt notwendig, um Objekte und deren kulturelle Zusammenhänge einem Publikum vorzustellen, das selbst nie Feldforschungen macht bzw. Feldforschung in der Regel als Urlaub missversteht? Wäre es nicht sogar besser, eine Ausstellung nicht mit den notgedrungen starken subjektiven Erfahrungen einer Feldforschung zu belasten? Und schließlich die Ausbildungssituation in der Ethnologie: Wer käme auf die Idee, Feldforschungsmethoden zusammen mit museologischen Fragestellungen zu diskutieren?

Die letzte Frage kann ich gleich beantworten: Feldforschung, das Anlegen von Sammlungen und Museologie werden in den Lehrplänen in der Regel als unterschiedliche Fragestellungen und Strategien behandelt. Abgesehen davon, dass das Thema »materielle Kultur« heute eher ein Schattendasein in vielen Instituten genießt, würde man hierunter primär eine Objektkunde im klassischen Sinne von Hirschberg/Janata verstehen. Ich denke aber, um nun diese Frage weiterzuverfolgen, dass eben gerade diese Objektkunde, wenn sie nicht den speziellen Hintergrund derer betrachtet, die ein Objekt entdecken und beschreiben, eine außerordentlich einseitige und zunächst auch langweilige Angelegenheit bleiben muss. Objekt ist eben nicht nur Objekt. Seine Reise in die Sammlung eines Museums ist eine spezifische Geschichte, die übrigens auch von den Museumsbesuchern häufig eingefordert wird. Ein Objekt hat neben seinem kulturhistorischen Hintergrund weiterhin naturwissenschaftliche Dimensionen (botanische, zoologische, ökologische), die interdisziplinär aufgezeigt werden können. Die Besucher möchten auch hiervon mehr wissen und Vergleiche mit ihren eigenen Erfahrungen anstellen.

Aufgrund eines mit der Zeit angestaubten Begriffs »materielle Kultur« mögen wohl die meisten Studenten und Studentinnen dieses Fach wohl auch nicht besonders, bzw. sehen »materielle Kultur« eher als ein unter den »großen Theorien« untergeordnetes Fach an. Nach meinen Erfahrungen ist diese Meinung in den letzten Jahren stärker geworden. Ich sehe das bei der Besetzung von Volontariatsstellen bei uns im Landesmuseum. Die meisten, die sich bei uns für ein ethnologisches Volontariat vorstellen, haben einen Zugang zum ethnographischen Objekt nicht gelernt, haben unspezifische Abneigungen dagegen und sehen im Objekt sogar einen negativen Beleg der Existenz von Exotismus. Diese Haltung scheint besonders in der Ethnologie ausgeprägt zu sein, anders als in der Volkskunde, Archäologie, Kunstgeschichte und in naturwissenschaftlichen Fächern. Ich behaupte, dass besonders in der deutschen Ethnologie die Ambivalenz zum Objekt stark ausgeprägt ist. Nicht wenige Ethnologen selbst mit ausgedehnter Feldforschungserfahrung haben überhaupt keine Lust, Objekte zu sammeln. Daran ist allerdings nichts zu ändern. Vielleicht hängt dies auch damit zusammen, dass man »anderen Kulturen nichts wegnehmen« möchte, die Erfahrungen von Raubgrabung und Raubzug im kolonialen Kontext noch heute die Feldforscher belasten und deshalb der Begriff Sammeln ideologisch negativ besetzt wurde. Ich denke aber, dass gerade nach der Erfahrung »Raubgrabung und Raubzug« eine Feldforschung unter dem Gesichtspunkt des Sammelns für Museumsbesucher glaubwürdig beschrieben werden muss. Ist Sammeln nicht ein legitimer kultureller Austausch? Ist die Geschichte einer speziellen Scham, die offenbar mit dem Sammeln zusammenhängt, nicht wert, offengelegt zu werden?

Worauf ist die Ambivalenz zum Objekt in der Ethnologie zurückzuführen? Ich sehe einen wesentlichen Grund hierfür in den vorhandenen Gewohnheiten und Machtstrukturen. Nicht alle und eher wenige ethnologische Institute sind in Deutschland arbeitspraktisch mit einem Museum verbunden. Gelegentlich gibt es sogar Feindschaften unter Mitgliedern beider Institute. Das Museum als Ort der Öffentlichkeitsarbeit ethnologischer Forschung existiert in den Köpfen noch viel zu wenig. An ein Museum zu gehen gilt bei vielen Studenten und Studentinnen nach meiner Beobachtung noch immer eher als eine Auswegslösung, wenn nicht die Lage am Arbeitsmarkt diktieren würde, auch einen Job am Museum in Betracht zu ziehen. Diese Haltung war in den sechziger und Anfang der siebziger Jahre derart stark verbreitet, dass Kustodenstellen Mangels Bewerber häufig schwer zu besetzen waren. Das hat sich, wie gesagt, heute zwar geändert, aber als Idealbild des Berufsbildes gilt nach wie vor ein Posten in der Lehre. Museumsethnologen werden im übrigen unter Universitätsethnologen nicht immer ganz für voll genommen. Sie haben es schwer, als Forscher im eigenen Kollegium Anerkennung zu finden. Praxis, Nähe zum Publikum, Definition des Forschungsgegenstandes aufgrund guter Kenntnis der populären Fragen ist, in der Tendenz jedenfalls, nicht so sehr gefragt, wie das Schmieden von Theorien im fachwissenschaftlichen Kreis. Es handelt sich hierbei aber sicherlich um ein typisch deutsches Phänomen.

Ein weiterer, nicht unwesentlicher Grund, ist das nicht immer positive Image des Völkerkundemuseums. Es ist häufig zu vernehmen, dass die am Ort vorhandenen ethnographischen Sammlungen und ethnologischen Ausstellungen den Bewohnern dieses Ortes völlig unbekannt sind. Mit dem Namen

Feldforschung und ethnologische Ausstellung

Völkerkundemuseum werden oft Begriffe wie »langweilig«, »dunkel«, »knarrende Fußböden«, »verschrobene Museumswärter« oder »in der dritten Welt zusammengeklaute Sammlungen« assoziiert. Wohl alle Völkerkundemuseen haben mit diesem Negativimage zu kämpfen und versuchen neue Wege, unter Umständen mit aktionsartigen Veranstaltungen unter Titeln wie etwa »Tango mit den Göttern«. Derart rein populäre Veranstaltungen haben aber nur kurzfristige Effekte. Aus einer solchen Entwicklung könnte sich die Forschung zurückziehen. Wissenschaft kann sicherlich auch ein »event« sein, aber auf lange Sicht wäre so eine Darstellungsweise schädlich. Ethnologie ist kein »event«. Stattdessen müsste die Forschung am Museum verstärkt werden, nicht im Sinne einer Stärkung des Elfenbeinturms, sondern im Sinne der Erhöhung der Transparenz ihrer gesellschaftlichen Inhalte und Aufgaben für das Publikum.

Ich denke, dass in diesem Sinne der Name »Völkerkundemuseum« nicht mehr aktuell ist. Ein Name wie »Museum für Ethnologie« wäre genauer, weil »Ethnologie« die große Breite der ethnologischen Forschungen bzw. ihre interdisziplinären Möglichkeiten heute genauer wiedergibt, als der Begriff »Völkerkunde«. Der sagt zwar im Prinzip dasselbe, kommt aber heute gegen sein ältliches Image kaum noch an. Ich sage bewusst nicht »Ethnographisches Museum«, weil es wie gesagt nicht nur reine Objekte sind, die in einem solchen Museum ausgestellt werden. Damit komme ich auf meine ersten Fragen zurück.

Inwieweit wirkt sich Feldforschungserfahrung auf die Ausstellungstätigkeit und ihr Hintergrundgeschehen, Sammlung, Konservierung und Überlegungen zur Präsentation, aus? Und ist eine Feldforschung überhaupt notwendig, um Objekte und deren kulturelle Zusammenhänge einem Publikum vorzustellen, das selbst nie Feldforschungen macht bzw. Feldforschung in der Regel als Urlaub missversteht? Es ist keine Frage, dass eine Feldforschung gewisse Zugänge zur Vermittlung gesellschaftlichen Geschehens einer Ethnie und der Objekte, die dabei eine Rolle spielen, erleichtern kann. Aber nicht zwangsläufig, denn hierzu gehört natürlich auch pädagogisches Wissen und Geschick in der Darstellung. Ein Lehrer oder Museumspädagoge, der Interesse für ein Volk und seine materielle Kultur entwickelt, könnte auch ohne vor Ort gewesen zu sein sein Gebiet spannend schildern. Das zeigt die alltägliche Praxis im Museum. Mit dem Begriff Feldforschung und ethnographische Ausstellung meine ich aber noch etwas anderes als sinnliches Vermittlungsgeschick.

Feldforschung ist das wesentliche Kapital der Ethnologie. Hier ist der Begriff entwickelt worden und erfuhr weitgehend methodische Anerkennung in anderen Disziplinen, die ihn dann auch übernommen haben. Feldforschung weist die Ethnologie als eine objektiv problematische Wissenschaft aus, wo subjektive Entscheidungen und die dokumentatorische Arbeit des Beobachtens miteinander vermischt werden und schwer nachprüfbar sind. Feldforscher zu sein heißt: ich bin selbst ein Objekt der Studie. Was Feldforschung aber in seiner Gesamtheit, vor allem im Zusammenhang mit dem geplanten Sammeln von Objekten, bedeutet, ist schwer glaubwürdig zu machen. Fast immer wird dahinter eine verdeckte Form des Urlaubs vermutet. Keiner versteht, was Feldforschung eigentlich bedeutet. Kollegen aus anderen Fachgebieten darzustellen, was meine Feldforschung bezweckt und welche Risiken, nicht zuletzt gesundheitliche, damit zusammenhängen, habe ich längst aufgegeben. Ich mache mich, je mehr ich rede, nur um so verdächtiger.

Trotzdem: Die ersten Fragen, die ein Museumsbesucher an mich nach einem Vortrag über die Tarahumara oder die Gemüsebauern aus Glückstadt stellt, sind immer die: »Warum sind Sie gerade dahin gegangen und nicht woandershin?« Und: »Wie sind sie von den Menschen dort angenommen worden und unter welchen Umständen haben Sie die Objekte, die Sie uns hier zeigen, bekommen?« Aus diesen Fragen heraus habe ich als Museumsethnologe Ausstellungen aufzubauen. Viele Besucher wollen m.E. nicht nur interessante, wertvolle Objekte und Kulturschätze im Museum sehen, sondern sie möchten die spezifischen menschlichen Informationen erfahren, die hinter diesen stehen. Bei zahlreichen Objekten, vor allem aus älteren Sammlungen, sind solche Informationen nicht bekannt oder man kann nur in bedauerndem Unterton, der regelmäßig unglaubwürdig wirkt, von spätkolonialen Zusammenhängen und Raubgrabungen berichten. Das wirft bekanntlich jede Menge Probleme auf, denen sich kein anderes Museum als das Ethnologische Museum in diesem Ausmaß gegenübersieht. Man könnte das natürlich mit Ausstellungen lösen, in denen z.B. auch das Problem des kulturellen Patrimoniums und des Erhalts von Kulturgütern dargestellt wird. Solche Ausstellungen gab und gibt es nur höchst selten, weil keiner das heiße Eisen gern anfasst oder etwa nicht anfassen darf. Die Zusammenhänge und Widersprüche des Sammelns während der Kolonialzeit nehmen Besucher unter Umständen als eigentliche Erkenntnis mit nach Hause. Da bleibt ein eigenartiger Muff zurück, der am Völkerkundemuseum eben per se zu hängen scheint.

Als Feldforscher kenne ich die Hintergründe und weiß um meine eigene Geschichte als Beobachter und Sammler. Um sie zu zeigen, müssten ältere Sammlungen ergänzt werden durch die Beschreibung neuer Feldforschungsmethoden im Zusammenhang mit Objekten und Sammlungsgeschichten. Würde das aber nicht zu kopflastigen Ausstellungen führen, wie wir sie in den siebziger Jahren schon hatten? Keinesfalls, wenn man die Erfahrungen aus dieser Zeit ernst nimmt und bearbeitet. Gestaltungskonzepte von Ausstellungen lassen heute genügend Freiräume, um auch schwierige Themen bildlich und spannend umzusetzen. Zu den klassischen Sammlungsobjekten müssten auch andere Gegenstände aus dem Archiv eines Museums in die inhaltliche Szene eingebaut werden: Tagebücher, Tonaufnahmen, Ausrüstungen, Fotos, Zeichnungen usw. Dazu würden auch Dokumente von jener Ethnie gehören, aus der die gezeigten Objekte stammen und wie diese ihre museal gewordenen Dinge heute selbst beschreiben würde. Feldforschungen bauen heute in der Regel auf ein demokratisches Miteinander mit den Informanten auf. Sie selbst könnten mehr Einfluss auf die Gestaltung einer Ausstellung nehmen als es früher der Fall war, ohne dass man sich zum Instrument ihrer Interessen machen müsste. All dies bedeutet, dass die klassischen Sammlungsstrategien erheblich erweitert werden müssten durch Material, das sich bisher nur vereinzelt in den Sammlungen befindet.

Um mit anderem Material und anderen Fragestellungen umgehen zu können, brauche ich aber auch einen Begriff von Gestaltung dessen. Gestaltung als Voraussetzung von Ausstellungen hat heute eine ganz andere Dimension als früher bekommen. Ethnologen, die lange mit einer Ethnie zusammengelebt haben, müssen sich in der Museumspraxis die Gestaltung ihres eigenen Themas oft von Grafikern bzw. Ausstellungsgestaltern aus den Händen nehmen lassen, die natürlich immer alles besser wissen. Es heißt zur Begründung gern, dass Wissenschaftler ja nicht gestalten könnten. Zum Teil mag diese Kritik auch berechtigt sein. Wer aber lange Feldforschung betrieben und gesammelt hat, hat Bilder in der Erinnerung, die in eine Ausstellung gestalterisch umgesetzt werden können. Das aber muss gelernt werden im Fach »Museologische Gestaltung« im Rahmen eines Ethnologiestudiums. Die Kenntnis der Typologie von Pfeilspitzen, Pflanzstäben und Hacken allein reicht nicht mehr aus.

Eine weitere meiner Fragen lautete: Wäre es nicht didaktisch besser, eine Ausstellung mit den notgedrungen subjektiven Erfahrungen einer Feldforschung gar nicht erst zu belasten? Man hat früher das Problem des Sammelns aus den Ausstellungen herausgelassen, weil das Museum u.a. ein sakraler Ehrenplatz für die Stifter sein sollte. Feldforschung war ebenso kein Thema, wenn es nicht um eine positive Schau des Europäers als Kolonisator oder Missionar ging. Feldforschung als subjektives Problem ist inzwischen erkannt, und es gibt verschiedene Ansätze in der Literatur dazu: Einmal die klassisch theoretischen Abhandlungen. Aus Sicht der Museumsbesucher wären diese aber meistens als dröge und kopflastig zu bezeichnen. Dann gibt es die sogenannten ethnopoetischen Schilderungen, wie sie zum Beispiel Hubert Fichte versuchte. Solche Ansätze finden in der Ethnologie, Universität und Museum eingeschlossen, bisher wenige Freunde, weil die subjektive Seite zu »überbetont« und die Beweggründe des Forschers bis in seine persönliche Geschichte »zu« detailliert bzw. zu »künstlerisch« verfolgt werden. In Fichtes »Geschichte der Empfindlichkeit« gibt es aber m.E. Ansätze, die methodisch bzw. dramaturgisch in der Anordnung des ethnographischen Objekts gut benutzt werden können. Das muss nicht zu einem subjektiven Exzess führen, gerade das nicht, sondern zu mehr Genauigkeit im Aufzeigen der Rollen des Ethnologen im Feld. Einen weiteren kritischen Ansatz finden wir in Nigel Barleys Texten über den Feldforscher, wo dieser in der Zwangsjacke seiner Rolle als »Witz an sich« und gelegentlich als Blödmann aufgezeigt wird. Die relativ hohe Popularität der Werke Barleys beweist, dass er einen Punkt berührt hat, der allgemein interessiert, nämlich Nachdenken über den Sinn von ethnologischen Forschungen und humorvolle Kritik an der praktischen Ausführung. Die literarische Überziehung dieses Themas führt bei Barley allerdings zur Verballhornung des Ethnologen und seiner Aufgaben. Immerhin hat er den Humor wiederentdeckt, wie andere, weniger populäre Ethnologen vor ihm.

Humor und Sinnlichkeit sind Elemente, die zu Ausstellungen dazugehören, zumindest unbewusst. Sie aber bewusst und genau abzuleiten aus einem Feldforschungskontext wäre wiederum eine Forschungsaufgabe, die der Ausstellung schließlich ein anderes Gepräge geben würde. Die zum Sprechen gebrachte Subjektivität des Forschers und Sammlers verleiht der Ausstellung ein besonderes Leben, das Besucher erkennen, erfühlen, erblicken, riechen. Ausstellung ist also nicht nur Objektschau, sie zeigt menschliche Situationen und Typen und muss immer auch Kunstform sein. Sie setzt sich eigenartig über den trockenen wissenschaftlichen Gegenstand und seine fachinterne Ausschließlichkeit hinweg.

Ausbildung und Öffentlichkeit

Bernhard Streck

Das Museum für Völkerkunde als ethnologische Praxis

Die Bildungsreformen der letzten Jahrzehnte haben in vielen westlichen Ländern aus ehemals kleinen, nur für Außenseiter attraktiven Universitätsdisziplinen Massenfächer gemacht, die völlig neue Legitimationsprobleme aufwarfen. Bedurfte das Studium der sprichwörtlichen »höheren Tochter« keiner weiteren Begründung, da es die Zeitspanne zwischen Schulabschluss und Standesheirat nach bildungsbürgerlichen Standards zu füllen versprach, die ihren Zweck in sich selbst besaßen und nur dem »Wahren, Schönen, Guten« verpflichtet zu sein hatten, riefen die seit den 70er Jahren in die Geisteswissenschaften strömenden Studenten nach einem neuen Sinn ihres Tuns. Behaglich vor sich hin arbeitende und an ihrer inneren Unruhe genug habende Wissenschaften wie Kunstgeschichte, Theaterwissenschaft oder auch Ethnologie sahen sich plötzlich auf die Straße gezerrt und mit gänzlich ungewohnten Fragen nach ihrer gesellschaftlichen Rechtfertigung konfrontiert. Viele von uns haben diese Wende, die auf theoretischem Gebiet mit der sogenannten soziologischen Wende einherging, am eigenen Leibe miterlebt, bzw. mitgetragen, wenn nicht gar mitbetrieben.

In den ideologisch aufgeheizten Debatten der 70er Jahre spielte ein Verhältnis die zentrale Rolle, das auch den Kern der marxistischen Bewegung ausgemacht hat: das Verhältnis zwischen Theorie und Praxis. Nach Lawrence Kraders Neuem Materialismus[1] handelt es sich dabei um die beiden Seiten ein und derselben Medaille, nämlich der Arbeit des Menschen. Trotzdem ist die Geschichte des politischen Materialismus vom rhythmischen Streit darüber geprägt, ob die eine Seite die andere majorisieren dürfe oder umgekehrt. Wer zuviel Theorie betrieb, wurde im Staatskommunismus zwangsweise in die Produktion gesteckt. Wer dort allzu theorielos vor sich hin werkelte, bekam eine Kapitalschulung oder Umerziehung verpasst. Das Bemühen um einen Ausgleich zwischen beiden Seiten gesellschaftlicher Arbeit machte die Dynamik dieser ganz auf Planung und Realisierung fixierten Politik mit ihren katastrophalen Ergebnissen aus.

Mit der genannten soziologischen Wende, die in Westdeutschland von der freudomarxistischen »Kritischen Theorie der Gesellschaft« angeführt wurde, hielt das Denken in Theorie und Praxis auch in Fächern wie der Ethnologie

Einzug. Die deutsche Völkerkunde war darauf nicht vorbereitet. Zwar kannte man den Kuhn'schen Paradigmenwechsel und den Streit zwischen Strömungen und Schulen, von einem »dialektischen« Verhältnis zwischen Theorie und Praxis wurde in den maßgeblichen Schulzusammenhängen aber nicht gesprochen. Einzig der deutsche Funktionalismus, der infolge des frühen Verlustes der Kolonien einen schweren Stand hatte, verstand sich als Vorbereitung auf koloniale Praxis und nahm sich die britische, zum Teil auch die französische oder holländische Kolonialethnologie zum Vorbild.[2]

Dieser Praxisbezug, der ethnologisches Wissen für die Verwaltung und Entwicklung außereuropäischer Besitzungen einsetzt, war in den 60er und 70er Jahren gründlich perhorresziert worden. Unter dem schrecklich klingenden Etikett der *counter insurgency research* wurde jede politische und praktische Arbeit von Ethnologen gebrandmarkt, die nicht nachweislich dem antikolonialen Kampf der nichtwestlichen Völker zugute kam. Es wurde also unterschieden zwischen richtiger und falscher Praxis, analog dem Gegensatz von richtiger und falscher Theorie. Das Problem in der westdeutschen Völkerkunde jener turbulenten Jahre war, dass sie auch keine falsche Praxis betrieb, sondern überhaupt keine. Von den vergeblichen Rufen einiger Fachvertreter abgesehen, die in der die Kolonialpolitik ablösenden Entwicklungspolitik gehört werden wollten, arbeiteten die Ethnologen im Nachkriegswestdeutschland praxisabstinent und allein an konzeptionellen wie kategoriellen Problemen orientiert; sie setzten sich damit auch dem Vorwurf der Theoriefeindlichkeit aus und antworteten darauf mit dem Verweis auf die Irrtümer im deutschen Revivalismus 1933-45.[3]

Die deutsche Völkerkunde konnte also auf die in den 70er Jahren massenhaft gestellte Frage nach dem Praxisbezug des Ethnologiestudiums nur mit Ratlosigkeit antworten. Ihr war der Umgang mit den Objekten in Museen und Sammlungen immer genug »Praxis« gewesen; ja die deutsche Völkerkunde hielt sich zugute, diesen »Realitätsbezug« nie aufgegeben zu haben im Vergleich zu westeuropäischen und US-amerikanischen Schulen, die sich in theoretischen Sphären verloren hatten und nicht mehr interessiert waren am Unterschied zwischen Grabstock und Hacke oder zwischen Tüllen- und Dornschäftung. Zwar gab es in England, Frankreich und USA auch Spezialisten für solche Fragen, sie wurden aber übertönt von den Funktionalisten, Strukturalisten, den Neomaterialisten und -marxisten, den Kognitiven und Postmodernen. In Westdeutschland fehlten solche Epizentren theoriegeschichtlicher Erregung; trotz der beflissenen Rezeption der ausländischen Winde blieb das Erdhafte der Deutschen Völkerkunde im Wesentlichen erhalten, ihre Bevorzugung der Produktion vor der Verteilung, ihre Fixierung auf die »materialisierte Kultur«[4] und ihre Skepsis gegenüber Spekulationen über das »Wilde Denken« oder die Macht der »Sozialstruktur«.

Das Museum für Völkerkunde als ethnologische Praxis

Wo der Gegensatz zwischen geduldiger Kärrnerarbeit an den Sammlungen und brillanten Debatten in Hörsälen und Cafés fehlt, müsste man eine Harmonie zwischen Völkerkundlern in Museen und solchen in Universitäten annehmen können. Leider profitierte die deutsche Völkerkunde wenig von ihrer theoretischen Sterilität. Es ging ihr wie dem Eunuchen, dem zwar das Vermögen, nicht aber das Verlangen genommen ist. Gerade weil es die deutsche Nachkriegsethnologie zu keinem eigenständigen Wurf gebracht hat, der auch im Ausland anerkannt worden wäre, entwickelte sich eine Art ethnologischer Selbsthass. Besonders an den Universitäten, die die bildungspolitische Öffnung mit einer numerischen Überschwemmung bezahlen mussten, stellten sich Anzeichen von Hass gegen die Museumsethnologie ein, die ihre kolonialen Trophäen verwaltete, als sei nichts geschehen.

Die Kluft zwischen Museum und Ethnologie ist heute, wo die Ideologien ermattet sind und sich bei den Studenten ein neuer Realismus eingestellt hat, nicht mehr so evident wie noch vor zwanzig Jahren. Andererseits kann nicht von einem Friedensschluss gesprochen werden, wie die Debatten um die Restitutionsproblematik, das Verhältnis zum Kunstbegriff oder die Museumsbenennung zeigen. Nähe bzw. Ferne zu den Ethnographica, die man anfassen kann, katalogisieren, restaurieren, konservieren und fotografieren muss, die man vermehren, verleihen und auch ausstellen kann, schafft zwangsläufig Unterschiede, die schwer zu überbrücken sind. Trotzdem möchte ich in meinem Beitrag zeigen, dass, wenn es eine Praxis der Ethnologie geben sollte, diese nur im Museum liegen könne. Dazu werde ich im folgenden einige Überlegungen des Museumsmannes, Kulturanthropologen und Anthroposophen Richard Karutz vorstellen und danach einige Erfahrungen mitteilen, die das Leipziger Institut für Ethnologie mit dem Museum für Völkerkunde zu Leipzig machen konnte.

I.

In seiner wenig bekannten und von 1930 bis 1934 in 5 Bänden herausgegebenen »Moralischen Völkerkunde« wirft Karutz die Frage nach der Daseinsberechtigung der Museen für Völkerkunde auf. Die Bedeutung dieser Frage wird erst nachvollziehbar, wenn man weiß, dass die anthroposophische Völkerkunde einen Feldzug gegen den Materialismus begonnen hatte, d.h. vor der schier unlösbaren Aufgabe stand, der auf materielle Kultur fixierten Museumsethnologie ihren quasi natürlichen Materialismus auszutreiben. Karutz sieht keinen Gegensatz zwischen Museumsethnologen und Universitätsethnologen; beide spiegelten sich gegenseitig und seien allein an der Anhäufung und Systematisierung von Wissen oder Materialien interessiert und hätten damit der heutigen Menschheit überhaupt nichts zu sagen.

Warum nichts? Karutz lässt einen enttäuschten Museumsbesucher sprechen:

> »Selbst dann nützen uns die Waffen, Fellkleider, Feuerbohrer, Götzenfratzen und dergleichen im Museum gar nichts! Das ist ja alles überholt; das ist eben Museum. Heute fahren die Neger Fahrrad und Kraftwagen; der Türke geht ohne Fez und der Chinese ohne Zopf, die Türkin ohne Schleier, die Chinesin ohne Fußverkrüppelung; [...] wenn ich fremde Länder und Menschen sehen will, wie sie wirklich sind, so gehe ich ins Kino.«[5]

Im weiteren Verlauf seiner damals in Dornach bei Basel gehaltenen Vorlesung beschäftigte sich Karutz mit unterschiedlichen Enttäuschungen seiner Zeitgenossen über das Völkerkundemuseum. Da ist der »Wandervogel«, wie der Vorläufer unseres Ökofreaks genannt wurde, dem der Naturbezug fehlt; dann der Kunstfreund, den das Primitive ästhetisch und stilistisch erschreckt, oder der Kolonialnostalgiker, der im Völkerkundemuseum noch trauriger wird, weil alle Exotik und die Herrschaft über sie für Deutsche verloren schienen.

Die Museumsethnologen, sagt Karutz, der selber einer war, trügen selbst Schuld daran, dass alle diese Menschen statt belehrt, eher entleert aus dem Museum kämen. Dafür sei ihr Materialismus verantwortlich, der den Menschen einzig vom *labora* her begreife und für das *ora* der Eingeborenen so schreckliche Begriffe wie »Zauberei, Aberglaube, Fetisch und dergleichen« verwende. Als »Sammel- und Aufbewahrungsstelle für unzeitgemäßes Kulturgut« habe das Völkerkundemuseum aber keine Daseinsberechtigung, schon gar nicht in der Zeit der frühen 30er Jahre, die Karutz mit dem Neumond oder dem Dunkelmond verglich.

> »Heute aber will die Welt, die vom Materialismus in Sumpf und Wüste geführt worden ist, aus Sumpf und Wüste heraus. Darum muss auch das Museum aus dem Materialismus, aus dem besitzfrohen Anhäufen von bloßem Material, aus dem oberflächlichen Beschreiben der stofflichen Dinge heraus. Es muss zum Leben zurück, es muss dem Leben, dem Leben der Gegenwart, dem Leben des Gegenwartsmenschen dienen.«[6]

Für Karutz hatte das Museum statt der Materie den Geist zu vermitteln, d.h. den Geist, der in der Materie steckt oder dort erstarrt ist. Und dieser Geist war für ihn der Volksgeist, letztlich aber der Geist des Heidentums, das von Ehrfurcht und nicht von Furcht, wie die Missionare behaupteten, erfüllt sei. Das Völkerkundemuseum als Anstalt zur Vermittlung von Ehrfurcht – das schien Karutz der richtige Bildungsauftrag und die richtige Legitimation zu sein. Mit seinen Ausstellungen soll das Museum zur Bewusstwerdung beitragen; was aber bewusst gemacht werden soll, ist das Mysterium der Kultur und aller Kulturen:

> »Die gesamte Kultur der frühen Völker enthüllt sich uns hier als Mysterienkultur, und umgekehrt enthüllen sich unsere eigenen Vorstellungen, Gebräuche, Wortbilder als Veräußerlichungen ehemaliger innerlicher geistiger Geschehnisse der Mysterienkulte. Die Quellen von Religion, Wissenschaft und Kunst erweisen sich als eine einzige Quelle, nämlich als die im Mysterium nacherlebte Wirklichkeit geistiger Geschehnisse.«[7]

Damit hat das Völkerkundemuseum einen Verwandlungsauftrag bekommen: aus dem hochnäsigen Zivilisationsmenschen mit seinem »überlegenen«, »bemitleidenden« oder »verzeihenden Lächeln« gegenüber den farbigen Völkern wird ein Nichtwissender, ein Abergläubischer, ein Furchtgebannter und Religionsloser. In dieser Metamorphose erkennt der Besucher sich als Mensch. Den aus der griechischen Antike überkommenen Auftrag des *Gnothi sauton* (Erkenne dich selbst) hat Karutz über das 25 Jahre von ihm geleitete Lübecker Völkerkundemuseum schreiben lassen. Das mit dem Museum anvisierte Erkenntnisziel stand aber fest: es war der Geist, der vor aller Materie besteht, und der auch Inhalt aller Mysterienreligionen war und der im Tod als der Befreiung von der Materie sich offenbart.

Von diesem Geist des Todes wissen nach Karutz die heutigen Europäer nichts, wohl aber die Heidenvölker, die die Ethnologie als Heidenkunde studiert und deren Wissen die ethnologischen Museen als Heidenmuseen ausstellen. Über diese thanatologische Botschaft des Völkerkundemuseums schreibt Karutz: »Die Totenfeiern stellten das Leben der Seele und das Erleben der Seele nach dem Tode dar. Das Hauptdarstellungsmittel war: die Maske. Darum tritt der Museumsbesucher in Lübeck zwischen zwei Maskenträger hindurch auf den Wahrspruch: ›Erkenne dich selbst‹ zu.«[8]

Karutz' Völkerkundemuseum will Museum im griechischen Sinne sein: Tempel, Ort der Verwandlung und Initiationsschule. Dieses Museum hat dieselbe Aufgabe wie das frühe Theater: ein thanatologisches Ereignis, das die Lebenden den Toten übergibt und sie als Tiere, als Mischwesen oder als groteske Gestalten erscheinen lässt. In diese Welt, die dem Menschen der Industriezivilisation gänzlich fremd geworden ist, wird der Museumsbesucher »eingeweiht« - wohlgemerkt, nur wenn die Ethnographica in den Vitrinen auch entsprechend präsentiert wurden. Andernfalls verlässt der Besucher das Haus so leer, wie die oben angeführten Museumskritiker es zum Ausdruck brachten.

II.

Karutz' Museumskonzeption war zwar theoriegeleitet, aber sollte Praxis sein, ethnologische Praxis. Dem Besucher wird Ehrfurcht gezeigt und dabei verwandelt er sich vom vermeintlich Wissenden zum wirklich Wissenden, zum Eingeweihten in ein Mysterium. Ich habe diese wenig bekannte anthroposophische Völkerkunde nicht deswegen ausgewählt, weil ich ihre Botschaft für die einzig richtige hielte. Trotz ihrer Nähe zur deutschen Kulturmorphologie (oder auch vielleicht wegen ihr) steckt sie voller Widersprüche und mutet im modernen Kontext seltsam weltfremd an. Karutz sollte uns hier in erster Linie zeigen, wie sich das Völkerkundemuseum in geradezu idealer Weise als weltanschauliches Instrument zur Volkserziehung verstehen lässt. Vorzugsweise am Sonntagmorgen zieht es den vom Kirchenbann befreiten Bürger in die Museen und nirgendwann sonst ist er so formbar und aufnahmebereit wie in diesen stillen und erwartungsfrohen Stunden vor dem Mittagessen. In Basel, wo ich meine ersten Semester Völkerkunde studiert habe, teilt sich zu dieser Zeit der Bürgerstrom auf dem Münsterberg: ein Teil entscheidet sich für die reformierte Langeweile in steril geputzter Gotik, ein anderer für den Zauber des Kulthauses der Abelam, das Frau Hauser-Schäublin im jetzt umbenannten Völkerkundemuseum errichtet hat.

Karutz war nun beileibe nicht der erste oder einzige, der das Bildungspotential des Völkerkundemuseums richtig eingeschätzt hat und entsprechend einsetzen wollte. Ich hätte zur Illustration meiner These, dass das Museum die Praxis der Ethnologie ist, auch die sozialdemokratische Auswertung des Inkareiches durch das Frankfurter Völkerkundemuseum in den frühen 70er Jahren anführen können, oder die Inszenierung von Völkerfreundschaft nach sowjetrussischem Modell im Leipziger Museum der Vorwendezeit oder die zeitgemäße Rehabilitation des Drogenkonsums im Kölner Rautenstrauch-Joest-Museum Anfang der 80er Jahre. Alle diese Beispiele zeigen, wie sich Ethnographica als verwandelte in idealer Weise dafür eignen, Botschaften zu vermitteln, die weit über ihre wie immer auch geartete lokale Bedeutsamkeit hinausreichen.

Wahrscheinlich ist es die vieldiskutierte Rekontextualisierung der Objekte, die diese ungewöhnliche, um nicht zu sagen unheimliche Macht freisetzt. Die Gegenstände in den Magazinen und Vitrinen sind aus ihrem Kontext herausgerissen und warten wie trockene Samenkörner auf eine neue Verpflanzung und auf ein neues Ausblühen. Wir sind uns einig, dass nur ausgebildete Ethnologen - und nicht etwa Kunstsammler, Kulturpolitiker oder Geschäftsleute - wagen können, diesen neuen Kontext abzustecken, in dem die verpflanzten Gegenstände neue Kräfte entfalten können. Insofern hatte Karutz sicher recht, wenn er vom Museum als Stätte der Metamorphose sprach. Zuerst aber muss die Metamorphose der Objekte begriffen werden, bevor an die Metamorphose der Betrachter gedacht werden kann. Deren Verwandlung vom Herabsehenden zum Hinaufsehenden gelingt um so eher, als der Ausstellungsmacher über die Verwandlung seiner Objekte selbst Bescheid weiß und die Objekte zum Subjekt seiner eigenen Verwandlung werden konnten.

Das Museum für Völkerkunde als ethnologische Praxis

Damit sind wir endlich bei der Bedeutung des ethnologischen Studiums angelangt, das an der Universität absolviert wird und das immer wieder von der Frage nach Praxisbezug unterbrochen wird. Meine Antwort darauf lautet - ich wiederhole -: Die Praxis des Ethnologen ist das Museum, und nicht die Entwicklungspolitik, der Auswärtige Dienst, die internationale Sozialarbeit oder die Schule. An allen diesen Orten kann ethnologisches Wissen angefordert werden und die Ethnologie täte gut daran, diesbezüglichen Bedarf etwas rascher zu registrieren und zu beantworten. Aber was das Museum als Stätte ethnologischer Praxis aus allen anderen möglichen Empfängerstationen ethnologischen Wissens heraushebt, ist die Integration seiner Aufgaben und Probleme in die ethnologische Ausbildung.

Auch wenn wir in unserer Studienberatung auf die Nützlichkeit von Fächerkombinationen mit Politologie, Ökonomie, Soziologie, Geographie und dergleichen mehr verweisen, wird die politologische, ökonomische, soziologische oder geographische Sicht nichtindustrieller Kulturen kein Bestandteil unserer ethnologischen Curricula werden. Die Zeiten, wo man nach Abschaffung der Ethnologie zugunsten einer linken Weltsoziologie rief, sind glücklicherweise vorbei. Heute fragen die Nachbarwissenschaften selbst bei der Ethnologie an und die kulturvergleichende Perspektive wird in immer mehr Zusammenhängen als Voraussetzung für Lösungen anerkannt, auch wenn Tendenzen, angesichts von Massakern und Säuberungen das ethnische Argument zu diskreditieren, nicht übersehen werden dürfen.

Den einzigen außeruniversitären Kontext, der in die ethnologische Grundausbildung einzubeziehen ist, stellt das Völkerkundemuseum dar und nach dem oben Gesagten über die Bildungsfunktion dieser Einrichtungen und über das Wirkungspotential der verpflanzten Gegenstände wäre jeder ethnologische Studiengang, der auf den Museumsbezug verzichtet, zu bedauern. Wohlgemerkt, es ist nicht nur die ethnologische Berufsperspektive, die ja in einer Massenuniversität noch grotesker wirkt als unter vorreformatorischen Bedingungen, was zu dieser Integration zwingt. Mir geht es um inhaltliche Verflechtungen, die den Museumsobjekten, dem Wissen von ihnen und ihrer Anordnung einen festen Platz in der Ausbildung von Ethnologiestudenten zuweisen.

Verschiedene Beiträge dieses Bandes erinnern daran, dass die ethnologische Fachausbildung aus dem Museumsmilieu erwachsen ist und sich erst im Zuge weiterer Ausdifferenzierung der Bildungsgänge langsam vom Museum als Lehrort in die Universität verlagert hat. An allen großen Traditionsuniversitäten hat die Ethnologie diesen allmählichen Emanzipationsprozess durchgemacht; nur an den Reformuniversitäten, wo ohnehin der Studiengang Ethnologie oft fehlt, gibt es verständlicherweise diese gemeinsame Wurzel nicht und damit häufig auch kein Verständnis für den Zusammenhang zwischen dem Studium nichtwestlicher Kulturen und der hier thematisierten Praxisform. Die Regel in der deutschsprachigen Wissenschaftslandschaft ist die Koexistenz von Universität und Museum; fehlt letzteres, zeugt wenigstens die Lehrsammlung noch deutlich von der inneren und originären Verflechtung beider Bereiche.

Trotz dieser optimalen Voraussetzung, ethnologische Ausbildung nicht nur an Texten, sondern auch an Objekten zu betreiben, wird, wie wir alle wissen, diese Chance unterschiedlich genutzt. Die Gründe dafür können struktureller Art sein: kein Museum ist von seiner Ausstattung her in der Lage, den Ausbildungsbedarf eines Massenfaches auch nur annähernd zu decken. Vielmehr hat die numerische Expansion der Universitätsethnologie oft dazu geführt, dass die Museen ihre Türen zumachten. So sehr man an wachsenden Besucherzahlen und bildungspolitischem Engagement interessiert ist, so wenig eignet sich die Zwiesprache mit empfindlichen Objekten für einen Massenbetrieb. Und da die natürliche Selektion, auf die auch nichtdarwinistische Ethnologielehrer setzen und setzen müssen, im Grundstudium noch nicht recht greift, weigern sich Museumsethnologen mit Recht ihre Zeit dafür zu opfern, diffus orientierte Studienanfänger in großer Zahl vor Objektschädigungen zu bewahren.

III.

Ohne eine Vorbildlösung propagieren zu wollen, möchte ich zum Schluss einige Aspekte und Daten der Zusammenarbeit zwischen Museum und Universität in Leipzig präsentieren, wo bekanntlich das älteste Ethnologieinstitut existiert, gegründet 1914 und hervorgegangen aus einem der ältesten und größten Völkerkundemuseen Deutschlands, das 1865 eingerichtet wurde. Über diese bedeutsame Geschichte ist schon viel geschrieben worden; ich möchte mich daher begrenzen auf die Zusammenarbeit nach dem 2. Weltkrieg, den das Museum schwer getroffen überlebt hat, das dann unter neuer Leitung einen sehr schwierigen Neuanfang versuchen musste, während sich das Universitätsinstitut einer radikalen Wendung in jeder Hinsicht unterzog.[9]

Zusammenarbeit zwischen Museum und Universitätsinstitut kann im wesentlichen auf drei Feldern geschehen: Praktika für Studenten, Lehrveranstaltungen durch Museumsethnologen, gemeinsame Ausstellungsprojekte. Zu letzterem Punkt haben wir intensive Erfahrungen bei der Vorbereitung und Präsentation einer 1931 in Mosambik zusammengetragenen Sammlung, die unter dem Titel *Die vergessene Expedition* seit September 1999 gezeigt wird.

Auch hinsichtlich des zweiten Feldes möchte ich mich kurz fassen: Es gehört zu der angesprochenen Ausdifferenzierung des Faches, dass sich die Aufgaben im Museum und in der Universität geteilt haben. Konnte Karl Weule, der Gründer unseres Instituts und damalige Direktor des Leipziger Völkerkundemuseums, noch beides bewältigen: Gegenstände sammeln, wissenschaftlich bearbeiten und ausstellen einerseits und Studenten ausbilden und fördern andererseits, haben die Arbeitsbereiche des heutigen Museumsdirektors, Lothar Stein, und der meiner eigenen Wenigkeit nur noch begrenzte Berührungen oder Überlappungen. Zu letzteren gehört die erfreuliche Tatsache, dass Mitarbeiter des Museums an der Universität promovieren. Ganz besonders aber muss hierzu erwähnt werden, dass wir jedes Semester einen Mitarbeiter des Museums um einen Lehrauftrag bitten, in der Regel um eine Einführung in die Ethnographie seiner Spezialregion. Wir sind auf diese Hilfe der Museumsethnologen angewiesen und glücklicherweise hatte die Universitätsleitung bei der Streichung aller Lehraufträge bis auf die Tierpflege in der Veterinärmedizin und der Instrumentenausbildung in der Musikwissenschaft mit uns ein Nachsehen, so dass wir das ethnologische Ausbildungspotential des Museums - wenn ich das einmal so technokratisch ausdrücken darf - regelmäßig nutzen können.

Wozu ich etwas mehr ins Detail gehen möchte, ist das Thema Praktikum. Wenn wir ein solches von jedem Studenten im Grundstudium verlangen, setzen wir damit eine jahrzehntealte Tradition fort. Allerdings hat mit der rapiden Zunahme der Studentenzahlen, die ja in Leipzig erst Mitte der 90er Jahre und damit 20 Jahre später als an den meisten anderen deutschsprachigen Universitäten einsetzte, der Umfang der Praktika und sicher auch ihre Intensität abgenommen. Das hat seinen schlichten Grund in der Tatsache, dass das Museumspersonal (wie übrigens auch das Personal des Instituts) nicht entsprechend aufgestockt wurde und damit notwendigerweise die Beziehung zwischen einzelnem Studenten und seinem ethnologischen Ausbilder leiden musste.

Von 1949, dem Neubeginn des Instituts unter Julius Lips, bis 1955, das hat mein Kollege Wolfgang Liedtke den Akten unseres Instituts entnommen, haben 20 Studenten Museumspraktika absolviert gehabt. Damals waren drei Praktika von jeweils 5-6 Wochen Dauer nach dem ersten, dem zweiten und dem dritten Studienjahr Pflicht. Zwischen 1956 und 1961 waren es weitere 20 Studenten; sie allerdings konnten schon eines der drei vorgeschriebenen Praktika durch einen »gesellschaftlichen Einsatz« ersetzen, der in der »Ernteschlacht«, in einem Produktionsbetrieb oder in der paramilitärischen Ausbildung erfolgte. Auch mussten die Praktika nicht alle am Leipziger Völkerkundemuseum absolviert werden; manche gingen nach Dresden, nach Herrnhut oder anderswohin.

In den 60er Jahren, als in Westdeutschland die Öffnung der Universitäten für Jedermann gefordert wurde, verhängte die DDR eine Immatrikulationssperre über das Ethnologiestudium. Ganze sechs Studenten, aber doppelt so viele Ausländer bekamen Zutritt zum Julius-Lips-Institut und zu den damit verbundenen Museumspraktika. Nach den Recherchen von Wolfgang Liedtke wurden ihre Anzahl und die jeweilige Dauer aber schon nicht mehr so genau eingehalten. Eine gründliche Revision der bisherigen Praxis wie auch der allgemeinen Orientierung des Faches Völkerkunde bereitete sich vor.

Die interne Wende der DDR-Universität kam mit der sogenannten dritten Hochschulreform, als aus der solitären, auf Indianerforschung und Periodisierung konzentrierten Lips-Ethnologie eine Hilfswissenschaft der Afrika- und Orientsektion wurde. Damit wurde auch die enge Verbindung zum Museum gelockert; die Ethnologie hatte nun ihren Beitrag zur internationalen Friedenspolitik zu leisten und dazu reichte ein drei- oder vierwöchiges Museumspraktikum im Grundstudium. Ein weiteres, längeres Praktikum am Ende des Hauptstudiums sollte auf die künftige Berufsarbeit vorbereiten und wurde in der Regel außerhalb des Museums absolviert. Nur ein kleiner Teil der in den 70er und 80er Jahren etwa 18 zählenden Studenten machte dieses berufsbezogene Praktikum im Museum, weil das ihr künftiger Wirkungsort werden sollte.

In die von den gestrichenen Museumspraktika frei gewordene Zeit wurden neue »gesellschaftliche Einsätze« und vor allem Sprachausbildung eingefügt. Das Studium der Ethnologie wurde also keineswegs verkürzt; im Gegenteil - die Vorlesungszeit eines Semesters dauerte 17 Wochen plus ein oder zwei Wochen Prüfungsperiode. Die Leipziger Museumsethnologen waren nach Meinung von Wolfgang Liedtke keineswegs glücklich über die radikale Reduktion der Praktika von drei 5-wöchigen auf ein dreiwöchiges. Konnten früher die Studenten gründlich mit den Bedingungen der Museumsethnologie vertraut gemacht werden und bald auch sinnvolle Arbeiten für den Museumsbetrieb erledigen, ließ sich dieses Ziel in den dreiwöchigen Kursen nicht mehr erreichen. Von Überbelegung der Praktika und Überlastung der verantwortlichen Museumsethnologen war damals aber noch nicht die Rede.

Diese Wende trat erst einige Zeit nach dem Ende der DDR ein, als die planwirtschaftliche Regulierung des Studiums aufgegeben wurde und wie nach einem Dammdurchbruch die Studenten in das Fach Ethnologie hereinströmten. Trotz dieser völlig neuen Bedingungen, die durch eine Reduktion der Dozentenzahl noch verschärft wurden, hielten wir an der Leipziger Tradition fest, für das Grundstudium ein dreiwöchiges Museumspraktikum zu verlangen. Man kann sich vorstellen, wie diese Bestimmung in der Praxis umgesetzt wird, wenn statt der 6 bis 10 Studenten im Jahrzehnt nun plötzlich 64, 96 oder 114 pro Jahr sich in Ethnologie immatrikulieren. Auch mit den seit dem Numerus Clausus auf 25 beschränkten neuimmatrikulierten Hauptfächlern ist die Praktikumssituation noch sehr gespannt. Glücklicherweise finden Studenten immer wieder Wege, ihr Museumspraktikum auch außerhalb von Leipzig - an einem der schon genannten anderen sächsischen Völkerkundemuseen, an einem der vielen Lokalmuseen mit ethnographischen Beständen oder an einem Museum im europäischen, bzw. außereuropäischen Ausland - zu absolvieren.

Das Museum für Völkerkunde als ethnologische Praxis

Ich hoffe, mit meinen eingangs gemachten Überlegungen ist deutlich geworden, warum wir auf das Praktikum nicht verzichten können und wir die Zusammenarbeit mit dem Museum eher ausbauen als reduzieren werden. Ethnologie hat wie jede menschliche Arbeit im Krader'schen Sinne zwei Seiten: Theorie und Praxis, auch Reflexion und Handeln genannt. Die Arbeitsteilung zwischen Universität und Museum, dass machen die anderen Beiträge in diesem Band sehr deutlich, deckt sich nun keineswegs mit diesen beiden Begriffen. Auch Universitätsgelehrte, Dozenten und Studenten handeln und praktizieren Wissenschaft, indem sie Bücher lesen, auf Feldforschung gehen, ihre Fragen und Ergebnisse diskutieren, publizieren und Karriere machen. Umgekehrt ist das Völkerkundemuseum alles andere als ein reflexionsfreier Raum. Jede Sammlung, jede Magazinarbeit, jede Recherche und jede Ausstellung umfasst beides, Theorie und Praxis, intellektuelle Konzeption und öffentliche Präsentation.

Meine Antwort auf die Frage, die sich unruhige Studenten in den 70er Jahren gestellt haben, nämlich wo die Praxis der Ethnologie liege, verweist nicht deswegen auf das Völkerkundemuseum, weil dort praktisch umgesetzt würde, was an der Universität vor- und ausgedacht worden sei, sondern weil mit Praxis gesellschaftliche Praxis gemeint war und weil das Museum in viel stärkerem Maße als die Universität den Auftrag und die Möglichkeiten hat, in die Gesellschaft hineinzuwirken. Nur wenn nach dem Ort gefragt wird, wo ethnologisches Wissen wirksam werden kann, lautet die Antwort Museum - als einer Veranstaltung, in der rekontextualisierte Gegenstände aus aller Welt für Verunsicherung und Erhellung unserer Öffentlichkeit wirksam gemacht werden können. Richard Karutz hat uns in seinem antimaterialistischen Pathos daran erinnert, dass es nicht die Gegenstände oder die nackten Fakten selbst sind, die zum Sprechen gebracht werden - mit einem solchen Museum lohnte sich die Kooperation kaum - sondern die verwandelten Gegenstände, von denen der Lerneffekt ausgeht. Wegen dieses einmaligen Potentials, das in der Metamorphose des Materials liegt und das auch schon für Anfängerstudenten relevant sein muss, halten wir in Leipzig - und sicher auch anderswo - das Museum für Völkerkunde für einen unverzichtbaren Bestandteil der ethnologischen Ausbildung.

Anmerkungen

[1] Krader 1979.
[2] vgl. Thurnwald 1939.
[3] vgl. Westphal-Hellbusch 1959.
[4] vgl. Johansen 1992.
[5] Karutz 1932: 9 f.

[6] Karutz 1932: 15.
[7] Karutz 1932: 20.
[8] Karutz 1932: 21.
[9] Streck 1997a.

Literaturverzeichnis

KRADER, LAWRENCE
1979 *A Treatise of Social Labor* (Dialectic and Society, 5). Assen: van Gorcum. ix, 513 S.

THURNWALD, RICHARD
1939 *Koloniale Gestaltung. Methoden und Probleme überseeischer Ausdehnung.* Hamburg: Hoffmann und Campe. 492 S.

WESTPHAL-HELLBUSCH, SIGRID
1959 Trends in Anthropology. The Present Situation of Ethnological Research in Germany. In: *American Anthropologist* (Washington, D.C.) 61: 848-865.

JOHANSEN, ULLA
1992 Materielle oder materialisierte Kultur? In: *Zeitschrift für Ethnologie* (Berlin) 117: 1-15.

KARUTZ, RICHARD
1932 *Vorlesungen über Moralische Völkerkunde.* 1. Lieferung. Stuttgart: Surkamp. 23 S.

STRECK, BERNHARD
1997a Die Leipziger Ethnologie. In: Streck 1997b: 53-72.
1997b *Fröhliche Wissenschaft Ethnologie. Eine Führung.* Wuppertal: Hammer. 264 S.

Volker Harms

Ethnologie – Museum – Schule
Wünsche und Realitäten

Relativ kurze Zeit nach dem Ende des 2. Weltkrieges fanden bereits die beiden ersten wissenschaftlichen Tagungen der deutschsprachigen Völkerkundler statt, die erste 1946 in Frankfurt am Main, die zweite 1947 in Hamburg. Letztere wurde mit einem Vortrag des Hamburger Bildungs-Senators Landahl eröffnet. Darin hob dieser hervor, dass in Hamburg die Völkerkunde gemeinsam mit den außereuropäischen Sprachen sich schon seit längerer Zeit einer besonderen Aufmerksamkeit und Förderung habe sicher sein können. Und die Pflege der Völkerkunde sei in der gegebenen historischen Situation von besonderer Bedeutung, weil gerade dieses Fach berufen sei, »das Blickfeld der europäischen Menschen in zeitliche und räumliche Ferne (zu erweitern) und die Ehrfurcht vor dem Andersartigen (zu lehren)«.[1]

Was sich auf den ersten Blick wie die üblichen Sätze eines Politikers liest, dem sein Referent ein paar passende Worte für einen seiner Öffentlichkeitstermine zusammengestellt hat, war in der damaligen Situation dennoch substantiell begründet. Der Senator konnte nämlich seinen Vortrag mit der Ankündigung beenden, dass Hamburg insofern eine Sonderstellung einnehme, als in den Hochschulprüfungsordnungen dieses Stadtstaates die Völkerkunde als Zusatzfach für Volksschullehrer und Studienräte zugelassen worden sei, und er es begrüßen würde, wenn andere deutsche Länder diesem Beispiel folgten.

Die Teilnehmer der Hamburger Tagung waren auf diese wahrscheinlich schon vorher bekannte, für das Fach gleichwohl sehr positive Nachricht bereits dadurch eingestellt, dass der erste und wichtigste Punkt ihrer Agenda Vorträgen und Diskussionen zum Thema der »Verbreitung völkerkundlichen Wissens in der Schule und Erwachsenenbildung« gewidmet war; ein Thema, das auch schon während der Tagung im Jahr zuvor als »dringende Aufgabe« behandelt worden war.[2] Die Diskussionen über diese Fragestellung mündeten in die Ernennung eines ständigen Ausschusses mit einer Geschäftsstelle am Hamburgischen Museum für Völkerkunde, dem die folgenden Aufgaben übertragen wurden:

> »Er soll die bereits oder zukünftig benutzten Schulbücher prüfen, durch Rezensionen, Denkschriften und Gutachten die Schulverwaltungen beraten, in Gemeinschaft mit Pädagogen für den Unterricht aller Altersstufen geeignete Stoffe bearbeiten, für die

wichtigsten Schultypen ein völkerkundliches Standardwissen aufstellen, für die Schul- und Erwachsenenbildung (Volkshochschulen!) geeignete Bücher als Lektüre oder Unterrichtsgrundlage benennen.«[3]

Dies alles wurde nicht nur für den Stadtstaat Hamburg geplant, sondern für alle Länder der damals in Deutschland noch bestehenden Besatzungszonen, wobei ausdrücklich Berlin und die spätere DDR miterfasst werden sollten.

Diese Sätze klingen in Verbindung mit der gewichtigen Mitteilung des Hamburger Bildungs-Senators wie die Ankündigung eines grundsätzlichen Neubeginns innerhalb einer allgemeinen Aufbruchstimmung. Es ist jedoch festzustellen, dass dies – leider – in jeder Hinsicht täuscht. Zum einen muss in der historischen Rückschau konstatiert werden, dass die Arbeit des »ständigen Ausschusses« mit seiner Geschäftsstelle am Hamburger Völkerkundemuseum, wenn sie denn überhaupt jemals aufgenommen worden ist, sehr bald versandet sein muss, und dies obwohl die Aufnahme der Völkerkunde in den Kreis der Prüfungsfächer für Lehrer an Hamburger Schulen mit Sicherheit bis in die späten 60er Jahre gegolten hat und zumindest in dieser Zeit auch von einigen Studierenden als Möglichkeit wahrgenommen worden ist.

Zum anderen aber kann gezeigt werden, wie in der (noch zu schreibenden) Geschichte der deutschsprachigen Ethnologie ab dem Ende des 1. Weltkrieges – also in den 20er und 30er Jahren des 20. Jahrhunderts - das Thema einer Integration der Völkerkunde in den Schulunterricht mit großem Eifer diskutiert und in die Öffentlichkeit getragen wurde. Dies geschah vor dem Hintergrund einer höchst heterogenen inhaltlichen Bestimmung der dafür als relevant angesehenen Inhalte. Jene bestanden an dem einen Ende aus Artikeln in der Zeitschrift *Völkerkunde. Beiträge zur Erkenntnis von Mensch und Kultur.* Unter den Autoren dieser Zeitschrift befanden sich eine relativ große Anzahl von hauptamtlich tätigen Ethnologen, die in den 20er Jahren in deutscher Sprache zu publizieren begannen und deren Namen auch heute noch geläufig sind.[4] Herausgegeben wurde die Zeitschrift zwischen 1925 und 1930 mit sehr viel Idealismus, der mitunter etwas an den Rand der Naivität[5] geraten konnte, von dem Pädagogen Dr. Karl Lang in Wien. Den Gegenpol dazu kann man in einem Aufsatz von Paul Hambruch (1926) mit dem Titel *Der bildende Wert des völkerkundlichen und volkskundlichen Unterrichts* sehen. Letzterer erschien bezeichnenderweise in der von Hambruch im Jahre 1926 mitbegründeten Zeitschrift *Volk und Rasse*, die nach 1933 sehr bald zu einem Zentralorgan der SS wurde, wobei Heinrich Himmler selbst einen der Posten in dem dann verkleinerten Herausgeberkollegium übernahm. Hambruchs Aufsatz war von einer extremen antidemokratischen Grundhaltung geprägt. Seine darin über die Verschiedenheit der Menschen und Kulturen geäußerten Ansichten sind zutiefst rassistisch und stellen vor allem ein Plädoyer für Rassentrennung bzw. Apartheid dar.⁶

Zwischen den genannten Polen kann ein im Jahre 1929 von Friedrich Rudolf Lehmann unter dem Titel *Völkerkunde und Schule* publizierter Aufsatz eingeordnet werden. Der Autor war zu diesem Zeitpunkt als Studienrat an einem Leipziger Gymnasium tätig und seine besondere Aufmerksamkeit galt offenbar dem Geschichtsunterricht, in den er die Vermittlung des völkerkundlichen Unterrichtsstoffs integriert sehen wollte. Zu jener Zeit wurde mit Blick auf eine direkte Einbeziehung ethnologischen Wissens in den Schulunterricht die Debatte darüber geführt, ob die entsprechende Anbindung eher bei der Geographie oder eher bei der Geschichte als gesicherten Unterrichtsfächern an Gymnasien erfolgen sollte. Einzelne Stimmen, die sogar für die Schaffung eines neuen schulischen Unterrichtsfachs Völkerkunde plädierten, wurden mehrheitlich als unrealistisch abgelehnt. Lehmanns Aufsatz gibt einen guten Überblick zum Stand der damaligen Diskussion über Fragen einer Zusammenarbeit der Völkerkunde mit der Schule. Dass sein Beitrag in der Festschrift für Karl Weule erschienen ist, macht Sinn; denn Weule muss als einer der eifrigsten Promotoren für die Popularisierung der Völkerkunde in der Schule und der Erwachsenenbildung angesehen werden.⁷

Im Vergleich zu den ziemlich problematischen Äußerungen von Paul Hambruch zeigt sich Lehmann politisch relativ neutral. In Nebenbemerkungen wird allerdings dann doch seine deutschnationale Einstellung erkennbar, wenn er z.B. anmerkt, dass »es zugleich eine nationale Pflicht ist, die noch etwas zu wenig erkannt ist, auf den Anteil des Deutschtums an der Erforschung der Erdoberfläche und ihrer Bewohner hinzuweisen«.⁸ Hierzu passt es dann auch, dass Lehmann ein politisch-moralisch zu verstehendes Argument für die Aufnahme der Völkerkunde in den Schulunterricht, wie es in der Zeitschrift *Völkerkunde* vertreten wurde, in der folgenden Weise kommentiert: »Karl Lang (der Herausgeber der *Völkerkunde*, V.H.) glaubt noch auf den besonderen Völkerverständigungscharakter der Völkerkunde als einen Hauptbildungswert der völkerverstehenden Völkerkunde hinweisen zu müssen, doch glauben wir, daß diese Eigenschaft jeder echten Wissenschaft zukommt.«⁹

Die Wunschvorstellung, die Ethnologie sei in besonderem Maße dazu berufen, die Völkerverständigung, ja die Solidarität mit den – von Europa aus gesehen – fremden Völkern zu befördern und zu bewirken, wie sie auch in dem Eröffnungsvortrag des Hamburger Bildungs-Senators (s.o.) zum Ausdruck kam, hat eine sehr lange Tradition. In Deutschland taucht sie erstmals in einer Denkschrift von Philipp Franz von Siebold, der darin für die Einrichtung eines Völkerkundemuseums warb, im Jahre 1835 auf.¹⁰ Selbstverständlich muss dieses moralisch-politisch begründete Ziel einer von der Ethnologie ausgehenden Bildungsarbeit durch eine auf die jeweilige historische Situation bezogene Operationalisierung transparent gemacht und begründet werden. Dies tut z. B. von Siebold durchaus, auch wenn aus historischer Sicht seine positive Bezugnahme auf einen in friedlicher Weise Handelsstationen anstrebenden Kolonialismus in ihrer Problematik erkennbar ist. Wenn jedoch wie in dem obigen Zitat aus dem Aufsatz von Friedrich Rudolf Lehmann der zentrale Stellenwert dieser Zielvorstellung für die ethnologische Bildungsarbeit ausdrücklich verneint wird, dann steckt darin eine politische Wertung, in der es auf ganz andere und leider eher problematische politische Zielsetzungen ankam. Bei Durchsicht der Literatur zum Thema Völkerkunde und Schule, wie sie zwischen den beiden Weltkriegen publiziert wurde, wird gerade diese als die dominierende erkennbar.

Lehmanns Aufsatz aus dem Jahre 1929 kann dafür als repräsentativ angesehen werden. Nicht nur, dass er den offen rassistischen Beitrag von Paul Hambruch (1926) neutral wohlwollend und in jedem Fall nicht kritisierend referiert, auch auf eine weitere Veröffentlichung aus der gleichen Zeit geht er in ähnlich wohlwollender Weise ein. Diese stammte von Georg Thilenius, dem damaligen Direktor des Hamburger Museums für Völkerkunde, und einem weiteren Mitarbeiter dieses Museums, Walter Scheidt, der dort als Leiter der Abteilung für Rassenkunde wirkte. Die im Jahre 1925 erstmals und im Jahre 1926 in einer erweiterten Fassung veröffentlichte Broschüre hatte den Titel *Völkerkunde und Schule. Einführung in die Ausstellung des Museums für Völkerkunde in Hamburg.*

Kultivierende Wirtschaft (Landbau)

1. Heutragstock, Zermatt (138 cm lang)
2. Dreschflegel, Hiddensö bei Rügen (93 cm lang)
3. Buschmesser, Altengamme (48 cm lang)
4. Mathaken, Haseldorf, Holstein (89 cm lang)
5. Sichel,   „   „   (60 cm lang)
6. Pflanzstock (für Kartoffeln), Wesel, Lüneburger Heide (90 cm lang)
7. Garbenknebel, Itingen, Basel-Land (58 cm lang)
8. Heiderechen, Fallingbostel, Heide (37 cm lang)
9. Heidehacke,   „   „   (50 cm lang)
10. Torfstecher,   „   „   (74,5 cm lang)
11. Modell eines Pfluges mit Ochsenjoch, Lüneburg (25.76.1, 43 cm lang)

Ethnologie – Museum – Schule

Tafel II

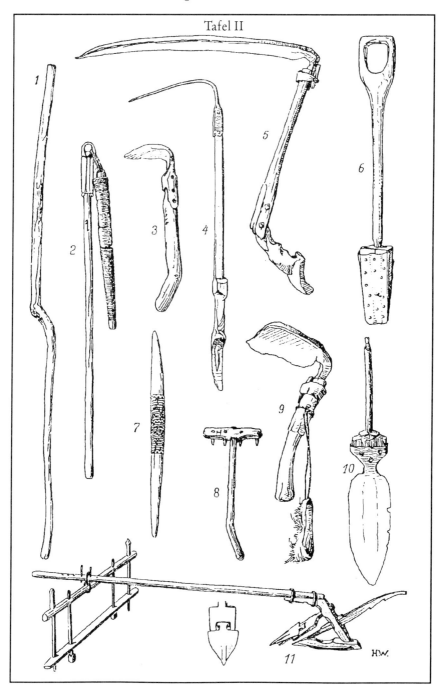

Tafel III

Sie war anlässlich einer 1925 in Hamburg stattfindenden Tagung - der »Deutschen Lehrerversammlung« - verfasst worden und hatte den Zweck, bei den Lehrern, die das Museum besuchten, für die folgenden Aufgaben zu werben. Zum einen sollten die Lehrer dazu angeregt werden, Völkerkunde, die dabei die europäische Volkskunde einschloss und mit der Rassenkunde eng verbunden wurde, für den Heimatkundeunterricht zu nutzen. Zum anderen wurden sie aufgefordert, ihrerseits durch die Übernahme von Sammel- und Beobachtungsaufgaben empirisches Material für die wissenschaftliche Arbeit des Museums zusammenzutragen. Das Sammeln war auf die inzwischen historisch gewordene materielle Kultur bäuerlicher Betriebe gerichtet. Das Stellen dieser Aufgabe kann als relativ harmlos angesehen werden. Es vertiefte wahrscheinlich nur die ohnehin bestehende Klischeevorstellung von der europäischen Volkskunde als einer Wissenschaft, die von leicht skurrilen älteren Herren in Trachtenanzügen betrieben wurde, wobei das Sammeln alter hölzerner Butterformen und Dreschflegel die dafür wichtigsten Tätigkeiten darstellten. (Siehe dazu die der Broschüre beigegebenen Tafeln II und III, die hier abgebildet werden.)

Weniger harmlos erscheint die Werbung, die für die Arbeit der Rassenkunde gemacht wurde. Hier wurden analog zu den rassistischen Thesen von Paul Hambruch standespolitisch begründete Ideologien zu wissenschaftlich bewiesenen Theorien umgedeutet, die z.B. die folgende Form hatten:

Kultivierende Wirtschaft (Viehzucht)

1. Schäferstab, Heide (125 cm lang)
2. Schäferranzen mit Gehänge aus beschnitztem und bemaltem Knochen Braunschweig (65 cm lang)
3. Ziegenhalsband, Schweiz, Rossa im Calanca-Tal, Graubünden (11 cm lang)
4. Halsband für Kühe mit Glocke, Thüringen (45 cm hoch)
5. Käseform, Nord-Jämtland (27 cm lang)
6. Brotrolle, Jämtland (21 cm Durchmesser)
7. Butterform, Wesel, Hannover (5 cm hoch, 19,5 cm lang)
8. „ aufklappbar, 5 teilig, Nord-Jämtland (15.14.421, 15,8 cm hoch)
9. Milchseiher, Jämtland (56 cm lang)
10. Buttergefäß, Småland (7 cm hoch)
11. Ochsenjoch, Tirol (105 cm breit, 27 cm hoch)

> »[...] ist dem Lehrer die Möglichkeit geboten, die *Begabungsdurchschnitte der Kinder aus den verschiedenen Schichten der Bevölkerung zu vergleichen*. Da Begabungen ganz allgemein weitgehend erbbedingt und in ihrer Erbbedingtheit nicht allzu schwer erkennbar sind, haben diese *Durchschnittsunterschiede gesellschaftswissenschaftliche Bedeutung*.«[11]

Hiermit will ich das Referieren der Publikationen beenden, die zwischen den beiden Weltkriegen, aber noch deutlich vor dem Beginn der politischen Herrschaft der Nationalsozialisten im deutschsprachigen Raum zum Thema der Zusammenarbeit von Völkerkunde und Schule entstanden sind. Das Ausmaß des rassistischen und biologistischen Denkens, das sich darin findet, ist besonders erschreckend, weil es Teil der Publikationen von Ethnologen ist, mit denen ausdrücklich eine Repräsentation des Faches in der Öffentlichkeit angestrebt wurde. In gleicher Weise erschreckend ist es aber auch, dass von dieser im Jahre 1925 publizierten Broschüre – also noch acht Jahre vor dem als Umbruch aufgefassten Jahr 1933 – sich eine direkte Linie zu einer Denkschrift der «Deutschen Gesellschaft für Völkerkunde« aus den Jahren 1933/34 ziehen lässt. Autor dieser Denkschrift war der Direktor des Leipziger Museums für Völkerkunde Fritz Krause, der sie in seiner Eigenschaft als 1. Vorsitzender jener wissenschaftlichen Gesellschaft verfasst hatte. Im September und Oktober 1933 versandte er sie an die »Reichs- und Staatsbehörden«, bei denen jeweils die Verwaltung der Schulen lag. Dass diese Denkschrift auch im Namen weiterer zur damaligen Zeit auf die Völkerkunde hin orientierter Wissenschaften versandt wurde, wird durch die Unterschriften weiterer damals in führenden Positionen befindlicher Wissenschaftler bestätigt. Dies waren für die Völkerkunde: Bernhard Ankermann, Georg Friederici, Otto Reche und Georg Thilenius, für die (physische) Anthropologie (»Rassenkunde«): Eugen Fischer, Hans Seger und – in seiner Doppelständigkeit – abermals Otto Reche, für die Vorgeschichte: Hans Reinerth.[12]

Nur ein Satzanfang aus jener Denkschrift, den auch Hans Fischer zitiert,[13] soll die Verbindungslinie zwischen der vom Hamburger Völkerkundemuseum publizierten Broschüre über *Völkerkunde und Schule* und der Denkschrift belegen. Der Satzanfang lautet: »Nach Auffassung der neuen deutschen Völkerkunde ist das Volkstum begründet in der physischen Artung (Rassengrundlage) des Volkes [...]«.[14] In der von Thilenius und Scheidt verfassten Broschüre liest sich dies so:

> »Der Lehrer, der sich selbst mit diesen Fragen [gemeint sind rassenkundliche, V.H.] beschäftigt, kann bei seinen Schülern den Boden bereiten für die Erkenntnis, daß alle Äußerungen des Menschen, die sich in Geschichte, Kultur und Volkstum widerspie-

geln, in irgendeiner Weise lebensgesetzlich bedingt, daß die vielfältigen Arten von Menschen weitgehend von den Erbanlagen ihrer Schöpfer und Träger abhängig sind. Von dieser Erkenntnis und von den praktischen Folgerungen, die daraus zu ziehen sind, hängt aber in erster Linie das Wohl und Wehe des Volkes, sein zukünftiges Schicksal ab.«[15]

Den letzten Satz hat im gleichen Jahr Paul Hambruch in seiner eigenen Publikation zu diesem Thema[16] in der folgenden Weise präzisiert: »[...] wir wollen aber auch wissen, welche Rasse wir in Zukunft zu bilden haben, bzw. nicht bilden dürfen. Es ist also praktisch zu entscheiden, welche Rassen innerhalb unseres Volkes in ihrer Fortpflanzung gefördert werden sollen.«[17]

Die inhaltliche Kontinuität zwischen den Auffassungen insbesondere der Hamburger ethnobiologischen Schule, deren Haupt Georg Thilenius als Ordinarius der Völkerkunde und Direktor des Völkerkundemuseums in Hamburg war, aus der Mitte der 20er Jahre mit der angeblich »nur opportunistischen« Anbiederung der deutschen Völkerkundler am Beginn der Herrschaft der Nationalsozialisten ab 1933 erscheint mir mit den obigen Zitaten ausreichend belegt. Hieraus leite ich die These ab, dass das, was in den Jahren 1946 und 1947 als Neubeginn und Aufbruch in der Frage einer Verankerung der Völkerkunde im Schulunterricht erscheint, tatsächlich nichts anderes markiert als die Fortführung von Forderungen zu diesem Komplex, wie sie in der Zeit zwischen den beiden Weltkriegen und bruchlos durch die Zeit des Nationalsozialismus hindurch formuliert worden waren. Als Änderung kann in dem 1947 bei der Hamburger Tagung propagierten Aktivitäten nur das Weglassen der biologistischen und »Volkstums«-Argumentation gesehen werden. Statt dessen besann man sich auf das ältere Argument des »Völkerverständigungscharakters«, der der Ethnologie immanent sei. Der Gerechtigkeit halber muss allerdings hinzugefügt werden, dass diese Leitvorstellung in den folgenden Jahrzehnten tatsächlich die dominierende blieb.

Dass die 1947 bei der Tagung der »Deutschen Gesellschaft für Völkerkunde« in Hamburg geplanten weitgespannten Aktivitäten für eine Zusammenarbeit der Völkerkunde mit der Schule viel mehr den Abschluss einer eifrigen Forderungsdiskussion aus den 20er und 30er Jahren markierte als einen Neubeginn nach dem verlorenen Krieg und dem Zusammenbruch der nationalsozialistischen Herrschaft in Deutschland, sehe ich durch das Fehlen jeglicher Ergebnisse aus jenen Planungen belegt. Als dafür bezeichnend erscheint es mir, wenn in dem am Hamburger Museum entstandenen Aufsatz von Hans Fischer über *Völkerkunde-Museen* aus dem Jahre 1971 auf die Frage einer Zusammenarbeit mit den Schulen kaum auch nur in einem Nebensatz eingegangen wird, und das obwohl in diesem gut 40 Seiten langen Text die Frage der Bildungsarbeit, die von diesen Museen geleistet werden soll, in einem allgemeinen Sinn als das wichtigste zu bearbeitende Problem sehr ausführlich besprochen wird.

Fischers Aufsatz erschien in der Startnummer der Neuen Folge der *Mitteilungen aus dem Museum für Völkerkunde Hamburg.* Diese Zeitschrift wurde für einige Jahre eines der beiden wichtigen Foren für die Diskussion der Bildungsaufgaben, die dem Völkerkundemuseum gestellt sind. So erschien in der vierten Nummer der Zeitschrift 1974 ein Artikel über die direkte Zusammenarbeit des Völkerkundemuseums mit der Schule, in dem Unterrichtsgespräche mit Schulklassen bei deren Museumsbesuchen beschrieben und analysiert wurden.[18] Für die Autorin – offenbar eine Ethnologin – wäre gewiss die Zusammenarbeit mit Pädagogen, wie sie in den Planungen bei der Tagung 1947 vorgesehen war, sehr wichtig gewesen. Denn bei kritischer Lektüre ihres Textes wird deutlich, dass sie mit ihrer Form, Museumspädagogik zu betreiben, das Gegenteil von dem bewirkte, was zur gleichen Zeit in der allgemeinen Diskussion über die Bildungsarbeit der Völkerkundemuseen als eines der wichtigsten Ziele bestimmt wurde. Abgeleitet aus dem übergeordneten Ziel der Völkerverständigung wurde als Lernziel der Abbau von sozialen Vorurteilen gegenüber Fremden gefordert. Die Autorin jedoch berichtet voll Stolz davon, dass zumindest die jüngeren Kinder aus Grundschulklassen bei der von ihr geschaffenen Lernsituation tatsächlich mit Furcht auf die ihnen extrem fremden Südsee-Masken reagiert hätten.

Es soll nun nicht die Diskussion über die Bildungsaufgaben der Völkerkundemuseen in Deutschland, wie sie seit der Zeit nach dem 2. Weltkrieg geführt worden ist, noch einmal nachvollzogen werden. Sie ist durch mehrere Beiträge u.a. vom Verfasser des vorliegenden Aufsatzes[19] als weitgehend bekannt vorauszusetzen. Wichtig in der Entwicklung der Völkerkundemuseen in dieser Zeit ist, dass im Laufe der 80er Jahre immer konsequenter ein Konsolidierungsprozess für die ethnologische Museumspädagogik vorangetrieben wurde. Dieser führte zur Einrichtung fester Stellen für hauptamtliche MuseumspädagogInnen an fast allen bedeutenderen deutschen Völkerkundemuseen sowie dem Bereitstehen von jeweils einer größeren Zahl an Honorarkräften, denen als Schwerpunkt ihrer Tätigkeit die museumspädagogische Arbeit mit Schulklassen übertragen worden ist.

Die Frage, ob und wie die Ethnologie in den Schulunterricht zu integrieren sei, erscheint damit faktisch dahingehend entschieden, dass dies über die dem Fach zur Verfügung stehenden Museen am leichtesten und sinnvollsten zu organisieren ist. Andere Versuche und Initiativen einer direkten Integration ethnologischen Wissens in den Schulunterricht, wie es schon in den Planungen bei der Hamburger Tagung im Jahre 1947 angestrebt wurde, gibt es – z.B. den in

Münster und Umgebung tätigen eingetragenen Verein «Ethnologie in Schule und Erwachsenenbildung» – und hat es gegeben.[20] Auch hat sich im Rahmen der «Deutschen Gesellschaft für Völkerkunde» eine Arbeitsgruppe gebildet, die sich erneut den Fragen einer Zusammenarbeit mit den Schulen widmen will. Alle diese Aktivitäten finden aber zumindest derzeit noch zu unsystematisch und sporadisch statt, um gegenüber den museumspädagogischen Möglichkeiten ein eigenständiges Gewicht zu gewinnen.

Mit einem abschließenden Blick auf die neuesten Entwicklungen, die sich in einigen der größeren Völkerkundemuseen abzeichnen, muss allerdings gerade wegen der dominanten Stellung der Museen in der Frage einer Zusammenarbeit von Ethnologie und Schule in Warnungen eingestimmt werden, wie sie jüngst von Christian Feest (1999) und in der vorliegenden Veröffentlichung von Sabine Beer vorgetragen wurden. Beide zeigen auf, dass die politisch betriebene ökonomische Umstrukturierung der Institution Völkerkundemuseum dabei ist, deutlichen Einfluss auf die inhaltliche Arbeit der in diesen Häusern tätigen EthnologInnen zu nehmen. Dabei entsteht in der Ausstellungstätigkeit ein Trend, in dem vor allem das Exotisch-Sensationelle des ethnologischen Wissens betont wird, woraus dann sehr leicht Klischeevorstellungen über fremde Kulturen abgeleitet werden, die für eine ernsthaft an Aufklärung orientierte ethnologische Bildungsarbeit kontraproduktiv sind.

Anmerkungen

[1] Termer 1950: 111.
[2] Dittmer 1950.
[3] Termer 1950: 112.
[4] Zu ihnen gehörten in der Reihenfolge, in der ihre Beiträge erschienen sind, die folgenden Wissenschaftler: Paul Schebesta, Bernhard Struck, Hans Nevermann, Fritz Röck, Marianne Schmidl, Paul Hambruch, Egon von Eickstedt, Gerhard Lindblom, Hans Plischke, Konrad Theodor Preuß, Diedrich Westermann, Friedrich Rudolf Lehmann, Erland Nordenskiöld, Richard Karutz, Robert Pfaff-Giesberg, Hans Findeisen, Cäcilie Seler-Sachs. Sie alle fanden das Unternehmen von Karl Lang offensichtlich so unterstützenswert, dass mehrere von ihnen sogar wiederholt in der Zeitschrift publizierten, Hans Nevermann z.B. im Zeitraum zwischen 1925 und 1930 acht Mal.
[5] Naivität sprach vor allem aus einzelnen Beiträgen des Herausgebers Lang selbst. Besonders auffällig wurde dies in einer erst ab dem Jahre 1929 eingerichteten Rubrik, die er «Stimmen der Völker» nannte. Darin wurde z.B. 1929 ein Gedicht von Langston Hughes in der gleichen Form und Absicht zitiert wie eine Reihe von Volks-Sprichwörtern aus Europa, Afrika und anderen außereuropäischen Erdteilen. Langston Hughes wurde als «zivilisierter amerikanischer Neger» vorgestellt. 1929 begann sein literarischer Ruhm und die Zitierung eines seiner Gedichte mag der Herausgeber der Zeitschrift »Völkerkunde« als eine Anerkennung gemeint haben. Der Kontext und die Art wie die Zitierung erfolgte, lässt sie aber wohl nicht erst heute als gönnerhaft und herablassend erscheinen. Langs Bemühen, die in der damaligen Zeit vorherr-

schenden negativen Klischeevorstellungen insbesondere über Afrikaner in der deutschsprachigen Öffentlichkeit zu korrigieren, griffen in der Art, in der sie erfolgten, in der Regel zu kurz.

[6] Eine kleine Zitatenlese aus dem insgesamt ziemlich kurzen Aufsatz (6 Seiten) soll die Grundeinstellungen von Paul Hambruch belegen. Gleich auf der ersten Seite findet sich folgende Bestimmung: »Sache der Rassenkunde ist es (und da ist sie Völkerkunde), die verschiedenen Rassen und ihre Kreuzungen auf ihren schöpferischen Anteil an Kulturen und Zivilisationen zu prüfen [...] Für unser deutsches Volk, das im Laufe der Geschichte ein Rassengemisch geworden ist, ist es wesentlich zu wissen, welche Rassen darin enthalten sind; wir wollen aber auch wissen, welche Rasse wir in Zukunft zu bilden haben, bzw. nicht bilden dürfen. Es ist also praktisch zu entscheiden, welche Rassen innerhalb unseres Volkes in ihrer Fortpflanzung gefördert werden sollen« (Hambruch 1926: 106 f.). Ein paar Absätze weiter steht die folgende, in gleicher Weise nicht wissenschaftlich sondern politisch begründete Behauptung: »Gerade die Völkerkunde beweist z.B., dass nicht Freiheit, nicht Gleichheit, nicht Brüderlichkeit erstrebenswerte Ziele sind, da sie zur Abtötung der schaffenden, fördernden Kräfte führen, denn die Völkerkunde lehrt, dass sich die Völker *dieser* Erde in ihren besonderen Eigenschaften gegenseitig ergänzen müssen und daß eben nicht alle Menschen und alle Völker die gleichen Vorzüge und die gleichen Fehler besitzen« (Hambruch 1926:. 107). Dem gleichen politischen Tenor entspricht ein paar Seiten weiter die folgende Klage: »Die vergleichende Geschichte, der Blick in die Seele des

---

Oben: **Anhaltspunkte für die Erblichkeit der Begabung im allgemeinen**

(Nach Peters 1915)

Die Schulzensuren der Kinder stimmen durchschnittlich gut mit denen der Eltern überein. Die Durchschnittsunterschiede in der Zahl begabter und weniger begabter Kinder, die bei den verschiedenen Gesellschaftsschichten zu finden sind (s. Taf. IX), bedeuten demnach auch Unterschiede der durchschnittlichen erblichen Begabung.

Unten: **Die biologische Bedeutung der durchschnittlichen Begabungsunterschiede verschiedener Gesellschaftsgruppen**

(Nach Tafeln im Hygiene-Museum Dresden)

Die Unterschiede der mittleren Fortpflanzungsstärke in verschiedenen Gesellschaftsgruppen in Deutschland zeigen eine geringere Fortpflanzung der durchschnittlich besser Begabten und eine stärkere Fortpflanzung der durchschnittlich minder Begabten.

Ethnologie – Museum – Schule

Tafel XIII

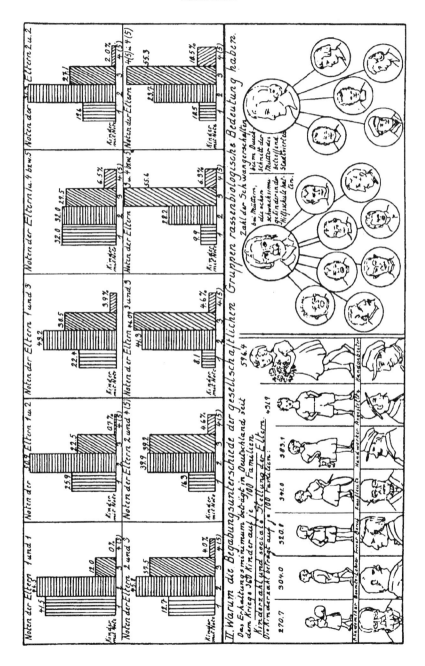

eigenen Volkes und der uns umwohnenden Völker hätten uns erkennen lassen, daß sie alle ein hohes Nationalbewußtsein haben – selbst der afrikanische Neger besitzt es – und daß schließlich leider nur bei uns der mit allen Lungenkräften verbreitete Ruf nach internationaler, besser anationaler Einstellung besteht.« (Hambruch 1926: 110) Allen diesen und ähnlichen Ausfälligkeiten in Hambruchs Beitrag entspricht auch sein Schluss: »[...] daß sie (die Ethnologie, V.H.) sich daneben aber mit den viel bedeutenderen, zumeist außerordentlich fest verwurzelten und weit entwickelten Unterschieden in Volksvorstellung und Weltanschauung zu beschäftigen habe, daß also Rassenkunde und Ethnologie der immer noch so weit verbreiteten Vorstellung von der ganz allgemeinen Berechtigung, ja der Notwendigkeit der Gleichstellung aller Menschen auch nicht einen Schatten Berechtigung gewähren, so würde das (nach der Meinung sachverständiger Beurteiler) verschiedene empfindliche Gemüter in zunächst immer noch recht einflußreichen Kreisen unserer Öffentlichkeit wahrscheinlich schwer in ihren sogenannten Idealen kränken« (Hambruch 1926: 111, Hervorh. im Orig.).

[7] Wolfgang Liedke und Bernhard Streck danke ich für das Zur-Verfügung-Stellen von Briefen und Denkschriften aus den alten Akten des Leipziger Instituts für Ethnologie, aus denen das Engagement Karl Weules – des Gründers dieses Instituts – für eine Einbeziehung der Völkerkunde in den Schulunterricht hervorgeht. – In der außeruniversitären Erwachsenenbildung war Karl Weule – nach Informationen, die ich mündlich von dem inzwischen verstorbenen Professor Günther Spannaus, seinem damaligen »Famulus«, erhalten habe – persönlich sehr stark durch eine intensive Vortragstätigkeit in den Leipziger Volkshochschuleinrichtungen engagiert.

[8] Lehmann 1929: 417.

[9] Lehmann 1929: 416.

[10] Es handelt sich um die »Skizze eines Planes zur Errichtung eines ethnographischen Museum's, mit Hinweisung auf den allgemeinen Nutzen einer solchen Anstalt für Volk und Staat«, den von Siebold 1835 dem König von Bayern vorlegte. Abgedruckt wurde er im Anhang der publizierten Magisterarbeit von Sigrid Gareis (1990: 158-160). – Mit Nachdruck wurde dieses Ziel wieder in dem Beitrag »Bilanz und Zukunft der Völkerkunde-Museen« einer Gruppe von norddeutschen Museumsethnologen in den 70er Jahren des 20. Jahrhunderts vertreten (Vossen et al. 1976), der den Charakter eines Manifestes hatte.

[11] Thilenius/Scheidt 1926: 30. Hervorh. im Orig. Zu dieser Behauptung findet sich im Anhang der Broschüre folgerichtig die Tafel XIII, die hier ebenfalls in Kopie mit dazugehörigen Kommentaren abgebildet wird.

[12] Das auch für sich schon sehr aufschlussreiche Begleitschreiben zu der Denkschrift – unterzeichnet von »Prof. Dr. Fritz Krause, 1. Vorsitzender, PD Dr. F. Rudolf Lehmann, 2. Vorsitzender und Dr. Hans Damm, Schriftführer« – findet sich im Anhang der schon erwähnten publizierten Magisterarbeit von Sigrid Gareis (1990: 165f.). Dort sind auch die Namen der Unterstützer der Denkschrift aufgelistet.

[13] Hans Fischer hat die Denkschrift von Fritz Krause in seiner Monographie »Völkerkunde im Nationalsozialismus« (1990: 152-154) ausführlich referiert und kommentiert. Fischers Tenor geht dahin, Fritz Krause ein möglichst hohes Maß an Opportunismus gegenüber der Regierung der Nationalsozialisten nachzuweisen. Diesen Opportunismus hat es zweifellos unter den Ethnologen der damaligen Zeit und nicht nur in der Person Krauses gegeben. Fischer übersieht in seiner Polemik gegenüber einem einzelnen Ethno-

logen aber, dass es in einem wesentlich größeren und allgemeineren Ausmaß inhaltliche Kontinuitäten zwischen den lange vor 1933 geäußerten Ansichten insbesondere der Hamburger Ethnobiologen und der Ergebenheitsadresse an die nationalsozialistische Regierung gab, die Fritz Krause im Oktober 1933 im Namen der «Deutschen Gesellschaft für Völkerkunde« versandt hat.

[14] Krause 1934: 3.
[15] Thilenius/Scheidt 1926: 31f.
[16] vgl. oben, Anm. 5.
[17] Hambruch 1926: 107.
[18] Wojtacki 1974.
[19] Harms 1990.
[20] U.a. Benzing 1982.

Literatur

BENZING, BRIGITTA
    1982   Unterichtsskizze: Eine »fremde« Gesellschaft wird »nah« gebracht – Das Beispiel der Dagomba in Nordghana. In: *Sowi. Sozialwissenschaftliche Informationen* (Stuttgart) 11, 2: 117-124.

DITTMER, KUNZ
    1950   Bericht über die Tagung der deutschen Ethnologen in Frankfurt a.M. vom 19. bis 21. September 1946. In: *Zeitschrift für Ethnologie* (Braunschweig) 75: 108 - 110.

FEEST, CHRISTIAN F.
    1999   Ethnologische Museen. In: Kokot/Dracklé (Hrsg.) 1999:199-216.

FISCHER, HANS
    1971   Völkerkunde-Museen. In: *Mitteilungen aus dem Museum für Völkerkunde Hamburg*, N.F. 1: 9-51.
    1990   *Völkerkunde im Nationalsozialismus. Aspekte der Anpassung, Affinität und Behauptung einer wissenschaftlichen Disziplin* (Hamburger Beiträge zur Wissenschaftsgeschichte, 7). Berlin/Hamburg: Reimer. IX, 312 S.

GAREIS, SIGRID
    1990   *Exotik in München. Museumsethnologische Konzeptionen im historischen Wandel am Beispiel des Staatlichen Museums für Völkerkunde München* (Münchner ethnologische Abhandlungen, 9). München: Anacon. 188 S.

HAMBRUCH, PAUL
    1926   Der bildende Wert des völkerkundlichen und volkskundlichen Unterrichts. In: *Volk und Rasse. Illustrierte Vierteljahresschrift für deutsches Volkstum, Rassenkunde, Rassenpflege* (München/Berlin). 1, 2: 106-112.

HARMS, VOLKER
1990   The Aims of the Museum for Ethnology: Debates in the German-speaking Countries. In: *Current Anthropology* (Chicago) 31, 4: 457-463.

KOKOT, WALTRAUD UND DORLE DRACKLÉ (HRSG.)
1999   *Wozu Ethnologie? Festschrift für Hans Fischer.* Berlin: Reimer. 336 S.

KRAUSE, FRITZ
1934   Die Bedeutung der Völkerkunde für das neue Deutschland. In: *Mitteilungsblatt der Gesellschaft für Völkerkunde* (Leipzig) 3: 1-12.

KRAUSE, FRITZ [U. A.]
1933   (Brief der) Gesellschaft für Völkerkunde an das Bayrische Ministerium für Volksbildung vom 1.10.1933. In: Gareis 1990: 165-166.

LEHMANN, FRIEDRICH RUDOLF
1929   Völkerkunde und Schule. In: Reche (Hrsg.) 1929: 413-437.

RECHE, OTTO (HRSG.)
1929   *In Memoriam Karl Weule. Beiträge zur Völkerkunde und Vorgeschichte.* Leipzig: Voigtländer. viii, 437 S.

SIEBOLD, PHILIPP FRANZ VON
1835   Skizze eines Planes zur Errichtung eines ethnographischen Museum's, mit Hinweisen auf den allgemeinen Nutzen einer solchen Anstalt für Volk und Staat. In: Gareis 1990: 158-160.

TERMER, FRANZ
1950   Tagung der »Deutschen Gesellschaft für Völkerkunde« vom 18. bis 22. September 1947 in Hamburg. In: *Zeitschrift für Ethnologie* (Braunschweig) 75: 110-114.

THILENIUS, GEORG
1926   *Völkerkunde und Schule. Einführung in die Ausstellung des Museums für Völkerkunde in Hamburg.* Mit Beiträgen von Dr. W. Scheidt [u. a.] (Zweite durch 13 Tafeln mit erläuterndem Text erweiterte Auflage.) München: Lehmann. 73 S.

VÖLKERKUNDE
1925 ff.   Völkerkunde. Beiträge zur Erkenntnis von Mensch und Kultur. Deutscher Verlag für Jugend und Volk. Wien. 1/1925 - 6/1930.

WOJTACKI, BIRGIT
1974   Erste Erfahrungen mit Unterrichtsgesprächen im Hamburgischen Museum für Völkerkunde. In: *Mitteilungen aus dem Museum für Völkerkunde Hamburg* (HAMBURG) N.F., 4: 15-22.

Autorenverzeichnis

BEER, M.A., SABINE:
geb. 1961. Freie Mitarbeiterin der Marburger Völkerkundlichen Sammlung. Zeitweise auch am Hamburger Museum für Völkerkunde. Feldforschung in Sierra Leone.

DEIMEL, DR. CLAUS:
geb. 1948. Oberkustos am Niedersächsischen Landesmuseum in Hannover, Abteilung Völkerkunde. Feldforschungen in Nordwestmexiko.

GERBER, DR. PETER R.:
geb. 1945. Kustos am Völkerkundemuseum der Universität Zürich. Feldforschungen in Kanada, Äthiopien und Israel/Jordanien.

HARMS, DR. VOLKER:
geb. 1941. Akad. Oberrat/Kustos der Völkerkundlichen Sammlung der Universität Tübingen. Feldforschung in Westpolynesien.

KRAUS, M.A., MICHAEL:
geb. 1968. Wissenschaftl. Mitarbeiter am Fachgebiet Völkerkunde der Universität Marburg. Feldforschung in Bolivien.

MONTOYA BONILLA, PROF. DR. SOL:
geb. 1954. Professorin am Departamento de Antropología der Universidad de Antioquia, Medellín (Kolumbien). Feldforschungen in Kolumbien und Nicaragua.

MÜNZEL, PROF. DR. MARK:
geb. 1943. Professor am Fachgebiet Völkerkunde der Universität Marburg. Feldforschungen in Südamerika.

ROSENBOHM, DR. ALEXANDRA:
geb. 1963. Freie Mitarbeiterin in einer Agentur für Kommunikationsdesign. Ausstellungsmacherin für verschiedene Museen.

Autorenverzeichnis

STRECK, PROF. DR. BERNHARD:
geb. 1945. Professor am Institut für Ethnologie der Universität Leipzig. Feldforschungen in Nordostafrika.

SUHRBIER, DR. MONA B.:
geb. 1959. Kustodin am Museum für Völkerkunde in Frankfurt/Main. Forschungen in Brasilien.

THIEL, PROF. DR. JOSEF F.:
geb. 1932. Direktor i.R. des Museums für Völkerkunde in Frankfurt/Main. Feldforschungen im Kongo.

Curupira
Ethnologie in Marburg

herausgegeben vom Förderverein »Völkerkunde in Marburg« e. V.

■ Jeanette Erazo-Heufelder
Kultur und Ethnizität
Eine Begriffsrevision am Beispiel andiner Verhältnisse: Salasaca (Ecuador)
Reihe Curupira Bd. 1
1994, 231 Seiten.
ISBN 3-8185-0166-1, DM 48,–

■ Bettina E. Schmidt
Von Geistern, Orichas und den Puertoricanern
Zur Verbindung von Religion und Ethnizität
Reihe Curupira Bd. 2
1995, 400 Seiten.
ISBN 3-8185-0181-5, DM 52,–

■ Yolanda Sol Montoya Bonilla
Verflechtungen
Indianische Mythologie des Amazonasgebietes:
Jenseits von Wort und Bild
Reihe Curupira Bd. 3
1996, 231 Seiten.
ISBN 3-8185-0220-X, DM 48,–

■ Christian Häusler
Kopfgeburten
Die Ethnographie der Yanomami als literarisches Genre
Reihe Curupira Bd. 4
1997, 177 Seiten.
ISBN 3-8185-0231-5, DM 36,–

■ Bettina E. Schmidt & Mark Münzel (Hg.)
Ethnologie und Inszenierung
Ansätze zur Theaterethnologie
Reihe Curupira Bd. 5
1998, 554 Seiten.
ISBN 3-8185-0248-X, DM 65,–

■ Birgit M. Suhrbier
Die Macht der Gegenstände
Menschen und ihre Objekte am oberen Xingú, Brasilien
Reihe Curupira Bd. 6
1998, 245 Seiten.
ISBN 3-8185-0258-X, DM 42,–

■ Ulrike Prinz
»Das Jacaré und die
streitbaren Weiber«
Poesie und Geschlechterkampf im
östlichen Tiefland Südamerikas
Reihe Curupira Bd. 7
1999, 384 Seiten.
ISBN 3-8185-0276-5, DM 48,–

■ Bettina E. Schmidt &
Sol Montoya Bonilla
**Teufel und Heilige auf
der Bühne**
Religiosität und Freude bei
Inszenierungen mestizischer
Feste in Südamerika
Reihe Curupira Bd. 8
2000, 184 Seiten.
ISBN 3-8185-0289-X, DM 42,–

■ Mark Münzel, Bettina E.
Schmidt & Heike Thote (Hg.)
**Zwischen Poesie und
Wissenschaft**
Essays in und neben
der Ethnologie
Reihe Curupira Bd. 9
2000, 359 Seiten.
ISBN 3-8185-0290-X, DM 48,–

■ Evelyn Schuler
Sein oder Nicht-Sein?
Fragmente eines kosmologischen
Tupi-Guarani Diskurses in
der neueren brasilianischen
Ethnologie
Reihe Curupira Bd. 10
(erscheint im Herbst 2000)
ISBN 3-8185-0291-9

■ Lioba Rossbach de Olmos
Komplexe Beziehungen
Zur Rezeption und Sozial-
organisation der Schwarzen im
Chocó (Kolumbien)
Reihe Curupira Bd. 11
(erscheint im Herbst 2000)
ISBN 3-8185-0315-X

■ Ulrike Krasberg (Hg.)
Gespräche mit Frauen aus der Türkei in Stadtallendorf
Ergebnisse eines Forschungsprojektes
Curupira Workhop Bd. 1
1996, 95 Seiten.
ISBN 3-8185-0202-1, DM 12,–

■ Bettina E. Schmidt & Lioba Rossbach de Olmos (Hg.)
Das afrikanische Amerika.
Beiträge der Regionalgruppe ‚Afroamerika' im Rahmen der Tagung der Deutschen Gesellschaft für Völkerkunde in Frankfurt am Main 1997
Curupira Workshop Bd. 2
1998, 113 Seiten.
ISBN 3-8185-0262-5, DM 16,–

■ Ulrike Krasberg (Hg.)
Religion und weibliche Identität
Interdisziplinäre Perspektiven auf Wirklichkeiten
Curupira Workshop Bd. 4
1999, 324 Seiten.
ISBN 3-8185-0261-7, DM 32,–

■ Michael Kraus & Mark Münzel (Hg.)
Zur Beziehung zwischen Universität und Museum in der Ethnologie
Curupira Workshop Bd. 5
2000, 172 Seiten.
ISBN 3-8185-0317-6, DM 22,–

■ Bettina E. Schmidt & Lioba Rossbach de Olmos (Hg.)
Standpunkte: Afroamerika im interdisziplinären Dialog.
Beiträge der Regionalgruppe ‚Afroamerika' im Rahmen der Tagung der Deutschen Gesellschaft für Völkerkunde in Heidelberg 1999
Curupira Workshop Bd. 6
(erscheint im Herbst 2000)
ISBN 3-8185-0316-8

■ Stéphane Voell (Hg.)
›... ohne Museum geht es nicht‹
Die Völkerkundliche Sammlung der Philipps-Universität Marburg
Curupira Workshop Bd. 7
(erscheint im Winter 2000)
ISBN 3-8185-0318-4

Bestellungen beim Buchhandel oder direkt bei:
Förderverein »Völkerkunde in Marburg« e.V.
c/o Fachgebiet Völkerkunde
Kugelgasse 10, 35037 Marburg
Tel: 06421/2822036, Fax: 06421/2822140
E-Mail: Curupira@Mailer.Uni-Marburg.DE